# 医療福祉入門

患者とよい関係を築くために

砂子田 篤・髙橋 学［編著］

みらい

# は　じ　め　に

　本書は、これから「医療福祉」を学ぶ、あるいは実習に行くといった学生のための入門書です。社会福祉士を目指す相談援助実習において、「保健医療」の現場での実習を希望する学生は、これまでの学習の成果を踏まえながら実習に臨むことになりますが、多くの学生がその事前学習そして実習において戸惑い、悩んでいます。医療ソーシャルワーカー（MSW）として何が必要な知識や技術なのか分からなかったり、現場で必要とされる医学的な知識に不安を持ったりしています。患者や家族との面接技術を修得することは容易ではありません。こうしたこともあって、保健医療の現場での実習を希望する学生が年々減少する傾向にあります。

　危惧すべきこの状態をなんとかするためにも、学生の負担を少しでも軽減し、実習中および実習後の事後指導でも役立つ「医療福祉入門」を発刊したいと考え、本書を企画しました。これが企画の「ねらい」です。できれば、多くの学生に医療ソーシャルワーカーの魅力や興味が伝わるものになればとの願いもあります。もちろん、大学を卒業し、医療ソーシャルワーカーを目指す初任者の方にも利用して頂くことも視野に入れています。

　このような趣旨のもと、次の3つを本書の重点目標としました。
①ジェネラリスト・ソーシャルワーカーに準拠しながら、医療ソーシャルワーカー（MSW）としての役割や機能を確認しつつ、その業務内容について理解できる。
②実践的に医学的知識を活用し、これまで学んだ知識を再整理・再構築し、病院という組織、そして患者と呼ばれる人をより包括的に理解できる。
③ソーシャルワーカーとして必要とされる知識や技術について、より簡潔かつ体系的に再整理し、MSWの実習に対する主体的な学習ができる。

　本書の具体的な構成は、目次をご覧いただければと思いますが、章ごとに「演習課題」を設けて、知識の再整理および確認にとどまらず、実習に向けた主体的な学習への取り組みへの動機づけを意図しています。

　　平成30年12月

　　　　　　　　　　　　　　　　　　　　　　　　　　　編　　者

## 執筆者一覧

(五十音順　〇＝編者)

相澤　出（医療法人社団爽秋会岡部医院研究所／岩手保健医療大学）　　第6章

青山　美智子（仙台青葉学院短期大学）　　第3章

〇砂子田　篤（東北文化学園大学）　　序章、第5章

植木　是（大阪大谷大学）　　第8章

河野　聖夫（新潟医療福祉大学）　　第9章

〇髙橋　学（昭和女子大学大学院）　　第10章、第11章

德田　律子（東北文化学園大学）　　第7章

松本　葉子（田園調布学園大学）　　第4章

三浦　修（新潟青陵大学）　　第2章

三浦　剛（東北福祉大学）　　第1章

# 目　次

## 序　章　医療福祉とは …………………………………… 1
第1節　医療福祉のはじまり　1
第2節　医療社会事業のはじまり　2
第3節　医療福祉の定義　2

## 第1章　ソーシャルワーカーとは
　　　　　―ジェネラリスト・ソーシャルワークの視点から― ………… 4
第1節　ソーシャルワークの専門性　4
第2節　ソーシャルワークの価値　5
第3節　ソーシャルワークの機能　10
第4節　ソーシャルワーク実践へのアプローチ（理論）　13
演習課題　21

## 第2章　求められる医療ソーシャルワーカー像 ………… 22
第1節　医療ソーシャルワーカー業務指針　22
第2節　診療報酬と医療ソーシャルワーク　30
第3節　医療ソーシャルワークの役割と機能　32
演習課題　35

## 第3章　社会保障と公的医療保険制度 …………………… 36
第1節　わが国における社会保障制度　36
第2節　公的医療保険制度　41
第3節　診療報酬制度　45
第4節　その他の関連制度　48
演習課題　53

## 第4章　「病院」とは ……………………………………… 55
第1節　社会学的側面としての「病院」　55
第2節　医療法からみた「病院」　60
第3節　診療報酬制度からみた「病院」　64
演習課題　69

## 第5章　疾病と障害、そして健康 …………………71

第1節　疾病とは　71

第2節　障害とは　74

第3節　健康と生活の質（QOL）　78

演習課題　81

## 第6章　「患者」とは …………………83

第1節　病人とは　―病いの「苦悩」から考える―　83

第2節　患者とは　―病人となにが違うのか―　85

第3節　パーソンズの病人役割論　―患者の社会的役割とは―　87

第4節　患者の心理・社会的特徴　―患者像のゆらぎのなかで―　91

演習課題　97

## 第7章　医療ソーシャルワーカーのための面接技術 …98

第1節　面接の目的　98

第2節　面接におけるマイクロカウンセリングの活用　99

第3節　面接の構造化　110

演習課題　111

## 第8章　ソーシャルワークの具体的な流れ …………113

第1節　具体的な流れ（展開過程）とは　113

第2節　インテークとは　117

第3節　アセスメント　121

第4節　プランニングとインターベンション　126

第5節　医療ソーシャルワークで留意する点　128

演習課題　130

目　次

## 第9章　医療ソーシャルワーカーとチーム医療 …… 132
第1節　病院におけるチーム医療とは　132
第2節　病院における各専門職とその連携のあり方　135
第3節　地域における保健医療福祉の連携―地域包括ケアを中心に　139
第4節　医療ソーシャルワーカーにとって留意すべき点　144
演習課題　147

## 第10章　医療ソーシャルワークの実際 …… 148
第1節　最近の医療供給体制の動向　148
第2節　医療ソーシャルワークの実践　151
第3節　医療ソーシャルワークの課題　159
演習課題　161

## 第11章　医療ソーシャルワークの実践事例 …… 163
事例1　急性期病院でのソーシャルワーク
　　　　―働き盛りの方ががんになったとき―　163
事例2　回復期リハビリテーション病棟でのソーシャルワーク
　　　　―患者・家族のサポーターとして―　167
事例3　療養病床（医療療養病床）でのソーシャルワーク
　　　　―病院で「生活する」とはどういうことなのか―　170
事例4　在宅医療　174

巻末資料1　主な診療報酬における社会福祉士の評価　179
巻末資料2　保健医療福祉関連職種　183

索　引　185

# 序章　医療福祉とは

## 第1節　医療福祉のはじまり

　医療福祉という言葉が使われるようになったのは、わが国では第二次世界大戦後のことであるとされています。しかし、大野は、「医療福祉の概念の定説はないが、少なくとも医療福祉を広義と狭義に分けてとらえることが多かった」と述べています[1)]。すなわち、大野は、「広義の医療福祉とは療養に関する社会保障制度・政策を指し、医療保障、公衆衛生、各種の社会福祉医療制度を含むとし、狭義の医療福祉は医療ソーシャルワーカーの活動そのものを指している」と述べています[1)]。このように、医療福祉を広義と狭義に分けてとらえる考え方の由来について、児島は、医療と福祉のかかわりにおける2つの歴史的源流があるとし、そのかかわりの一つには、救療・施療事業があるとしています[2)]。

　また、中島によれば、救療・施療事業は、聖徳太子の昔にさかのぼるとされています[3)]。わが国では長い間、仏教の僧などを中心にこのような慈善事業が行われ、室町時代にはキリシタンによる慈善事業としても行われました。児島によれば、本格的な救療・施療事業が行われるようになったのは、明治以降になります[2)]。それは、外国人宣教師による救らい事業、精神病者の収容所創設、財閥による貧困者への施療などの形で始められました。

　さらに、医療が近代化すると、医療費問題が深刻化し、さまざまな施療・救療の形で貧困者医療が取り上げられました。大正末期には、最初ブルーカラー労働者を対象として、健康保険法が発足しました。そして、戦後、日本国憲法のもと社会保障制度が構築され、すべての国民がなんらかの形で健康保険に加入する国民皆保険が実施されるようになりました。このようにして、児島は「わが国の医療保障制度は、社会保障制度の枠組みのなかで医療保険（健康保険）や公衆衛生法制度を主軸として、さまざまな形の医療福祉制度が補完されている」としました[2)]。そして、現在における包括医療（健康保持、予防、治療、リハビリテーションを含む広義の医療）や生活の質（QOL）[*1]の導入などをふまえて、児島は、医療保障制度[*2]を広義の医療福祉の意味としてとらえる立

[*1] 生活の質（QOL）
児島によれば、「病気や障害があっても、生きていることの満足感のある生活を営む」こととしている[4)]。詳細については、第5章第3節（p.78）を参照。

[*2] 医療保障
わが国の社会保障制度は社会保険を中心に構成されているが、所得保障、社会福祉と並んで医療保障はその根幹をなしている。医療保障については、これまで、健康の保障かあるいは医療費の保障かが問われてきたが、現代社会における医療保障とは、国家責任においてすべての国民の健康保持、回復を目的とした機会を保障するための公的施策としての予防、治療、リハビリテーション等を実施することである[5)]。

場をとっています[6]。

## 第2節　医療社会事業のはじまり

　医療とかかわって福祉が取り上げられたもう一つの動きは、医療社会事業でした。中島によれば、大正の末期にその先駆けとして、泉橋慈善病院（現在の三井記念病院）などに、患者の相談や援助を行う専任の職員が配置されました[3]。その後、1929（昭和4）年にアメリカで専門訓練を受けた浅賀ふさが聖ルカ（現在の聖路加国際病院）に採用され、わが国における本格的な医療社会事業が始まったとされています。戦後、当時のGHQ（連合国軍最高司令部）の強い示唆と相まって、医療・公衆衛生・社会福祉などの諸制度は目ざましく改善されました。このような状況のなかで、中島は、1947（昭和22）年に保健所法が改正され、保健所に医療社会事業が制度として取り入れられ、医療社会事業にはじめて法的根拠が与えられたとしています[3]。

　それ以降、国立病院や療養所、および赤十字病院などにもソーシャルワーカーが配置されるようになりました。このような歴史的な経緯をふまえながら、児島は「各保健・医療機関等において患者・家族の経済的、社会的、心理的悩みを充足するために医療ソーシャルワーカーなどが行う対人サービス」を狭義の医療福祉の定義としています[6]。

## 第3節　医療福祉の定義

　医療福祉の概念における明確な定説はありませんが、これまでの医療と福祉とのかかわりの歴史的な経過のなかで、医療福祉の概念について2つの定義、すなわち広義と狭義の定義[*3]に分けてとらえられていると考えられます。さらに、医療福祉を広義と狭義に分けてとらえる考え方を踏襲しながら、河村らは、「その概念（医療福祉）[*4]も医療制度と関連をもつ社会福祉の制度・政策、および民間の事業・活動（広範なサービス）を総称する広義の意味と、患者とその家族が抱える、さまざま生活障害を解決するための医療ソーシャルワーク（医療福祉援助）とする狭義の意味を表す」としています[8]。

　これまで取り上げた三者の定義において、狭義の定義としての医療ソーシャルワークについてはほぼ共通していると考えられますが、広義の定義についてはややその範囲に相違があると思われます。大野や児島の定義では、わが国における社会保障制度の枠内における医療およびそれに関連する社会福祉制度や政策に比較的限定されています。川村らは、これまでの広義の定義としての制

*3　それは、社会福祉をソーシャルウェルフェアー（social welfare）とソーシャルワーク（social work）とに分けてとらえる考え方に準ずるものであるとされている。中島によれば、前者は社会福祉政策、後者は専門的社会事業（ソーシャルワーク）としている[7]。

*4　カッコ内の「医療福祉」は、筆者によるものである。

度・政策と医療ソーシャルワークを統合するという視点より、広義の定義としてより広く総体的にとらえる立場をとっています[8]。したがって、広義の定義については、社会保障制度内にある医療制度（医療保険制度や公衆衛生など）とそれらにかかわる社会福祉の制度・政策を中核としながらも、著者により対象となる範囲や分野に幅があると考えられます。

　本書では、広義の意味での社会保障制度の枠組みや医療保険制度等の仕組みについては、社会保障制度および医療保険制度を解説する他の著書を参照していただき、紙面の限界からも狭義の意味での医療福祉すなわち医療ソーシャルワークを中心に取り扱うことを主眼としています。したがって、本書における第3章「社会保障と公的医療保険制度」などについても、医療ソーシャルワークを行ううえで必要とされる最小限の知識といった視点から記述されています。しかし、本書はあくまで医療ソーシャルワークを学ぶための入門書でありますが、その学習を深めるなかで、わが国における広義の医療福祉、とりわけ医療保障のあり方について学習を深めることは必須であると考えます。

**引用文献**
1) 社会福祉辞典編集委員会編『社会福祉辞典』大月書店　2002年　p.25
2) 児島美都子ほか編『現代医療福祉概論〔第2版〕』学文社　2007年　pp.3-5
3) 中島さつき『医療ソーシャルワーク』誠信書房　1980年　pp.47-58
4) 前掲書2）　pp.5-7
5) 成清美治ほか編集代表『現代社会福祉用語の基礎知識〔第8版〕』学文社　2008年　pp.15
6) 前掲書2）　pp.7-11
7) 前掲書3）　pp.1-3
8) 川村匡由ほか編著『医療福祉論―これからの医療ソーシャルワーク』ミネルヴァ書房　2011年　pp.2-5

**参考文献**
・児島美都子ほか編『現代医療福祉概論〔第2版〕』学文社　2007年
・中島さつき『医療ソーシャルワーク』誠信書房　1980年

# 第1章 ソーシャルワーカーとは
―ジェネラリスト・ソーシャルワークの視点から―

## 第1節 ソーシャルワークの専門性

本章では、ソーシャルワーカーがよって立つ、ジェネラリスト・ソーシャルワークの専門性(プロフェッション)について、また、ソーシャルワーカーとは何をする専門職(プロフェショナル)であるのかを学びます。

ジェネラリスト・ソーシャルワークとは、統合されたソーシャルワークのことを指します。これは1929年のミルフォード会議[*1]において、その重要性が提起されたことから始まった考え方で、対象には関わりなく共通して支援に用いられる理論や技術をいいます。一方、児童、障害者、高齢者などといった対象者別に使い分ける専門的知識や技術をスペシフィック・ソーシャルワークといいます。

現在のジェネラリスト・ソーシャルワークは、アメリカ学部プログラム管理者協会(BPD：The Association of Baccalaurete Program Directors)によって、次のように定義されています。

> **ジェネラリスト・ソーシャルワークの定義**
> 
> ジェネラリスト・ソーシャルワーク実践者は、多様なソーシャルワーク及び上位機関において個人、家族、集団、コミュニティ、組織へ働きかける。ジェネラリスト実践者は、クライエントとクライエントシステム[*2]を、あらゆる人間の内的可能性を認め、支持し、形成するためにストレングスの視点[*3]からみるのである。彼らは、クライエント及びクライエントシステムとともに、そしてそのために専門的問題解決過程を用いて、契約を結び、アセスメントを行い、諸サービスを仲介し、アドヴォケートを行い、カウンセリングを行い、教育し、組織化するのである。加えて、ジェネラリスト実践者は、クライエントのニーズ[*4]に最も相応しいサービスの提供と質を不断に改善するために、サービスの成果を評価する。ジェネラリスト・ソーシャルワーク実践は、NASW[*5]倫理綱領によって主導され、個人、家族、集団、

---

[*1] **ミルフォード会議**
アメリカにおいて、専門分化したケースワークの共通基盤を検討することを目的に開かれた会議。その報告書は1929年にまとめられている。

[*2] **クライエントシステム**
クライエントとそれを取り巻く家族やグループなどを、1つのシステムとして考えること。

[*3] **ストレングスの視点**
詳しくは、第2章第3節注21(p.33)を参照。

[*4] **ニーズ**
ニーズとはソーシャルワークによる支援の目標をいう。クライエントの希望・要望ではない。ソーシャルワークにおいて、クライエントの希望や要望は尊重されるが、それは必ずしもニーズではない。まずクライエントの立場に立ち、生活への希望、要望を把握する。そして、クライエントがおかれているさまざまな状況に関する情報を分析(アセスメント)することによってニーズを抽出する。そのニーズと制度や社会資源を結びつけ、それらを改善し、社会の変革をめざすのがソーシャルワークである。

> コミュニティの福利を改善すること、そして社会正義の目標を促進すること
> にコミットするのである[1]。

＊5 NASW
（National Association of Social Workers）全米ソーシャルワーカー協会をさす。

　このように、ジェネラリスト・ソーシャルワークは、ストレングスの視点からクライエント個人とそのおかれている環境を見ます。そしてアセスメント、仲介、組織化などの問題解決過程を用いて、クライエントのニーズに最もふさわしいサービスの提供を行います。そして、人々のあたりまえの生活を実現するとともに、それを可能とする社会の改善に取り組むのです。

　その問題解決過程の基盤となるのが、ソーシャルワークの専門性です。ソーシャルワークの専門性とは、上記に「NASWの倫理綱領に主導され」、とあるように、専門価値によって支えられる法制度や権利擁護の仕組みなどに関する専門知識と、面接、社会調査、アセスメントやプランニングなどの専門技術によって形づくられます（図1-1）。

　本章では、ジェネラリスト・ソーシャルワークの視点に立ち、ソーシャルワーカーは、どのような専門性をもって仕事をするのかを学びます。

## 第2節　ソーシャルワークの価値

　ここでは、ソーシャルワークの基本価値であり、専門性の基礎となる「社会正義の実現」と「人間の尊厳の重視」について、ソーシャルワークが生まれる歴史的背景を通して見ていくことにします。

### ●1　ソーシャルワークの生まれた背景

　ソーシャルワーク、そしてソーシャルワーカーという専門職の発生は、19世紀後半のヨーロッパでさまざまな社会的な問題が起き、その解決を目指して行われた人道主義的な諸活動の中に見ることができます。

　中世の封建社会が崩壊し、フランス革命等を経て国民国家が形成されると、

**図1-1　ソーシャルワーク専門性の構造**

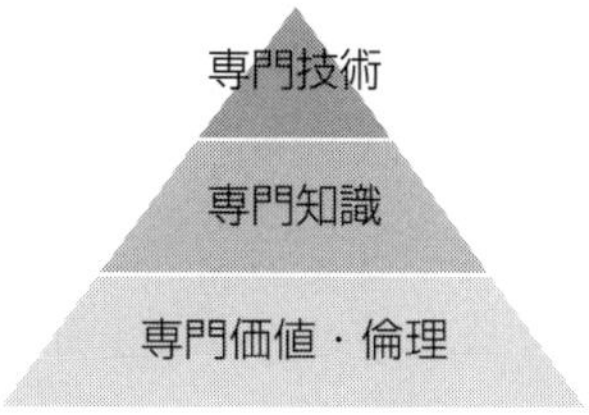

（ピラミッド図：上から「専門技術」／「専門知識」／「専門価値・倫理」）

出典：筆者作成

近代資本主義社会が成立していきます。その過程は「産業化」、「工業化」、「都市化」といわれています。ヨーロッパでは人口の爆発的な増加が起こり、これまでの「ムラ」の中で、農業等の仕事を継承できなくなったたくさんの人々は、発達する産業を担う労働者として都市へ移動することになります。当然、労働市場の需要と供給のバランスが崩れ、安い給料や臨時の仕事しか得られない「働く貧困層（ワーキングプア）」が大量に発生します。

この問題が発生するしくみを、社会調査によって明らかにしたのはブース（Booth, C.）[*6]でした。ブースは、このような状況は、病気や障害あるいは怠惰など、個人の責任だとする従来からの考え方、世の中が悪いのだと主張する考え方、どちらにも根拠がないことから、その根拠を得ようと1886年から十数年にわたり、ロンドンで数回の調査を行います。その結果、当時、49万人強のロンドンの全人口の約3割が貧困、極貧、最下層と言われる状況で生活していることが明らかになります（図1-2、図1-3、表1-1）。そして、その原因として最も多く見られたのは、臨時的労働や低賃金、病気や障害があって働けないことであり、浪費癖や怠惰などの個人的な要因ではないことが分かったのです（表1-2、表1-3）[2]。

すなわち、これらの社会調査によって、「貧困」というこの時代の代表的な社会問題は、資本主義社会が必然的にもっている社会病理ととらえられ、そのような社会を改良・改善していこうとする数々の人道主義的な諸活動を生むきっかけとなったのでした。

ソーシャルワークの基本価値の一つである「社会正義の実現」は、貧困や抑圧や社会的排除を生む社会を改良していこうとする、このような活動から形づくられたと考えられます。

[*6] ブース（Booth, Charles 1840-1916年）
ブース汽船会社社長。社会調査専門家・社会改良運動家といわれる。王立学会会員、枢密顧問官なども歴任した。

図1-2 ロンドン市民の生活の様子（1850年）

図1-3 スラム街の様子

（オクスフォード・ストリート裏の貧民街／1864年）

出典：図1-2、1-3ともにエンゲルス（一條和生・杉山忠平訳）『イギリスにおける労働者階級の状態（上）』岩波文庫　1990年

表1-1　ブースの貧困調査　全ロンドン市民の結果

| A（最下層） | 37,610人 | 0.9% | 貧　困 |
| --- | --- | --- | --- |
| B（極貧） | 316,834人 | 7.5% | (30.7%) |
| CとD（貧困） | 938,293人 | 22.3% | |
| EとF（労働者階級） | 2,166,503人 | 51.5% | 貧困線以上 |
| GとH（中産階級及びそれ以上） | 749,930人 | 17.8% | (69.3%) |
| 総　　計 | 4,209,170人 | 100% | 100% |
| 施設収容者 | 99,830人 | | |
| ロンドン全人口 | 4,309,000人 | | |

表1-2　ブースの貧困調査　「極貧」階級（AとB）の貧困の原因

| | 実数 | % | 計 | 貧困の原因とその割合（%） |
| --- | --- | --- | --- | --- |
| 浮浪者 | — | — | 60 | 4 |
| 臨時的労働 | 697 | 43 | 878 | 55 |
| 不規則労働・低賃金 | 141 | 9 | | 雇用の問題 |
| 少額獲得 | 40 | 3 | | |
| 飲酒（夫または夫婦とも） | 152 | 9 | 231 | 14 |
| 酩酊または浪費家 | 79 | 5 | | （個人の）習慣の問題 |
| 病気または虚弱 | 170 | 10 | 441 | 27 |
| 大家族など | 124 | 8 | | 病気や、家族など環境の問題 |
| | — | — | 1,610 | 100 |

表1-3　ブースの貧困調査　「貧困」（CとD）の貧困の原因

| | 実数 | % | 計 | 貧困の原因とその割合（%） |
| --- | --- | --- | --- | --- |
| 浮浪者 | — | — | — | — |
| 臨時的労働 | 503 | 20 | 1,668 | 68 |
| 不規則労働・低賃金 | 1,052 | 43 | | 雇用の問題 |
| 少額獲得 | 113 | 5 | | |
| 飲酒（夫または夫婦とも） | 167 | 9 | 322 | 13 |
| 酩酊または浪費家 | 155 | 5 | | （個人の）習慣の問題 |
| 病気または虚弱 | 123 | 5 | 476 | 19 |
| 大家族など | 223 | 9 | | 病気や家族など環境の問題 |
| | — | — | 2,466 | 100 |

出典：石川淳志・橋本和孝・浜谷正晴編著『社会調査――歴史と視点』ミネルヴァ書房　p.13・p.17を筆者一部改変（表1-1～表1-3）

## ●2　ヨーロッパで築かれたソーシャルワークの原型

これらの人道主義的活動のうち、ロンドンでは1869年、慈善組織協会（COS：Charity Organaization Society）が設立されます。この協会は大量の貧困層に対して、地域ごとに生活の状況を調査し、組織的に連絡・調整しながら、救済を適切に行うことを目的として設立されました。この協会の活動を通して、たとえば、担当者による家庭訪問での生活状況の調査からはソーシャル・ケースワークの原型が生まれ、担当地区ごとの連絡・調整の過程からはコミュニティ・オーガニゼーション（地域の組織化）を生み出しました。

また、オックスフォード大学やケンブリッジ大学の学生たちが中心となって、都市のスラム地区にセツルメント・ハウス[*7]を建て、そこに住み込んで貧しい人たちに職業教育を行ったり、子どもたちへの学習支援を行ったりするセツルメント運動[*8]（settlement house movements）も展開されました。この活動は、貧しい人たちと直接ふれあい、人格的な交わりを通して生活改善を図るところに特徴があります。また、セツルメント運動は、ケースワークやグループワークなど、今日のソーシャルワークでも用いられる直接的な支援方法の原型となっています。ボーイスカウトなどの活動もここから生まれたといわれています。

これらの活動の目的は、貧困が連鎖してしまう（世代間に伝わってしまう）ことを防ごうとしたものでした。スラムで暮らす子どもたちや若者が、基礎的な教育を受け、正しい生活習慣を身につけ、適切な収入を得られる仕事に就き、あたりまえの暮らしを営めるような社会をつくる、社会正義の実現という、ソーシャルワークの価値につながるのです。

## ●3　今日のソーシャルワークの誕生

ヨーロッパで始まったこれらの活動がソーシャルワークとして体系化され、またソーシャルワーカーという専門職を生み出したのはアメリカでした。

19世紀の後半になると、ヨーロッパの工業都市で吸収しきれなくなった大量の労働者は、国外への移住を迫られました。これらの人たちの多くはアメリカの大都市へ住み、「新移民」と呼ばれました。東南ヨーロッパやアジアの出身者が多かった彼らは、低賃金で長時間労働をし、スラム街に住み、民族ごとに集団を形成していたといわれています。ここでは、貧困のみならず、人種差別、障害、アルコール依存など多くの社会問題が発生していたといわれています。

イギリスに留学していたことのあるジェーン・アダムス（Adams, J.）[*9]は、

---

[*7] セツルメント・ハウス
セツルメント・ハウスとは学生たちなどがスラム街に住み込んで活動する時の拠点となる建物のことをいう。たとえばオックスフォード大学の教員だったトインビー（Toynbee. A., 1852-1883）を記念して、1884年に世界ではじめて設立された「トインビーホール」がある。トインビーホールはロンドンのイーストエンドで現在も活動している。

[*8] セツルメント運動
ロンドンのイーストエンドには、現在も活動している「トインビー・ホール」がある。セツルメント活動を行ったオックスフォード大学の教員トインビー（Toynbee. A., 1852-1883）を記念し、1884年に世界で最初のセツルメントハウスとして設立された。

[*9] ジェーン・アダムス（Adams, Jane 1860-1935）
ハル・ハウスでは保育や婦人参政権運動など多岐にわたる活動が展開された。

このような多くの移民が暮らすスラム街が拡大していくのをみて、トインビー・ホールに影響を受けたハル・ハウス(Hull-House)というセツルメント・ハウスをシカゴに建て、セツルメント活動を行いました。

また、1877年、最初の慈善組織協会であるアメリカ慈善組織協会が、ニューヨークに設立されます。メアリー・リッチモンド（Richmond, M.）は、慈善組織協会の職員として友愛訪問活動[*10]を重ねるうち、一人ひとりの違いや家族の多様性に触れるようになりました。1917年に彼女はこの経験を『社会診断』という書物にまとめます。この書物は、専門職としてのソーシャルワーカーが持たなければならない「共通の基本的知識」をまとめようとしたもので、ソーシャルワークの体系化と、専門職してのソーシャルワーカーの育成[*11]を目的とした最初の書物となりました。

[*10] 友愛訪問員 (friendly visitors) 慈善組織協会の職員は、貧困家庭を訪問して生活状況を調査するだけでなく、個別相談・支援活動を行った。リッチモンドはここでの個別援助の経験をケースワークへと発展させた。

## ● 4 「人間の尊厳」の重視

『社会診断』の内容を見ると、「社会診断過程の実例」とした第3部では、移民家族、家庭放棄と寡婦、放置された児童、未婚の母、視覚障害者、ホームレスの人、精神障害者について述べられており、多様な問題を抱える人たちへ視線が向けられたことに気づきます[3]。ここに、ソーシャルワークの基本価値の2つ目の「人間の尊厳の重視」を見ることができます。一人ひとりの違いや多様性を受け容れ、社会的排除をなくし社会正義を実現する。これがソーシャルワークの基本価値です。この人間の尊厳の尊重と社会正義の実現は、全米ソーシャルワーカー協会(NASW)の倫理綱領にも2つの価値として示されています。

[*11] ソーシャルワーカーの育成 すでに1904年、ソーシャルワークの訓練学校として The New York School of Philanthropy（後のコロンビア大学）なども設立されていた。

ソーシャルワークの価値には、このほかにも「手段的価値」としての「貢献」、「誠実」、「専門力量」があります[4]。2005（平成17）年に採択されたわが国の「ソーシャルワーカーの倫理綱領」では、「価値と原則」において、「Ⅲ．貢献」としては「ソーシャルワーカーは、人間の尊厳の尊重と社会正義の実現に貢献する」、「Ⅳ．誠実」としては「ソーシャルワーカーは、本倫理綱領に対して常に誠実である」、「Ⅴ．専門的力量」としては「ソーシャルワーカーは、専門的力量を発揮し、その専門性を高める」とされています。

「ソーシャルワーカーの倫理綱領」では、「価値と原則」に次いで「倫理基準」が示されています。「Ⅰ．利用者に対する倫理責任」として、「利用者との関係や利用者の利益の最優先」、「自己決定の尊重」、「プライバシーの尊重」などがあげられています。「Ⅱ．実践現場における倫理責任」では、「最良の実践をおこなう責務」、「他の専門職との連携・協働」が、「Ⅲ．社会に対する倫理責任」では、ソーシャルインクルージョンをめざすことや社会への働きかけが、「Ⅳ．

専門職としての倫理責任」では、社会的信用の保持や専門性の向上を図ることが明示されています[5]。

なお、2007（平成19）年に、日本医療社会事業協会は、「医療ソーシャルワーカー倫理綱領」を採択しています。

## 第3節　ソーシャルワークの機能

ここまで、ソーシャルワークの価値について、ソーシャルワークが生まれた歴史をふり返りながら学んできました。ここからは、ソーシャルワークとは何をすることなのかについて見ていきます。

ソーシャルワークとは誰に（何）にどのように働きかけることをいうのか、何をすることなのか、これをソーシャルワークの機能として整理します。

ソーシャルワークは、すべて先に学んだ基本価値に則って行われます。ソーシャルワーカーは、その機能を果たすために、専門的知識や技術を用います。ここではまず、ソーシャルワークの定義を確認することから始めます。

全米ソーシャルワーク協会（以下、NASWといいます）の「ソーシャルワーク実践の定義」（NASW Standards for the Classification of Social Work Practice, 1981）では、おおよそ以下のように定義されています。

---

**ソーシャルワーク実践の定義**

ソーシャルワーク実践とは、①人々が生活し、問題を解決し、困難に対処できるように、その人々（People）にかかわる、②社会資源や社会サービスや、それらを利用する機会を人々に提供する社会制度が適切に働くように、そのシステム（System）にかかわる、③そういった社会資源、社会サービス、その機会を提供する社会制度と、そこで生活し、問題や困難を抱える人々とをつなぐ（Link）ことにかかわる、そして、④現在の社会政策（Social Policy）の改善と、新たな社会政策を創り出すためにかかわる、これらのかかわりを、専門家として社会的責任をもっておこなう介入（Intervention）のことである。

---

図1-4 ソーシャルワーク実践の定義のまとめ

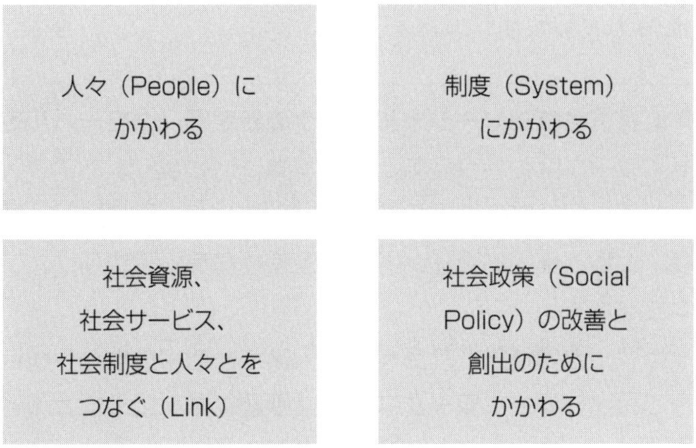

| 人々（People）に かかわる | 制度（System）に かかわる |
|---|---|
| 社会資源、社会サービス、社会制度と人々とをつなぐ（Link） | 社会政策（Social Policy）の改善と創出のためにかかわる |

出典：筆者作成

　すなわち、ソーシャルワークとは、日常の生活でなんらかの困難に直面している人たちが、自らその問題に対処できるように、制度や社会資源と彼らをつないだり、制度や資源をより使いやすく改善開発していくことです。

　そして、これらの4つの実践を行うのがソーシャルワーカーであり、同じくNASWの「ソーシャルワーク実践の基準」（1981）を通して考えると、ソーシャルワーカーの役割は以下のようになります[6]。

---

**ソーシャルワーカーの役割**
①人々（People）に対しては、その成長、問題解決・対処能力を強化する（enhance）
②制度（System）に対しては、人々に社会資源やサービスを提供する効果的で人道的な制度を発展させる（promote）
③社会資源、社会サービス、社会的機会を与える制度と人々を連携する（link）
④政策（Social Policy）に対しては、その改善と発展に貢献する（contribute）

---

　ともすれば、人々へのかかわりと、人々と制度を結びつけることに重きが置かれるかのように思われるソーシャルワークですが、ソーシャルワーカーには、制度や政策を発展させること、また、結びつける資源がない場合はそれをつくるという社会開発、改良の役割が求められていることに注目する必要があります。このことは、国際ソーシャルワーカー連盟（IFSW）による新定義（グローバル定義）においても、ソーシャルワーカーの中核となる任務として、社会変革（social change）、社会開発（social development）、社会的結束（social cohesion）、人々のエンパワメントと解放（empowerment and liberationople）が

挙げられており、「社会変革」、「社会開発」がソーシャルワーカーの任務であることが明記されています[7]。

> **2014年に採択されたソーシャルワークの新定義（グローバル定義）**
> 　ソーシャルワークは、社会変革と社会開発、社会的結束、および人々のエンパワメントとその解放を促進する、実践に基づいた専門職であり学問である。
> 　社会正義、人権、集団的責任、および多様性尊重の諸原理は、ソーシャルワークの中核をなす。
> 　ソーシャルワークの理論、社会科学、人文学、および地域・民族固有の知を基盤として、ソーシャルワークは、生活課題に取り組みウェルビーイングを高めるよう、人々やさまざまな構造に働きかける。
> 　この定義は、各国および世界の各地域で展開してもよい。

　ソーシャルワーカーが、どれだけその役割を果たせたかに関する「評価」も、これらの4領域にわたるものでなくてはなりません。すなわち、①どのように、どれだけ人々へかかわり、その問題解決・対処能力の強化ができたか、②どのように、どれだけ制度にかかわり人々が利用できるよう発展させることができたか、③どのように、どれだけ人々と社会資源を結びつけることができたか、④どのように、どれだけ社会政策の改善と発展に貢献できたか、に関する評価が必要です[8]。

　次に、この実践を行うために求められる機能について、先にふれたNASWのソーシャルワーク実践の定義にもとづいて簡単に整理してみます。

　まず、「人々へかかわる」ことについては、クライエント自身が問題解決へ向かう能力を強化するために、直接的処遇機能、代弁機能、教育機能などを果たします。
　「社会資源、社会サービス、社会制度と人々をつなぐ」ことでは、クライエントと社会資源間の仲介や関係調整を行い、社会資源をより使いやすくしたり、必要に応じて開発したりします。
　「制度にかかわる」とは、社会資源が効率的に運営され、用いられるようにネットワークを形成したり、スーパービジョン*12を行ったり、制度、社会資源を管理運営する機能です。
　最後に、「社会政策の改善・創出」とは、制度や施策の改善だけでなく、社会全体の改革も目指し、住民の代弁をするために実態を調査したり、地域など

*12 詳しくは、第2章 第3節 注24（p.35）を参照。

の組織化、計画の策定にかかわることです。

　このように、ソーシャルワークの機能は、後述するように、人々（ミクロ・レベル）へのかかわりから社会改良（マクロ・レベル）にまでつながるものであるということができます。

## 第4節　ソーシャルワーク実践へのアプローチ（理論）

　これまで、ソーシャルワークの歴史をふりかえりながら、その価値・機能を学んできました。また、そのソーシャルワークを実践するソーシャルワーカーの役割についても確認しました。ここでは、ソーシャルワーカーが、ソーシャルワーク機能を使いどのようにその役割を果たすのか、理論に基づいて実際のアプローチを見ていきます。

### ●1　ソーシャルワークの視点、モデル

　ソーシャルワーク方法論の統合の流れは、ジェネラリスト・ソーシャルワークの進展と並んで「生活モデル（ライフモデル）」への接近が見られます。生活モデルは、ギッターマンとジャーメイン（Gitterman, A&Germain, C.B.）の理論に代表されるソーシャルワーク・モデルで、生態学的視点に立って、人と環境の交互作用がスムースに進むように、状況に応じて、人、環境、そしてその交互作用に働きかけます。

　すなわち、ある人（Aさんとします）の個人的な要因（たとえば統合失調症という病気、精神障害があること）と社会的な要因（家族や周囲の人たちの理解がない、障害者雇用が進まない状況、不況によって過度の職場ストレスにさらされる、そのような状況を生み出した社会政策）がどのように交互に影響し合っているのかを見て、Aさんの問題解決能力を高める働きかけをします（エンパワメント）。そして、同時にAさんの家族、周囲の人に理解、協力を求めたり、Aさんが問題解決に向けて、社会資源を利用できるようにしたり、仕事に就くことができるような社会環境をつくるための政策への働きかけをします（環境調整）[9]。

　生態学的視点とは、この生活モデルに見るように、私たち個人の変化に、環境が柔軟に対応できない時、さまざまな生活問題が生じると捉える視点です。問題の原因を人の中に捉える視点を持って、その原因を変える、治すことによって問題を解決しようとすることや、問題は社会環境によってつくり出されるものだとする視点を持って、環境を変えるための社会的行動のみをすることとは

図1-5 ソーシャルワークの枠組み

```
[エコロジカル・パースペクティヴ  →  ライフ・モデル  →  アプローチ (approach)
 (ecological perspective)         (life model)        心理社会的アプローチ、
 生態学的な見方                    生活モデル           機能的アプローチ
                                                      …など]
```

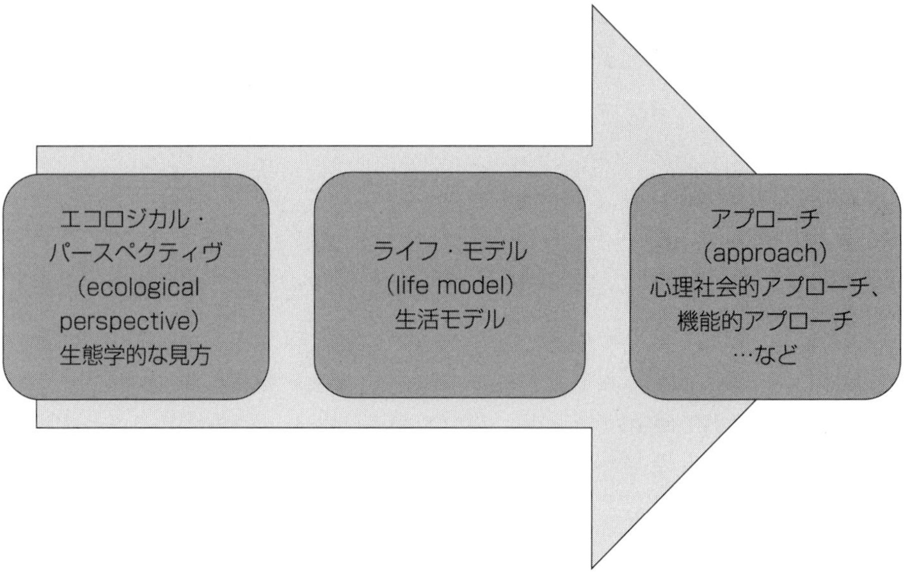

出典：筆者作成

異なります。

　なお、ソーシャルワークの枠組みとしては、このような生態学的視点に立った生活モデルを踏まえた、いくつかのアプローチ（方法）があります（図1-5）。これらのアプローチは、より個人の内面の強化に焦点が当てられたり、個人が自ら問題解決に取り組めるように環境（資源）を整理して提示することに重点が置かれたり、それぞれの特徴をもっています。しかし、どのアプローチであっても個人と環境交互作用に焦点を当て、環境調整とエンパワメントを行いながら進めていく点は変わりがありません。これらのアプローチについては後ほど紹介します。

第1章　ソーシャルワーカーとは

## ● 2　ソーシャルワークのミクロレベルからマクロレベルへの連続性

　第2節でも述べたように、ソーシャルワークの機能には、人々へのかかわりと、人々と制度を結びつけること以外にも、制度や政策を発展させることや、社会資源をつくる社会開発や活用、それらを実行するために制度や政策に働きかける社会改良があります。

　このように、私たちが直面する生活問題は、環境との間で生じてくるものととらえるならば、その解決、解消には個人への働きかけだけでなく、家族や地域、制度、政策への働きかけが必要であるということになります。これをソーシャルワークの、ミクロレベルからマクロレベルまでへの連続性ということができます（図1-6）。先のAさんの問題を解決していくためには、図のように連続した働きかけが必要であることが分かるでしょう。

## ● 3　ソーシャルワークのプロセス（過程）

　次にソーシャルワークは、どのようなプロセスで実践されるのかについてみていきます。クライエントと契約を結ぶ、開始（インテーク）から、終結までのプロセスをたどります（図1-7）。

　なかでも、最も重要なのはアセスメントのプロセスではないでしょうか。「アセスメント」とは、生活への希望・要望をはじめとしたクライエントの個人的な要因と、クライエントを取り巻く環境的な要因、そして、クライエントと環境のかかわりに関するさまざまな情報を収集して、支援の要否、その必要性な

**図1-6　ミクロからマクロへの連続性**

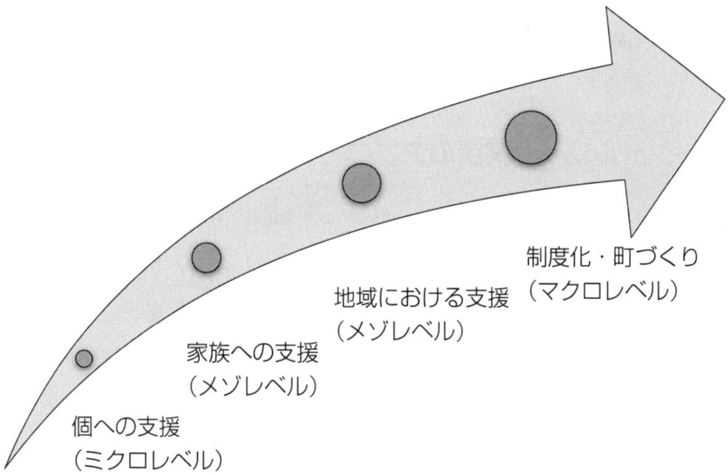

個への支援（ミクロレベル）
家族への支援（メゾレベル）
地域における支援（メゾレベル）
制度化・町づくり（マクロレベル）

出典：筆者作成

図 1-7　ソーシャルワークのプロセス（過程）

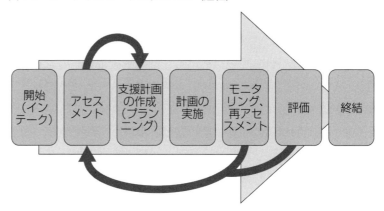

出典：筆者作成

どを分析し、ニーズを抽出する過程です。

　ここで抽出されたニーズを解消、解決するためにどのような社会資源と結びつけるか、それをどの期間でどれくらい、誰が行うのかなどを計画していくことが「プランニング」のプロセスです。「モニタリング」とは、その計画を実行した際に、計画通りの支援実践が行われているか、予定した効果を上げることができそうか等の視点で観察することです。「評価」とはモニタリングとは異なり、支援計画の中に位置づけられ、計画に沿って評価をすることです。評価とは支援の効果を図ること（効果測定）だけでなく、支援のプロセスが適切に行われたかを確認すること（プロセス評価）の両面があります。なお、モニタリングにおいて、支援実践が計画通り行われていない場合や、評価において計画した効果が上げられていない、また、プロセスが適切に行われなかった等と評価された場合は、アセスメントに戻り、再度プロセスを繰り返します。「ソーシャルワーク実践はらせん状に進む」といわれるのは、このためです。

● 4　ソーシャルワーク実践のアプローチ

　すでに述べたように、ソーシャルワーク実践は、生態学的視点に立ち、生活モデルといわれる、クライエントへのエンパワメントと環境調整を行うことですが、その方法（アプローチ）の理論は幾種類かあります。ここでは先のAさんのケースを用いて、代表的なアプローチとその理論を見ていくことにします。

> **Aさんのケース**
> Aさん（26歳）は大学卒業後、建築会社でコンピュータ技術者として働いていたが、長引く不況により、人手不足を補うために休暇を取ることもままならない状況が続く職場でのストレスから、1年前にうつ状態になり休職。その後、統合失調症と診断された。半年間入院したのち退院し、現在は通院を続けている。会社は療養休暇などの制度は整っているものの、障害者雇用は身体障害者のみで、加えて、Aさんの所属している支社では障害者雇用を行っていない。
> 家族は会社員の父（58歳）と専業主婦の母（57歳）の3人暮らし。28歳の兄がいるが、現在は海外赴任中。父親はAさんの病気に理解がなく、もっと早く復職できるはずだという考えをもっている。母親はAさんの病状を心配しているものの、父親に対して意見を言うことはできない。
> このような状況のもと、熱心に通院し、症状も安定してきたこともあり、Aさんは、再び会社に戻って働きたいと、通院している病院の医療相談室に相談に訪れた。

### ①心理社会的アプローチ

心理社会的アプローチの背景には、精神分析の影響を強く受け、診断主義といわれたケースワークがあります。診断主義は、生育歴等のクライエントの内面を重視しすぎる、との批判を受けました。

ここではクライエントを「状況の中の人」としてとらえ、クライエントと医療ソーシャルワーカー（MSW）の良好な援助関係を早期に確立し、MSWは傾聴、受容、共感的理解をもとに、クライエントを「持続的に支持」します[13]。その中でAさん自身の悩みや思い、問題をどうとらえているかなどを丁寧に聞き取ります。援助関係を早期に確立するためにも、上記の態度に加えて「暫定的目標」といわれる、すぐに取り組みやすい目標を設定することも必要です。

[13] クライエントの理解については、第8章 第2節（p.117）を参照。

**Aさんの場合** MSWは、Aさんが会社では休職する前までコンピュータプログラマーとして働いていた専門技術を持っていることや、回復しようとする意志を持っていることなどに焦点を当て、関係の確立を目標に「持続的な支持」を心がけて面接を行いました。2回目の面接で、一人で仕事を抱えこんでしまい、締め切りに苦しみながらも誰にも相談できなかったことなど、「反省的な話し合い」を展開することができました。Aさん自身が、本当は復職への不安を感じている自分の感情や、置かれている状況を整理して話せるようになり、今はまだ病気の治療に専念したいこと、再就職のことはその後の課題としたい

ということを父親に伝える、という暫定的な目標を立て、話し合いを継続しています。

ここでのMSWはAさんの問題がなぜ存在しているのか、Aさんと置かれている状況との関連性に注目してアセスメントを行い、上記のようなプロセスでアプローチしています。目標としては、Aさんが復職することにある程度、自信を持てるようになるまで治療に取り組み、再就職のための準備ができるように、就労支援事業などへの結びつけを行うことになるでしょう。

②機能的アプローチ

機能的アプローチは、診断主義ケースワークへの批判として発展しました。要するに、クライエントの心理的内面に焦点を当て、パーソナリティの変容を目指す点が、個人と環境、そしてその交互作用に視点を置くソーシャルワーク実践としては、「個人」を重視しすぎなのではないかとされたのです。そこから、このアプローチの特徴は、クライエントを「潜在的可能性を持つ人」と捉え、クライエントが、より自ら問題解決にかかわれるように問題の明確化を支援し、解決のためにかかわるであろう支援機関の有する「機能」を、個別化、具体化して伝えることにあるのです。

Aさんの場合　Aさんは、再就職することが希望でした。しかし、まだ治療を続けなくてはならないこと、また、この1年間は仕事に行かずに、生活のリズムも壊してしまっていることなど問題が多くあり、そのことをAさん自身も自覚していることが分かりました。

そこでMSWは、Aさんが、通院しながら利用する「精神科デイケアプログラム」の説明と実施病院の紹介、加えて生活リズムの改善と治療への意志の継続や対人関係の回復も目的として、自助グループについても、どのようなメンバーが利用しているか、Aさんの場合は週何回、何時間出席できるか（したほうがよいか）など、病院と自助グループのプログラムの「機能」を具体的に組み合わせ（「フォーム（form）」と呼ぶ）、Aさんに提示しました。まず、病院での「精神科デイケアプログラム」の利用が安定したら、自助グループへアクセスし、徐々に参加していくことを伝えます。そして、それらの過程において、このMSWがかかわり、必要に応じて、精神科デイケアプログラムのMSWや自助グループを運営しているソーシャルワーカーへ紹介することを伝えます。

③問題解決アプローチ

機能的アプローチで強調された、クライエントの問題解決に向かう潜在的能

力を、もう一歩進めて、クライエントを「問題解決に取り組む人」と捉えます。そして、問題解決への動機、能力、機会に焦点を当てていきます。ソーシャルワーカーは、クライエントが主体性と自発性を発揮し、問題解決へ向かうのを支援する、利用者本位を実現するためのアプローチということができます。

ここでは、クライエントとの接触段階で、クライエントの問題解決への意欲である「動機づけ（Motivation）」、問題解決へ取り組む力である「能力（Competence）」、支援機関によって提供される「機会（Occasion）」の3つの側面をMCOとして分析します。

次いで契約の段階では、支援計画における構成要素として6つのP、人（person）、問題（problem）、場所（place）、支援過程（process）、専門家（professional）、資源（provisions）について考えます。これらの要素間の相互作用によって問題解決を進めるように、支援計画を立てます。

**Aさんの場合**　接触段階のMCOの分析は、表1-4のようになるでしょう。

表1-4　AさんのMCO分析

| 動機づけ　M | Aさんは統合失調症を治療したいという動機、その先に再就職したいという動機をもっている。 |
|---|---|
| 能力　C | これまで技術者として働いていた力がある。また、ソーシャルワーカーの支援を利用する力もある。 |
| 機会　O | 精神科デイケアプログラム、自助グループの利用ができる。それらの利用について、ソーシャルワーカーと検討する機会がある。 |

支援計画における構成要素は、表1-5のように考えることができるでしょう。

表1-5 Aさんの支援計画における構成要素（6つのP）

| 人（person） | Aさんは統合失調症を治療して、就職したいという動機を持っている。また、通院や自助グループへ参加する際、公共交通機関を利用できる力がある。 |
|---|---|
| 問題（problem） | 通院による治療が予想以上に長引いたり、悪化してしまった場合、回復への意欲を維持できるかどうか、また、入院となった場合、就職への機会も遠くなるので、これらの動機づけを維持することが問題となるであろう。また、再就職までの期間が長引いた場合の生活手段を確保することも必要となるだろう。 |
| 場所（place） | 自宅と病院、精神科デイケアプログラムが支援の場となり、それが進めば、自助グループも支援の場となる。 |
| 支援過程（process） | 精神科デイケアプログラムに入るために、説明を聞く、見学をする等の過程が必要である。プログラムへうまく移行できなかった場合どうするか、現在の担当ソーシャルワーカーとの関係を維持し、検討を続けていくことが必要となろう。 |
| 専門家（professional） | Aさんの精神科デイケアプログラムへのスムーズな移行には、現在通院中の病院のMSW、デイケアプログラム実施病院のMSWが連携して取り組む必要がある。移行できれば、デイケア実施病院のMSWのアドボカシー[*14]によって、医師、心理療法士などのスタッフもかかわることになる。自助グループの利用にまで移行した場合は、グループを運営する機関のソーシャルワーカーに紹介することになる。 |
| 資源（provisions） | 現在のMSWが紹介することができたように、精神科デイケアプログラムを持つ病院、その系列での自助グループがある。移行がうまくいかなかった場合に備えて、他の地域の機関や入院・生活手段の確保などの資源についても考えておく必要があるだろう。 |

*14 アドボカシー
クライエントのニーズを代弁、擁護すること。

　これらの要素間の相互作用から、以下のような当面の支援計画が考えられるのではないでしょうか。支援計画は、様々な可能性を考慮して、多くの選択肢を考えておく必要があります。
　①精神科デイケアプログラムへ参加するのに必要な生活習慣、体力の確認
　②精神科デイケアプログラムへの移行へ向けての見学、説明をいつどのように行うか
　③移行できなかった場合の、治療の方法の検討
　④これらの支援プロセスの評価と終結の決定
　このように、問題解決アプローチでは、MSWが問題解決に取り組むクライエントを側面から支援するという方法が、より特徴的に示されています。
　ここまで、ソーシャルワークの実践アプローチについて、代表的なアプロー

チを用いて確認してきました。このほかにも、アプローチには、家族システム理論に基づくもの、危機介入、行動変容理論に基づくものなどがあります。ソーシャルワーカーは、どれか1つのアプローチに固執することなく、クライエントの抱える生活課題の解決に最もふさわしいものを選択し、あるいは組み合わせて用いることが求められます。

---

**演習課題**

① ソーシャルワークが生まれる背景について、歴史的な経緯を踏まえて説明してみよう。
② ソーシャルワークの「価値」について、「知識」、「技術」との関係も合わせて説明してみよう。
③ ソーシャルワークの「視点」、「モデル」、「アプローチ」について説明してみよう。
④ ソーシャルワークのミクロレベルからマクロレベルまでの連続性を説明してみよう。

---

**引用文献**

1) 大橋謙策・白澤政和・米本秀仁編『相談援助の基盤と専門職』ミネルヴァ書房 2010年 p.27
2) 石川淳志・橋本和孝・浜谷正晴編著『社会調査―歴史と視点』ミネルヴァ書房 1994年 p.13, 17
3) 北島英治『ソーシャルワーク論』ミネルヴァ書房 2008年 p.24
4) 前掲書3) p.94
5) 日本ソーシャルワーカー協会ホームページ
 (http://www.jasw.jp/rinri/rinri.html, 2018年11月1日閲覧)
6) 前掲書3) p.54
7) 北島英治『グローバルスタンダードにもとづくソーシャルワーク・プラクティス』ミネルヴァ書房 2016年 p.32
8) 社会福祉教育方法・教材開発研究会編『新社会福祉援助技術演習』中央法規出版 2001年 p.119
9) 白澤政和・福山和女・石川久展編『社会福祉士相談援助演習』中央法規出版 2009年 p.142

# 第2章 求められる医療ソーシャルワーカー像

　人は誰しも病気になることで、健康なときには想像もしなかったような問題や混乱を抱えてしまい、家庭や社会での生活に支障をきたしてしまいます。医療ソーシャルワーカー（MSW）は、病気や障害に伴い生じるさまざまな生活ニーズについてじっくりと話を聴きながら、どのような方法で解決していけばよいのか患者と家族とともに考えていくことを使命としています。

　本章では、この使命を果たすためにMSWにはどのような役割が期待されているのか、また日頃どのような業務を行っているのか、「医療ソーシャルワーカー業務指針」と「診療報酬制度」をもとに見たうえで、今、そしてこれからの社会から求められるMSW像を考えていきます。

## 第1節　医療ソーシャルワーカー業務指針

### ●1　医療ソーシャルワーカーのよりどころ

　「医療ソーシャルワーカー業務指針」[1]は、MSWの標準的業務を定めたものであり、実践のよりどころとなるものです。1989（平成元）年にはじめて厚生省（現：厚生労働省）により制定されました。その後、医療を取り巻く環境の変化、すなわち医療法改正による病床区分や介護保険制度の導入などによって多様化・複雑化した患者や家族のニーズに対応するために、MSWの業務をより明確にする必要性が生じたことから、2002（平成14）年に改訂版「医療ソーシャルワーカー業務指針」（以下、業務指針といいます）が厚生労働省健康局長通知として示されました（表2-1）。

### ●2　福祉専門職としての医療ソーシャルワーカー

　業務指針の「趣旨」では、「医療ソーシャルワーカーが社会福祉学を基にした専門性を十分発揮し」と書かれており、MSWは保健医療サービスが提供される場における「社会福祉の専門職」であるということが明確に示されていま

す。このことは、病院など医療の場には生活問題上のニーズを抱える人が多くいるということ、そして生活問題の解決を患者とともに図ることを目的とするソーシャルワーカーの仕事が広く社会から求められるようになったことを意味しています。

　MSWがもっとも重きを置いて考えるべきことは、「患者は病人である前に家庭や地域社会のなかでさまざまな役割を担いながら暮らす人」であるということです。これまでの医療はあまりにも「病人」という側面ばかりを見すぎてしまい、「生活者」という側面への視点が欠けていたのではないでしょうか。この反省のもと、医療のなかに「生活」を見る福祉の必要性が強調されるようになり、医療福祉という言葉が生まれました。もちろん、適切な医療を受け、病気が完治することや健康で長生きすることはだれしもに共通する願いです。しかし、完治できる病気は少なく、多くの人は病気を抱えながら生きているのです。したがって、病気とうまくつきあいながら社会生活を送ることができるかどうかが問われているのだと思います。しかし、私たちの暮らす社会には、病

表2-1　「医療ソーシャルワーカー業務指針」（平成14年版）の構成

| 一．趣旨 | 保健・医療・福祉の環境とその変化・動向を踏まえ、MSWの標準的業務を定めたものとして、業務指針の性質、基本的な考え方が説明されている。 | |
|---|---|---|
| 二．業務の範囲 | 「MSWは、病院等において管理者の監督の下に次のような業務を行う」として、6項目に整理されている。 | （1）療養中の心理的・社会的問題の解決、調整援助 |
| | | （2）退院援助 |
| | | （3）社会復帰援助 |
| | | （4）受診・受療援助 |
| | | （5）経済的問題の解決、調整援助 |
| | | （6）地域活動 |
| 三．業務の方法等 | 「保健医療の場において患者やその家族を対象としてソーシャルワークを行う場合に採るべき方法・留意点」として、7項目に整理されている。 | （1）個別援助に係る業務の具体的展開 |
| | | （2）患者の主体性の尊重 |
| | | （3）プライバシーの保護 |
| | | （4）他の保健医療スタッフ及び地域の関係機関との連携 |
| | | （5）受診・受療援助と医師の指示 |
| | | （6）問題の予測と計画的対応 |
| | | （7）記録の作成等 |
| 四．その他 | 「MSWがその業務を適切に果たすために次のような環境整備が望まれる」として、3項目に整理されている。 | （1）組織上の位置づけ |
| | | （2）患者、家族等からの理解 |
| | | （3）研修等 |

出典：筆者作成

気とうまくつきあいながら生きていくことを難しくするものが多くあり、それによって患者は病気を治すという課題の上にさらに生活上の課題を課せられてしまうことになるのです。生活問題を解決することは患者が病気を治そう、うまくつきあっていこうとするときに不可欠なことであるということはいうまでもありません。このように考えると、疾病や障害に伴い生じる心理的・社会的問題等の解決を患者とともに図りながら、社会復帰を目指し、そのために社会環境・構造に働きかけるというソーシャルワーク*1の本質とソーシャルワーカーが病院など医療の場にいる意味がはっきりしてきます。

*1 ソーシャルワーク専門職の実践の定義については、第1章第3節(p.10)を参照。

### ●3　医療ソーシャルワーカーの業務内容

　MSW には、図2-1のように、主に6つの業務があります。これらはそれぞれが単独に展開されるものではありません。例えば、職場への復帰という社会復帰も見据えた経済的支援のように、それぞれの業務は相互に関連しているととらえる必要があり、MSW は患者の抱えるニーズに対して総合的に包括的に援助していくことが求められています。ここでは、業務内容について、ジェネラリスト・ソーシャルワークにおける3つのレベル（ミクロ・メゾ・マクロ）に準拠しながら、順番に見ていきましょう。

**図2-1　医療ソーシャルワーカーの相談・援助**

- 社会復帰援助：「病気があっても、自分らしい社会生活に戻りたい‥‥」
- 退院援助：「脳卒中で倒れた。これからの生活のためにはどんな施設、サービスがあるのか？」
- 受診・受療援助：「本人がどうしても受診を拒否しているのですがどうしたらいいか‥‥」
- 経済的問題の解決援助：「福祉制度と保険の説明をしますね！」「医療費が心配」
- 心理・社会的問題の解決援助：「病気になり落ち込んでしまった。治療に専念できない‥‥」
- 地域活動：「地域の課題はなんだろう？多職種と地域ケア会議で話し合おう！」

（中央）医療ソーシャルワーカー

JASWHS 公益社団法人 日本医療社会福祉協会 Japanese Association of Social Workers in Health Services

出典：日本医療社会福祉協会「業務説明イメージ図」(http://www.jaswhs.or.jp/guide/allofyou.php. 2018年11月1日閲覧)

第2章　求められる医療ソーシャルワーカー像

①ミクロレベルのソーシャルワーク
(a)「経済的問題の解決、調整援助」

　経済的問題への対応は、医療ソーシャルワークの原点ともいえます。今日においても、隣り合わせの貧困といわれるように、事故や病気などで急に医療が必要になったとたんに困窮に陥ってしまう社会状況があります。また所得格差の問題は、医療アクセスの格差を引き起こし、必要な医療を受けずに暮らす人の増大をもたらしています。さらには、保険料を支払うことができずに無保険状態の人もいるのです。このように、経済的な理由により必要な医療を受けない、あるいは受けられない人に対するMSWの援助として、業務指針では以下のように定めています。

> 入院、入院外を問わず、患者が医療費、生活費に困っている場合に、社会福祉、社会保険等の機関と連携を図りながら、福祉、保険等関係諸制度を活用できるように援助する。

　経済的問題の解決、調整援助を行っていくためには、医療費の相談ができることが基本になります。医療費の相談のためには、各種医療保険制度や公費負担医療、生活保護の医療扶助などの内容を知っているのみならず、患者や家族に分かりやすく説明することが求められます。そのため、説明のためにパンフレットなど資料をつくるなどの工夫・準備をすることも大事です。

　経済的問題は、患者や家族にとって単に「お金」の心配に留まるものではなく、不安を助長したり、療養意欲を失わせたり、また家族関係の悪化をもたらす場合もあります。MSWは、そうした経済的問題がもつ心理的側面にも配慮しながら援助していかなければなりません。

(b)「受診・受療援助」

　医療費の心配など経済的な問題だけでなく、治療に伴う不安や仕事の都合など生活面での問題を抱えることで医療を受けない、あるいは受けられない患者が多くいます。そのような患者が適切な医療を受けることができるように、MSWは医師の指示[*2]のもと、治療に必要な患者の情報を集めて、医師はじめ他の専門職に情報を伝えながら連携していくことが求められています。業務指針では、このような受診・受療に向けたMSWの援助として、以下のような7つの具体的業務を定めています。

*2　医師の指示
なかでも受診・受療援助は、医療と特に密接な関連があるので、医師の指示を受けて行うことが必要である。特に、次の点に留意が必要である。①医師からの指示により援助を行う場合はもとより、患者、家族から直接に受診・受療についての相談を受けた場合及び医療ソーシャルワーカーが自分で問題を発見した場合等も、医師に相談し、医師の指示を受けて援助を行うこと。②受診・受療援助の過程においても、適宜医師に報告し、指示を受けること。③医師の指示を受けるに際して、必要に応じ、経済的、心理的・社会的観点から意見を述べること。

> ① 生活と傷病の状況に適切に対応した医療の受け方、病院・診療所の機能等の情報提供等を行うこと。
> ② 診断、治療を拒否するなど医師等の医療上の指導を受け入れない場合に、その理由となっている心理的・社会的問題について情報を収集し、問題の解決を援助すること。
> ③ 診断、治療内容に関する不安がある場合に、患者、家族の心理的・社会的状況を踏まえて、その理解を援助すること。
> ④ 心理的・社会的原因で症状の出る患者について情報を収集し、医師等へ提供するとともに、人間関係の調整、社会資源の活用等による問題の解決を援助すること。
> ⑤ 入退院・入退所の判定に関する委員会が設けられている場合には、これに参加し、経済的、心理的・社会的観点から必要な情報の提供を行うこと。
> ⑥ その他診療に参考となる情報を収集し、医師、看護師等へ提供すること。
> ⑦ 通所リハビリテーション等の支援、集団療法のためのアルコール依存症者の会等の育成、支援を行うこと。

　受診・受療援助を行っていくためには、病院内で行われる回診やカンファレンスなどの場で、他の専門職などに対して情報提供できることが基本となります。そのため、患者の社会的・経済的状況について要点をまとめる書類作成など、記録をしっかり行うことが MSW には求められます。

### (c)「療養中の心理的・社会的問題の解決、調整援助」

　病気になれば誰しもが不安になり、心理的負担感は重くなるものです。また、完治できない、あるいは後遺症として障害が残る場合もあり、アイデンティティ*3や価値観を維持することが困難となり、これまでの生活スタイルや人生設計を変えざるを得ない状況に置かれます。家族など患者に身近な人にとっても病気や障害、死はグリーフ（深い悲しみ）をもたらすとても辛い経験であり、受容することは容易なことではありません。

　また、人は誰しもさまざまな社会的役割を担いながら生活していますが、病気や障害を負うことで、これまで当たり前にしてきた生活を続けることが難しくなります。役割を担うことができなくなることは、社会的な存在としての価値が低くなったと感じさせることでもあり、家庭や学校や職場などで自分の居場所がなくなることで生活のしづらさを強いられていくのです。業務指針では、このような疾病や障害に伴い起きてくる心理的・社会的問題に対するMSWの

*3　アイデンティティ
「アイデンティティの感覚とは「わたしはわたしである」とか「わたしはわたしらしく生きている」といった確信に近い感覚である。エリクソンはアイデンティティの感覚とは「内的な斉一性 sameness と連続性 continuity を維持しようとする個人の能力と、他者に対する自己の意味の斉一性、連続性とが一致したときに生じる自信」と定義している[2]。

援助として、以下のように9つの具体的業務を定めています。

> ① 受診や入院、在宅医療に伴う不安等の問題の解決を援助し、心理的に支援すること。
> ② 患者が安心して療養できるよう、多様な社会資源の活用を念頭に置いて療養中の家事、育児、教育、就労等の問題の解決を援助すること。
> ③ 高齢者等の在宅療養環境を整備するため、在宅ケア諸サービス、介護保険給付等についての情報を整備し、関係機関、関係職種等との連携の下に患者の生活と傷病の状況に応じたサービスの活用を援助すること。
> ④ 傷病や療養に伴って生じる家族関係の葛藤や家族内の暴力に対応し、その緩和を図るなど家族関係の調整を援助すること。
> ⑤ 患者同士や職員との人間関係の調整を援助すること。
> ⑥ 学校、職場、近隣等地域での人間関係の調整を援助すること。
> ⑦ がん、エイズ、難病等傷病の受容が困難な場合に、その問題の解決を援助すること。
> ⑧ 患者の死による家族の精神的苦痛の軽減・克服、生活の再設計を援助すること。
> ⑨ 療養中の患者や家族の心理的・社会的問題の解決援助のために患者会、家族会等を育成、支援すること。

心理的・社会的問題の解決、調整援助を行っていくためには、患者と家族を取り巻く社会環境や状況を個別に理解できることが基本になります。そのため、患者および家族の話を傾聴できることがなによりも大切であり、面接技術がMSWには求められます。とりわけ患者や家族との信頼関係を築くための面接技術を習得することが必要です。

## ②ミクロレベルからメゾレベルへのソーシャルワーク
### （a）「退院援助」

昨今の医療制度改革は平均在院日数を短縮することを病院に求めています。そのため、患者や家族が病状を受け止め、これからの生活のことを考えていく時間的余裕をもつことを許さない状況をもたらしていますし、病状悪化や障害があることで受け入れ先が見つからない場合も多くなっています。また、急性期における治療が終わった後、自宅退院せずに、他の医療機関へ転院してリハビリテーションや療養を続ける患者もいます。このような患者が安心して退院または転院できるように援助していくことがMSWには求められています。退

院・転院に向けた MSW の援助として、以下のような 5 つの具体的業務を定めています。

> ① 地域における在宅ケア諸サービス等についての情報を整備し、関係機関、関係職種等との連携の下に、退院・退所する患者の生活及び療養の場の確保について話し合いを行うとともに、傷病や障害の状況に応じたサービスの利用の方向性を検討し、これに基づいた援助を行うこと。
> ② 介護保険制度の利用が予想される場合、制度の説明を行い、その利用の支援を行うこと。また、この場合、介護支援専門員等との連携を図り、患者・家族の了解を得たうえで入院中に訪問調査を依頼するなど、退院準備について関係者に相談・協議すること。
> ③ 退院・退所後においても引き続き必要な医療を受け、地域の中で生活することができるよう、患者の多様なニーズを把握し、転院のための医療機関、退院・退所後の介護保険施設、社会福祉施設等利用可能な地域の社会資源の選定を援助すること。なお、その際には、患者の傷病・障害の状況に十分留意すること。
> ④ 転院、在宅医療等に伴う患者、家族の不安等の問題の解決を援助すること。
> ⑤ 住居の確保、傷病や障害に適した改修等住居問題の解決を援助すること。

退院（転院）援助を行っていくためには、退院後に患者と家族がどんな生活をしたいのかを個別に理解したうえで、その生活を送れるようにするための環境を整えることが基本となります。そのため、人、もの、制度などさまざまな社会資源を患者と家族がうまく使えるように援助できることが MSW には求められます。

### (b)「社会復帰援助」

1989（平成元）年版の業務指針では、「社会復帰援助」は「退院援助」の一部として位置づけられていましたが、2002（平成14）年版において「社会復帰援助」として独立した項目となりました。「社会復帰」は、「病気や事故で社会活動のできなくなった人が、訓練によって再び社会人として活動できるようになること」とされ、社会復帰のための援助はリハビリテーションの概念*4 に関係が深いものです。業務指針では、このような社会復帰に向けた MSW の援助として、以下のような 2 つの具体的業務を定めています。

---

＊4　リハビリテーション
リハビリテーションの目的は、「全人間的復権」3）ともいわれるように、当事者の能力を引き出し、生きがいのある人生を援助していくことであり、従来のADL（日常生活活動）向上からQOL（生活の質）の向上へと変化している。医学・職業・教育・社会の4つに分類され、援助方法として治療的援助・代償的援助・社会環境改善・心理的援助などがある。

① 患者の職場や学校と調整を行い、復職、復学を援助すること。
② 関係機関、関係職種との連携や訪問活動等により、社会復帰が円滑に進むように転院、退院・退所後の心理的・社会的問題の解決を援助すること。

　社会復帰援助は、復学できた、復職できたことをゴールとするのではなく、入院前に行っていた家事・育児・通勤・通学・地域活動などの活動を再開できるようになることが大切です。つまり、社会的役割へ復帰できるかどうかが援助の基本となります。そのため、家庭や職場・学校など患者の社会生活の場と関係する人との関わりを退院前だけでなく退院後も継続して持ち続けていくことがMSWには求められます。

### ③メゾレベルからマクロレベルへのソーシャルワーク
　◆「地域活動」
　病気や障害があっても、高齢になっても、「住み慣れたところで自分らしく自立した生活*5を送りたい」。これはみんなに共通する願いですが、地域にはこれを阻害するさまざまな障壁があります。MSWは、さまざまな障壁を地域に暮らすすべての人に共通する地域課題としてとらえ、障壁を解消しながら患者のニーズに合致したサービスが地域で提供されるように、保健や医療、福祉の生活にかかわるあらゆる人々や関係機関・組織との連携やネットワークをつくっていくことが求められています。業務指針では、このような地域における保健医療福祉システムづくりに向けたMSWの活動として、以下のような4つの具体的業務を定めています。

*5　自立した生活
社会福祉における自立生活の支援は、自助的自立の助長という文脈を離れ、社会的施策に対する依存を前提に、すべての市民に自律としての自己決定権と生存権を同時的に保障する依存的自立の支援という文脈のなかで追求され、実現される必要がある[4]。

① 他の保健医療機関、保健所、福祉関係機関等と連携して地域の患者会、家族会等を育成、支援すること。
② 他の保健医療機関、保健所、市町村等と連携し、保健・医療・福祉に係る地域のボランティアを育成、支援すること。
③ 地域ケア会議等を通じて保健医療の場から患者の在宅ケアを支援し、地域ケアシステムづくりへ参画するなど、地域におけるネットワークづくりに貢献すること。
④ 関係機関、関係職種等と連携し、高齢者、精神障害者等の在宅ケアや社会復帰について地域の理解を求め、普及を進めること。

　地域活動を行っていくためには、今ある社会資源が有効に活用されるように

*6 ソーシャルアクション
社会活動法などと訳される。広い意味での社会福祉活動の一形態で、地域住民や当事者のニーズに応えて、社会福祉関係者の組織化を図り、世論を喚起しながら、既存の社会福祉制度やサービスの拡充・創設を目指して、議会や行政機関に働きかける組織的な活動をいう[5]。

*7 アウトリーチ
接近困難な人に対して、要請がない場合でもワーカーの方から積極的に出向いていく援助のこと。生活上の問題や困難を有しているものの、福祉サービスの利用を拒んだり、ワーカーに対して攻撃的、逃避的な行動を示す人に対して積極的に働きかけることを指す。アグレッシブ・ケースワークの具体的方法であり、ワーカーの側に積極的な態度が求められる[6]。

*8 診療報酬
保険医療機関および保険薬局が患者に医療・調剤行為を施した代償として得る報酬のこと。社会保険における診療報酬は診療報酬点数表と呼ばれる健康保険法の規定による療養に要する費用の額の算定方法により算出される。

*9 診療報酬点数について、詳しくは第3章第3節(p.45)を参照。

*10 巻末資料1「主な診療報酬における社会福祉士の評価(p.179)」を参照。

*11 疾病構造の変化

調整していくことだけでなく、患者の個別ニーズに合致するような社会資源を新たにつくっていくことが基本となります。そのため、ソーシャルアクション*6を通じて地域に働きかけていくなど、アウトリーチ*7の姿勢がMSWには求められます。

## 第2節　診療報酬と医療ソーシャルワーク

　診療報酬*8は、医療職が行う医療行為と医師の指示のもと診療の補助として行われる看護などの行為の対価として病院に支払われるものですので、福祉の専門職であるソーシャルワーカーの行為が評価されることはないといわれてきました。しかし、2008(平成20)年の診療報酬改定により、はじめて社会福祉士が診療報酬点数*9上に位置づけられるようになりました。これは、医療チームの一員としてMSWがなくてはならない職種であるという認識が高まってきたことを意味しています。現実としては、MSWの必要性が高まるなかで社会福祉士がMSWとして配属されています。そして、このように病院などに配属される社会福祉士の評価も、診療報酬においてなされるようになっています*10。

### ●1　診療報酬に位置づく医療ソーシャルワーク

　高齢化の進行、疾病構造の変化*11、医療技術の向上を背景に、医療を必要とする高齢者や障害者が増えてきました。そのため、医療の中にライフモデル*12の考え方を取り入れる必要性が高まりました。しかし、医師や看護師などの医療職が、患者の生活問題まで把握して対応するのは困難なため、福祉専門職としてのソーシャルワーカーを配置し、医療福祉の多専門職種チームアプローチを推進する機運が病院に高まりました。さらに、地域医療・在宅ケア推進の流れや介護保険制度の導入により、退院後の療養生活環境を整えることが医療側に求められるようになり、病院は、院内での多職種連携だけでなく、ケアマネジャーや訪問看護師、保健師*13など、地域で在宅医療・療養を担う専門職との密接な連携が必要不可欠となりました。

　また、「急性期」の病院、「回復期」の病院、「慢性期・生活期」の病院のように治療の目的別に医療機能が分けられ*14、病状によっては一つの医療機関だけでは完結できなくなり、複数の医療機関で医療サービスを受ける形へと転換されました。これにより、これまでのように一つの医療機関において、病気が良くなるまで入院医療を継続することができなくなり、患者や家族の不安を

第2章　求められる医療ソーシャルワーカー像

増大させました。そのため、「病病連携」や「病診連携」などの言葉があるように、医療が切れ目なく継続できるような連携の仕組みを地域でつくっていくことが求められるようになってきました。そして、「地域連携室」や「地域医療連携室」など、連携を担当する窓口的な役割をもつ部署を設置する病院が増え、そこに看護師やMSWが配置されるようになってきました。

このように、在宅医療の推進、病院の機能分化・連携など医療を取り巻く環境の変化とそれに伴い政策が変わってきたという流れの中で、社会福祉士という国家資格名が診療報酬点数上に位置づけられるようになりました。社会福祉士であるMSWが取り組む業務のうち「受診支援」と「退院支援」が点数化されたものであり、ソーシャルワーカーが得意とする「調整」や「連携」が評価された形です。

● 2　医療ソーシャルワーク実践と関わりの深い診療報酬

地域医療・在宅での療養環境整備を目指す医療ソーシャルワーク実践と関わりが深いものとして、「多様な居住の場における在宅療養」にかかる診療報酬があります。これは、介護保険の対象である施設も看取りを増やすため往診や訪問看護の対象となりました。自宅以外の多様な居住の場での在宅医療が、2006（平成18）年の診療報酬で対象が拡大され、末期の悪性腫瘍及び難病[*15]等でケアハウス、有料老人ホーム、グループホーム、介護老人福祉施設等に入所している高齢者に対して行う往診や訪問看護の診療報酬が算定できることとなっています。

また、「終末期ケア」[*16]にかかわる診療報酬もあります。高齢者ができる限り住み慣れた自宅や地域の施設で療養しながら生活できることと、自宅で最期を迎えることも選択できるように終末期ケアを支援することを目的として、在宅療養支援診療所が2006（平成18）年から診療報酬に新設されました。在宅療養支援診療所は、在宅医療で中心的な役割を担います。必要に応じて他の病院、診療所、薬局、訪問看護ステーション等と連携して24時間往診および訪問看護等を提供できることが条件となります。この条件を満たす診療所に対して緊急の往診や終末期の看取りの診療報酬が引き上げられ、月に1回算定できる在宅時医学総合管理料は、一般の診療所よりも高く設定されています。

社会福祉士が行う行為を評価するものとしては、退院支援に係る診療報酬があります。これは退院支援に関わる適切な人員配置をしている病院には、入院料に「退院支援加算」（2018［平成30］年度改定で「入退院支援加算」に名称変更）が算定できるというものです。その加算のなかで最も高い基準の「退院

疾病は、急性疾患と慢性疾患に大きく分けられる。戦後まもない時代には結核に代表される感染症など急性疾患が多かったが、今日では生活習慣病などの慢性疾患が多くを占め、疾病の構造が変化している。

*12　ライフモデル
従来の医学モデルと異なり、その問題となる因果関係を個人と社会環境の関係性に着目し、それらが相互に影響される関係にあるとする考え方であり、ジェーメイン（Germain, C.B）によって提唱された。

*13　保健師
保健師助産師看護師法に規定されている専門職。保健師国家試験に合格し厚生労働省の免許を受け、保健師の名称を用いて保健指導にあたる。健康の保持増進、疾病の予防、早期発見・早期治療などを主な役割として、健康相談、健康教育、家庭訪問による育児指導、在宅患者の看護指導、高齢者援助等でその活躍が期待されている。

*14　病院の機能分化
2000（平成12）年の第4次医療法改正により、精神病床・感染症病床・結核病床を除き、一般病床か療養病床のどちらかに区分された。また、急性期医療と慢性期医療、高度専門医療を担う特定機能病院、回復期リハビリテーション病棟や緩和ケア病棟など施設基準にもとづく特定病棟などの医療機能の区分が急激に進められた。

支援加算1」では、退院支援部門に専従・専任で社会福祉士と看護師を各1名以上配置し、さらに2病棟に1名以上の社会福祉士または看護師を専任で配置しなければならないとされています。これらのスタッフが新規入院患者から、①3日以内に、退院困難な要因をもつ患者を抽出し、②7日以内（療養病床は14日以内）に患者や家族と話し合いをし、③同じく7日以内に、院内多職種によるカンファレンスを実施すること、さらに、④地域の医療機関や介護事業所との連携構築のために、20か所以上の医療機関や事業所と年3回以上面会のうえ、情報を共有する。また、⑤先に述べた入院患者を地域に帰すためにケアマネジャーに情報提供をする「介護支援連携指導料」を病院100床あたり年15回（療養病床は年10回）以上算定することが求められています。このような退院支援のための業務や地域のケアマネジャーなどの関係機関との連携・橋渡し的な役割をMSWが中心となって担っています。

## 第3節　医療ソーシャルワークの役割と機能

　終末期医療、緩和ケア、救急医療、小児医療、外国人医療など、医療ソーシャルワークも今日的課題が多くなってきています。また、地域包括ケアシステム*17づくりへ参画することも求められてきました。MSWの活動範囲は広がり、役割も多様なものになってきています。しかし、所属する医療機関の違いにかかわらず、いつの時代においても変わることのない大切な役割がMSWにはあります。それは、「患者の生活のしづらさを社会的に明らかにしながら、自己決定のもとに患者を側面的に援助していく」ことなのではないかと思います。本節では、この医療ソーシャルワークの重要な役割を遂行していくうえで発揮することが求められるソーシャルワーカーの機能についてみていきます。

### ●1　医療ソーシャルワークの役割

　アメリカの医師であったキャボット（Cabot, R.C.）博士*18は、「慈善事業と呼ばれていたものの新しい型のソーシャルサービスは医療に接近してきた。貧困・不幸・犯罪の最も大きな原因である公衆衛生問題と疾病を除くことにこそ、医師とソーシャルワーカーが手をつないでゆかなければならない目標である。医師が助けを求められて診る疾病のほとんどの根本原因となっているところのものは、社会状況、すなわち悪習・無知・混雑・労苦・貧困等である」[7]と考え、医療の場にソーシャルワーカーを配置しました。キャボットの言葉から、さまざまな社会的要因を背景として患者の生活のしづらさが発生している

---

*15　難病
特定疾患として行政が指定し、一部公費負担などの援助がされている疾患に対する社会通念的な呼び名。原因が不明で、治療方法が未だ確立されていない疾病、または経過が慢性にわたり、経済的にも精神的にも負担の多い疾患が指定されている。2014（平成26）年4月施行「障害者の日常生活及び社会生活を総合的に支援するための法律」では、障害者の範囲に難病等が追加された。

*16　終末期ケア
患者の死が間近に迫っている時期に行われるケアのことで、医療職、看護職、福祉職、心理職、宗教家、ボランティア等がチームを組んで、患者とその家族への対応が行われる。延命を主たる目的とするものではなく、患者の身体的苦痛や精神的苦痛の軽減を図り、QOLを向上させることに主眼が置かれている。

*17　地域包括ケアシステム
団塊世代が75歳以上となる2025年を目処に、要介護状態となっても住み慣れた地域で自分らしい暮らしを人生の最後まで続けることができるよう、住まい・医療・介護・予防・生活支援が一体的に提供される仕組みのことをいう。

*18　キャボット（Cabot, R.C.）
医師としてアメリカの医療社会事業を発展させた。1905年にマサチューセッツ総合病院において、患者の生活環境に関する情報を知る必要性

第2章　求められる医療ソーシャルワーカー像

こと、そして患者の生活のしづらさの本質を社会環境との関わりの中で明らかにしながら、患者を支援していくことがMSWに求められる役割であるということが分かります。また、バイスティック（Biestek, F.P.）[*19]は、「人は自己決定を行う、生まれながらの能力を備えているという考え方」こそが、「ソーシャルワーカーが専門職業としてもつに至った最も確固たる信念」[8)]であると言い、自己決定の促進と尊重はソーシャルワーク実践の原理・原則のなかで中核をなすものと位置づけたうえで、自己決定を支えるためのソーシャルワーカーの役割として、①クライエントが彼の問題やニードを明確に、そして見通しを持って見ることができるように援助すること、②クライエントが地域社会に存在する適切な資源を知っているように援助すること、③休止状態にあるクライエント自身が持つ資源を活性化する刺激を導入すること、④援助関係を、クライエントが成長し問題を克服するための環境とすること、の4つに整理しました[9)]。

これらは自己決定のもとに人々の社会生活を支援するという目的のためにソーシャルワークが取り組む目標を定めたものであり、現代の医療ソーシャルワークに期待されている役割にも通ずるものとなっています。

● 2　医療ソーシャルワークの機能

では、この役割を遂行していくためにどのような医療ソーシャルワークの機能を発揮する必要があるのでしょうか。その機能はいろいろありますが、ここでは、バイスティックが示した4つの目標を達成するにあたって特に重要と考えられる5つの機能について解説します[*20]。

### ①側面的援助機能（enabling）

MSWは、患者の代わりになって問題を解決するのではなく、あくまでも患者が問題の解決を通して、その人らしい社会生活を維持あるいは再構築するために援助をしていくという役割を担います。そのために、問題を抱える患者が自らのストレングス[*21]を見出し、その問題解決に向けての患者自身による主体的な取り組みを促進する側面的援助者（enabler）としての機能を発揮していくことが求められます。

### ②代弁機能（advocacy）

患者の中には自らのニーズをうまく表明できない人もいます。また、病院に対する気兼ねなどから、要望を訴えにくい場合もあります。そのため、MSWは、患者や家族の訴えや要求を代弁し、病院や関係機関に働きかけて、権利を護る

---

[*] から、ソーシャル・アシスタンスを採用した。

[*19] バイスティック（Biestek, F.P.）アメリカの社会福祉研究者である。心理的・社会的な問題を抱えるクライエントが共通にもっている基本的な7つのニーズにソーシャルワーカーが応えることによって良好な人間関係を形成できるとした。そして、援助関係を形成するものとして、①個別化、②意図的な感情の表出、③統制された情緒的関与、④受容、⑤非審判的態度、⑥自己決定、⑦秘密保持のケースワーク7原則を導き出した。

[*20] ソーシャルワークの機能については、第1章第3節（p.10）を参照。

[*21] ストレングスの視点
人間のもつ弱さや欠陥ではなく、強さや積極的・肯定的側面などに焦点を当て、それらを伸ばしていこうとする考え方であり、医学モデルに対する批判として生まれた。クライエントが問題解決の主体となって、援助者との対等なパートナーシップに基づく共同作業により問題解決を図ろうとすることであり、エンパワメント・アプローチの視点でもある。

代弁者（advocator）としての機能を発揮していくことが求められます。

### ③教育機能（education instruction）

患者の問題解決能力や環境への対処能力を高めるためには、患者自身が抱えている問題について理解を深める必要があります。また、その問題に対処していくための方法や活用できる社会資源について知識を持つことも必要となります。そのため、MSWは教育者・指導者（educator・instructor）として、患者に必要な情報を分かりやすく提供したり、自立能力や人間関係の形成能力などの環境への対処能力を学習する場や機会を提供することで、患者の生活の安定や社会的機能の発揮を促していくことが必要となります。

### ④仲介機能（human services broker）

患者とそのニーズに応じた適切な社会資源との間を媒介して、結びつけるという機能です。社会資源は、公的な制度やサービス、専門職などのフォーマルな資源と地域住民やボランティア、家族や親族などインフォーマルな資源とに大きく分けられます。MSWは、患者の問題解決にどのような社会資源を活用することが有効であるのか、またいかにして患者と社会資源とを結びつけるかを考える仲介者（broker）としての機能を発揮していくことが今日ますます求められるようになってきました。

### ⑤ネットワーキング（連携）機能（networking・linkage）

患者の療養生活を地域で支えていくためには、地域の病院、診療所や介護施設などの関係機関や専門職だけでなく地域住民による組織やボランティア団体などが、相互に連携してソーシャルサポート・ネットワーク[*22]を形成し、有効に機能させることが必要です。そのため、MSWには、ネットワークの構築とその有効な運用を促すネットワーカー（networker）としての機能を発揮していくことが期待されています。

医療ソーシャルワーク実践のプロセスにおいて、さまざまなソーシャルワーク機能を患者の状況や所属する病院の機能や目的に応じて、臨機応変にケースバイケースで遂行していくことが求められます。また、患者の生活状況は社会状況と密接に関係しているので、経済情勢や政治状況などに伴う社会の変化とともに、MSWに求められる機能も変わっていくものと考えられます。そのため、MSWには、その時々の患者のニーズに応じた機能を発揮できる基盤として、その専門能力を向上させていくことが求められています。そのためには、事例

---

*22 ソーシャルサポート・ネットワーク
なんらかの問題を抱える個人を取り巻く家族、親族、友人、近隣、ボランティアなどによるインフォーマルな援助と公的機関や専門職などによるフォーマルな援助が行われる総体のことである。

研究*23やスーパービジョン*24などで援助活動をふりかえり、自らの実践を評価していくことが大切です。そして、その積み重ねによって、援助を行っていく際に必要な知識や効果的なスキルが生み出され、実践力が向上していくのです。

> 演習課題
> ① 人口構造の変化、疾病構造の変化、社会構造と環境の変化、地域社会の変化、医学や医療技術の進歩など保健医療をめぐる社会環境の変化は、どのような医療・福祉の課題をもたらしているか考察してみよう。
> ② 病院からの退院を困難にする要因について調べてみよう。
> ③ 医療ソーシャルワークの機能と役割を遂行していくためには、どのようなコンピテンス（能力・専門的な力）を身につけることが必要か考えてみよう。

*23 事例研究
実際に課題を抱えている対象について、さまざまな視点から丁寧に検討し、問題の状況、背景、原因、環境を明らかにしていき、解決法を見つけ出していく研究法のことである。

*24 スーパービジョン
関連援助技術の一つであり、スーパーバイザーによるスーパーバイジーに対する管理的・教育的・支持的機能を遂行していく過程をいう。スーパーバイジーの援助の質を高め、よりよい実践ができるように、スーパーバイザーが具体的な事例をもとに適切な指導・助言を行うプロセスのことである。

## 引用文献

1） 厚生労働省「医療ソーシャルワーカー業務指針」2002年
2） 藤永保監修『最新　心理学辞典』平凡社　2013年　p.2
3） 上田敏『リハビリテーションの思想〔第2版増補版〕』医学書院　2004年　pp.29-30
4） 古川孝順『福祉ってなんだ』岩波ジュニア新書　2009年　p.180
5） 山縣文治・柏女霊峰編集代表『社会福祉用語辞典』ミネルヴァ書房　2013年　p.249
6） 前掲書5）　p.3
7） 中島さつき『医療ソーシャルワーク』誠信書房　1975年　p.44
8） F・Pバイスティック（尾崎新ほか訳）『ケースワークの原則〔新訳改訂版〕―援助関係を形成する技法』誠信書房　1996年　p.161
9） 前掲書3）　p.168-170

## 参考文献

・向山憲男監修，黒木信之編著『診療科別医療福祉相談の本〔第6版〕』日総研　2014年
・厚生労働統計協会『国民衛生の動向（2013/2014）』　2013年
・NPO法人日本医療ソーシャルワーク研究会監修『実践的医療ソーシャルワーク論』金原出版　2004年
・日本医療社会福祉協会編『保健医療ソーシャルワークの基礎―実践力の構築』相川書房　2015年
・日本社会福祉士会・日本医療社会事業協会編『改訂　保健医療ソーシャルワーク実践1』中央法規出版　2009年
・日本社会福祉士会編『新　社会福祉援助の共通基盤〔第2版〕（上）』中央法規出版　2009年

# 第3章 社会保障と公的医療保険制度

## 第1節　わが国における社会保障制度

### ●1　社会保障の定義

わが国の憲法第25条には、国民の生存権と国の社会保障の義務が謳われ、基本的人権が守られています。

> 第1項　すべて国民は、健康で文化的な最低限度の生活を営む権利を有する。
> 第2項　国は、すべての生活部面について、社会福祉、社会保障及び公衆衛生の向上及び増進に努めなければならない。

これまで社会保障は、生存権を前提として国民の生活を脅かす貧困からの救済や、貧困に陥ることを防ぐ（防貧）ことを目的に、人々の最低限度の生活の保障を掲げてきました。しかし、1993（平成5）年の社会保障制度審議会の「社会保障将来像委員会第一次報告」には、「社会保障とは、国民の生活の安定が損なわれた場合に、国民にすこやかで安心できる生活を保障することを目的として、公的責任で生活を支える給付を行うものである」[1]とされ、これにより近年の社会保障の定義は、防貧や救貧といった貧困対策に留まらず全世代型の国民へ広く安定した生活の保障を謳いつつも、「個々人の自立」と「社会連帯」の考え方へと大きく舵がきられたといえるでしょう。

### ●2　社会的背景

私たちが社会保障を考えるとき、社会的背景をとらえておくことが必要です。現代は少子超高齢社会[*1]であり、2017（平成29）年の出生数は94万6,000人で合計特殊出生率[*2]は1.43と、調査開始以来、過去最少の数値です。一方、65歳以上人口は3,514万人で総人口の27.7％を占め、「団塊の世代」（1947年～49年生まれ）が70歳に達し、70歳以上人口は2,519万人で総人口の19.9％を占め、平均

*1　少子超高齢社会
WHO（世界保健機構）の定義では、全人口に占める65歳以上の高齢者の割合が7％を超えた場合を「高齢化社会」、14％を超えた場合を「高齢社会」、21％を超えた場合を「超高齢社会」という。日本は2007年に高齢化率21.5％となり、超高齢社会に突入した。

*2　合計特殊出生率
1人の女性（15歳～49歳）が平均して一生に出産する子どもの数をいう。

図 3-1 社会保障給付の内訳

出典：厚生労働省「社会保障の給付と負担の現状（2017年度予算ベース）」より筆者作成

寿命も男性80.98歳、女性87.14歳と伸長しているのが現状です。

団塊の世代が生まれた頃の出生数は年間約270万人、平均寿命は男性50.06歳、女性53.96歳だったのに比べ、現在の推移でいくと「2065年には、我が国の人口は8,898万人、1年間に生まれる子供の数は現在の半分程度の約55万人となり、高齢化率は約38％に達する」[2]ことが示されています。

また、家族形態も大きく変容し、三世帯の割合が減少する一方で、単独世帯と夫婦のみ世帯の割合が増加し、この2つを合わせると5割を超える状況になっています。人口構造や世帯構造の変化は、労働力人口にリンクし、国民経済や国の財源、そして社会保障給付費にも大きく影響してきます（図3-1）。2017（平成29）年度の社会保障給付費の予算総額は120.4兆円で、給付費の内訳は、年金47.1％、医療32.3％（6割は高齢者への給付）、介護8.8％、子ども・子育て5.1％、その他6.7％となっています。このような社会的背景もとらえておかなければなりません。

● 3　社会保障の歴史

そもそも社会保障はどのようにして誕生したのでしょうか。そこで、まず、社会全体で支える社会保障制度の大まかな歴史を見ていきましょう。国が国民の生活保障を行った最初の例として、イギリスに制定された「救貧法」(1601年)があげられます。これは救貧税を徴収し、労働能力や生活能力を持たない貧者、あるいは労働能力があっても自立生活ができない労働貧者に対して救貧事業を行った世界的な社会保障の源流ともいわれています。

その後、救貧対象となる貧困者の生活水準は、労働して自活している最下層の労働者の生活水準よりも低いものでなければならないとする「劣等処遇の原則」を定めた「新救貧法」(1834年)に改正されました。

*3 ブースについては、第1章第2節(p.6)を参照。

*4 ラウントリー(1871-1954)
イギリスの社会調査研究者。第1回ヨーク市調査（1899年）を行い、貧困線の水準を設定し『貧困-都市生活の研究-』(1901年)を刊行した。

*5 ビスマルク(1815-1898)
プロイセン王国のユンカー（領主貴族）出身のドイツの政治家。プロイセン首相としてドイツ統一を成功させた。

　ブース（Booth, C.）[*3]やラウントリー（Rowntree, S.）[*4]の社会調査は、これまで貧困は個人の責任とするものから国家の責任で取り組むべき問題であるという認識を広め、20世紀初頭のイギリスの救貧行政にも大きな影響を与えました。

　イギリスでは17世紀末に雇われた手工職人や労働者らが、支配者や監督者に対抗するために団結し、のちに自発的な相互扶助の共済組合（友愛組合）に発展しました。しかし、友愛組合の加入者は自力で生活できる経済力のある労働者や熟練労働者が対象で、経済力のないものは加入できなかったのです。友愛組合の目的は、組合員の出資金を積み立てて、組合員およびその家族が病気やケガ、死亡したときの給付、いわば保険共済制度の原型ともいえる相互扶助組織だったのです。

　救貧法を中心とした政策はやがて社会保険を核とした社会保障へと発展していくことになりますが、現在につながる社会保障制度の始まりは、ドイツ帝国の宰相ビスマルク（Bismarck, O.）[*5]がドイツ帝国の内政の整備のひとつとして行った社会政策であるといわれています。

　1878年社会主義取締法が制定され、貧困は個人の責任ではなく社会の責任とする社会主義労働運動を厳しく弾圧する一方で、労働者や民衆の不満や抵抗を和らげるために、疾病保険法（1883年）、労災保険法（1884年）、老齢・障害保険法（1889年）を制定し、労働者の懐柔を図った「アメとムチ」の社会政策はよく知られています。

　結果的には、国が労働者の生活を扶養するという意味において世界で初めて創設した制度でもあり、このことから疾病保険法は世界最初の社会保険制度であるといえます。

　わが国の社会保障はドイツを参考にしたものが多く、社会保障の誕生は、第二次世界大戦の戦時体制下で社会保険制度を中心に形成されたものです。本格的に発展したのは高度経済成長下（1954-73年）で、それまでは、人々は生まれ育った土地を守り、農業中心の自給自足を行い、困ったことがあれば家族や親族の血縁、近隣住民との地縁、あるいは職縁のつながりによって支え合いが行われてきました。しかし、明治時代（19世紀以降）から始まった産業資本主義社会の形成と発展に伴い、これまでのような農業などの自給自足の社会から、機械工場で商品を生産する労働者として多くの人々が雇用され、生活の糧を得る社会へと変化してきました。

　企業は利益を生み出すためには労働力が必要ですが、その労働力は農村で暮らす人々の余剰労働力を低賃金で確保するという流れができ、工場制機械工業は大きな利益を得ることにより産業資本主義社会が形成されてきました。

つまり、労働者は生活拠点を労働力の提供先によって移動することで、これまで生まれ育った土地を離れ、しだいに血縁、地縁、職縁をベースとした支え合いも弱体化していったのです。

このように産業資本主義社会は、それぞれの「縁」の縛りが希薄化しながら、自由で自立した個人としての生計を維持する人々が誕生してきました。その一方で、それぞれの事情でそれができない人々も現れてきます。

労働者として雇用された者は、自分の労働力を提供することにより生計が維持できるわけですから、企業倒産や解雇などで失業したり、病気やケガによって働けなくなったりすれば生計の維持は困難になります。

血縁、地縁、職縁の共同体とのつながりが希薄化していれば、生活は一挙に立ち行かなくなってしまうのは容易に想像できます。そこで、産業資本主義社会の発展の歩みを進め、かつ、個人の生活上のリスクにも対応するしくみが必要となり、このような背景から、社会全体で支える社会保障制度は不可欠なものとなってきたのです。

## ● 4　社会保障制度の分類

社会保障制度は、「狭義」と「広義」に分けられます。「狭義」の社会保障は、「公衆衛生」「社会福祉」「公的扶助」「社会保険」の4つで（図3-2）、「広義」の社会保障は、狭義の4つに「恩給・戦争犠牲者援護」が加わります。

### ①公衆衛生（保健医療）

健康づくりや健康診断、病気になることを防ぐことを目的とし、快適な生活

図3-2　社会保障制度の全体像（社会保障審議会の枠組みに基づく）

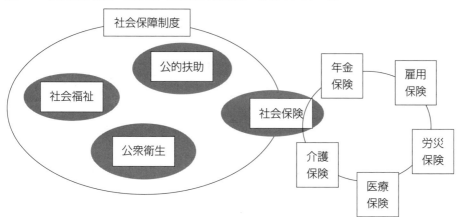

出典：筆者作成

環境を確保するため、食中毒の原因調査や予防対策、大気汚染・水質汚濁対策、生活衛生関係営業（理・美容業、クリーニング業等）施設の衛生管理指導、動物愛護や狂犬病予防、毒劇物の取り扱いの規制など、さまざまな予防や衛生を向上させるための制度です。

### ②社会福祉

施設利用や物的・人的サービスなど、金銭以外の方法で支援されるものですが、これらの支援は税金によって行われています。身体障害者、児童福祉、母子・寡婦福祉、その他援護育成を要する人たちが自立[*6]して、その能力を発揮できるように必要な生活指導、厚生指導、その他の援護育成を行う制度です。

### ③公的扶助

公的扶助とは、生活困窮者に対して国民の税金の一部を支給し、最低限の生活を保障して自立を助けようとする制度です。公的扶助の具体的な仕組みとして生活保護制度があります。社会保険との違いは、リスクに備えたものではなく、社会保険では防げず生活困窮に陥った場合に適用されるものです。

具体的に示せば、生活困窮状態に陥り、最低生活費（厚生労働大臣の定めた各扶助に定めた基準額）に満たない場合は、生活保護の対象となり不足部分が支給されるものです。あらかじめ、支給対象者の収入や資産の調査が行われます。生活保護の種類には、「生活扶助」「住宅扶助」「教育扶助」「医療扶助」「介護扶助」「出産扶助」「生業扶助」「葬祭扶助」の8種類があります。

### ④社会保険

原則、国民は強制加入が義務づけられ、保険料の負担と給付の内容が法律により定められている公的保険制度です。国、自治体、国民らが保険料をプールし、個人の責任や自助努力だけでは対応しがたいリスク（病気、ケガ、出産、老齢、障害、失業など）に対し、社会全体で支え合いながら安心した生活を保障するために、保険料を拠出して一定の給付を得るしくみです。社会保険は、さらに「年金保険」「雇用保険」「労災保険」「医療保険」「介護保険」に制度が細分化されています。

---

*6 自立
「自立」の定義が明確にされていないまま社会福祉政策にも使われているのが現状。社会保障審議会福祉部会第9回資料2には、「自らの判断と決定により主体的に生き、その行動について自ら責任を負うことである」（平成16年4月20日、厚生労働省）と記載がある。

# 第2節　公的医療保険制度

## ●1　国民皆保険制度とは

　生活保護受給者を除き、国民は・みな・保険に・加入することが・義務づけ（強制）られている制度をいいます。1961（昭和36）年に現在の「国民皆保険制度」の形ができ、国民は原則、皆、保険給付を受けられることが保障されています。

　わが国の公的医療保険は「被用者保険」「国民健康保険」「後期高齢者医療制度」に大別され、いずれも原則強制加入による公的医療保険制度です（表3-1）。

### ①被用者保険

　被用者保険は、雇用されている人を対象とした職域保険で、1922（大正11）年4月に健康保険制度が公布され、1927（昭和2）年に健康保険法が施行されました。一般的には「社保」といわれています。

　大企業の正規労働者が加入する組合管掌健康保険、中小企業の労働者が加入する全国健康保険協会管掌保険（協会けんぽ）、船員が加入する船員保険、自衛官や公務員や教員が加入する共済組合などがあります。被保険者の1人の保険料で、被扶養者全員に給付されるものです。運営主体は各種保険者です。

　業務外の事由による病気・ケガおよび出産・死亡など不測の出費に備えて、労働者とその事業主が同額の保険料を負担（労使折半）して、いざというときに必要な医療や手当金を給付し、働く人の生活の安定を図ることを目的としてつくられたのが健康保険制度です。

### ②国民健康保険

　国民健康保険は、上記の被用者保険に加入していない人を対象とした地域保険で、1958（昭和33）年12月に国民健康保険法が制定され、1959（昭和34）年に国民健康保険制度が施行されました。一般的には「国保」といわれています。

　主に、自営業者（事業所に雇用されている人以外等）や年金生活者、非正規雇用者、求職者およびその被扶養者などが対象となります。運営主体は、市町村および特別区です。

### ③後期高齢者医療制度

　2006（平成18）年度に老人保健法を廃止し、後期高齢者医療制度へ変更した

表 3-1　保険者・保険制度・対象者一覧

| | 保険者 | 保険制度 | 対象者 |
|---|---|---|---|
| 被用者保険（社保・職域保険） | 全国健康保険協会（協会けんぽ）注 | 全国健康保険協会管掌健康保険（日雇特例被保険者を除く） | ・主として中小企業が該当<br>　従業員常時5人以上の事業所の者 |
| | 全国健康保険協会 | 船員保険 | ・船舶所有者に雇用されている海上勤務者<br>・船員・機関長・機関士・航海士<br>・船舶通信士・甲板員<br>・商船大学の学生 |
| | 全国健康保険協会（協会けんぽ）注 | 日雇特例被保険者の保険<br>一般療養<br>特別療養費 | ・日雇労働者<br>・日雇労働者 |
| | 健康保険組合 | 組合管掌健康保険 | ・主に大企業従業員が該当<br>　従業員常時700人以上の事業所の者<br>　同業種の複数企業が共同設立する場合は3000人以上の従業員 |
| | 国 | 防衛省職員給与法による自衛官等の療養の給付 | ・自衛官・防衛大学の学生<br>・自衛隊病院勤務者（自衛隊員）<br>・訓練招集中の予備自衛官<br>・各駐屯部隊の隊員<br>＊家族は防衛省共済組合（法別番号31） |
| | 共済組合 | 国家公務員共済組合 | ・国家公務員 |
| | | 地方公務員等共済組合 | ・地方公務員 |
| | | 警察共済組合 | ・警察官 |
| | | 公立学校共済組合<br>日本私立学校振興・共済事業団 | ・公立学校教職員<br>・私立学校教職員及び日本私立学校振興財団職員 |
| | 健康保険組合 | 特定健康保険組合 | ・特定組合退職者 |
| | 共済組合 | 国家公務員特定共済組合 | ・特定共済退職者 |
| | | 地方公務員特定共済組合 | |
| | | 警察特定共済組合 | |
| | | 公立学校特定共済組合　日本私立学校振興・共済事業団 | |
| 国民健康保険（国保・地域保険） | 都道府県<br>市町村（特別区） | 国民健康保険（一般国保） | ・社保や国保組合に加入をしていない者<br>　（商、農、漁業の自営業者・自由業者・年金生活者など）<br>※保険者番号は都道府県番号（2桁）＋市町村番号（3桁）＋検証番号（1桁）の6桁で構成されている。 |
| | 国民健康保険組合 | 国民健康保険組合（国組合） | ・社保や一般国保に加入をしていない者で、同一市町村内の同種の事業に従事する300人以上で組織された者<br>※保険者番号は都道府県番号（2桁）＋同種組合番号（300番台）＋検証番号（1桁）の6桁で構成されている。 |
| 後期高齢者 | 後期高齢者医療広域連合 | 高齢者の医療の確保に関する法律による療養の給付 | ・区域内に住所を有する75歳以上の者<br>・65歳以上75歳未満の政令で定める程度の障害をもち、後期高齢者医療広域連合の認定を受けた者<br>・生活保護受給者は適用除外 |

出典：青山美智子『診療報酬・完全攻略マニュアル』医学通信社2018年 p.9を一部改変

ものです。これにより75歳以上の高齢者は国民健康保険から脱退となり、後期高齢者医療制度へ自動的に加入となりました。これは、保険料を納めるところとそれを使うところを都道府県ごとの広域連合に一元化し、財源・運営責任を明確化させたものです。運営主体は「高齢者医療広域連合」となります。

これにより、世代間の不公平感が軽減し、また高齢世代も負担することでサービスの一定基準の維持に努めています。少子超高齢社会における社会保障の維持につなげているという背景があります。

● 2　保険給付の概要

保険給付には、「現物給付」と「現金給付」があります（図3-3）。

現物とは、本人やその被扶養者（家族）が、業務以外の病気やケガにより、直接受ける「医療行為そのもの」をいいます。療養の給付ともいわれます。また、出産や死亡などにより「現金給付」もあります。

図3-3　法定給付・付加給付

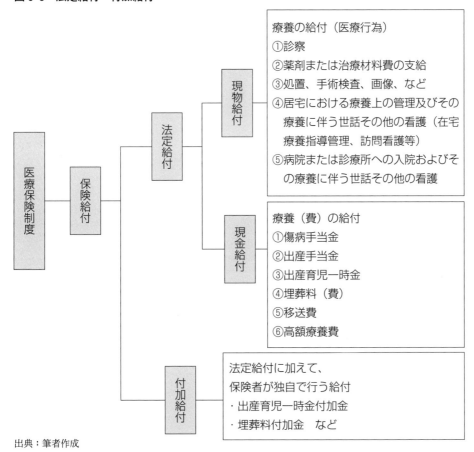

出典：筆者作成

給付には『法定給付』と『付加給付』に大別され、保険者に対して給付を義務化しているものを法定給付、保険者が任意に行う給付を付加給付といいます。

## ●3　保険者給付の種類

現物給付と現金給付の具体的な内容と適用範囲を一覧にまとめました（表3-2）。なお、表中の各保険者の記載は、被用者保険を「社」、国民健康保険を「国」、後期高齢者医療保険を「高」としました。

**表3-2　現物給付と現金給付**

| 種類 | 社 | 国 | 高 | 現物給付の内容 |
|---|---|---|---|---|
| 1. 療養の給付 | ○ | ○ | ○ | 受診時、保健医療機関の窓口に被保険者証を提示することにより、診察・投薬、注射その他医療行為が一部負担金のみで受けられる。 |

| 対象者 | 患者負担 | 給付割合・備考 | |
|---|---|---|---|
| 75歳以上 | 1割 | 9割 | 現役並み所得者の患者3割負担、<br>＊2014年4月1日までに満70歳になった者は1割負担のまま。 |
| 70歳以上75歳未満 | 2割（＊） | 8割 | |
| 6歳以上70歳未満 | 3割 | 7割 | |
| 義務教育就学前 | 2割 | 8割 | |

| 種類 | 社 | 国 | 高 | 現物給付の内容 |
|---|---|---|---|---|
| 2. 入院時食事療養の給付 | ○ | ○ | ○ | 入院時、食事の提供が行われた場合に、患者の標準負担額を除いた部分が現物給付される。 |

入院時食事療養費の標準負担額（1食につき）

| | | | |
|---|---|---|---|
| A | BCDのいずれにも該当しない患者（一般） | | 460円 |
| B | CDのいずれにも該当しない指定難病患者又は小児慢性特定疾患児童等 | | 260円 |
| C | 低所得者（70歳未満） | 過去1年間の入院期間が90日以内 | 210円 |
| | 低所得者Ⅱ（70歳以上） | 過去1年間の入院期間が90日超 | 160円 |
| D | 低所得者Ⅰ（70歳以上） | | 100円 |

※低所得者Ⅱ…世帯全員が住民税非課税であって、「低所得者Ⅰ」以外の患者
※低所得者Ⅰ…世帯全員が住民税非課税であって、世帯の各所得が必要経費・控除を引くと0円等

| 種類 | 社 | 国 | 高 | 現物給付の内容 |
|---|---|---|---|---|
| 3. 入院時生活療養の給付 | ○ | ○ | ○ | 療養病床に入院する65歳以上の患者は食費（食材費＋調理費）と居住費（光熱水道相当）の標準負担額を患者が負担し、残りは入院時生活療養として給付される。 |
| 4. 保険外併用療養費の給付 | ○ | ○ | ○ | 保険外のものが含まれると原則全額自己負担になるが、「評価療養」「患者申出療養」「選定療養」であれば併用が認められ、保険適用の部分は給付され、当該保険外の部分のみ全額自己負担でよい。 |
| 5. 療養費 | ○ | ○ | ○ | 海外療養費、コルセット等治療用用具など、保険者の承認のあるものは後で払い戻しされる。 |
| 6. 訪問看護療養費（家族訪問看護療養費） | ○ | ○ | ○ | 安定状態にある在宅難病患者、在宅末期がん患者等に対し、医師の指示を受けた訪問看護ステーションから派遣された看護師等による療養 |

| | 社 | 国 | 高 | 現金給付の内容 |
|---|---|---|---|---|
| | | | | 上の世話を受けた場合、基本利用料を控除した部分が保険者より現物給付される。 |
| | 社 | 国 | 高 | 現金給付の内容 |
| 1. 傷病手当金 | ○ | − | | 業務外の病気やけがで連続して3日以上会社を休み、十分な給与が受けられない場合は、4日目以降〜規定の年月（概ね1年6か月）の範囲で、欠勤1日につき標準報酬日額（概ね2/3）が支給される。 |
| 2. 出産手当金 | ○ | − | | 被保険者が出産のために、出産予定日以前42日〜出産後56（多児93日）までの間、労務に服さなかった期間、支給される。予定日より10日遅れた場合、42+10＝52日分が産前の日数として支給される。 |
| 3. 出産育児一時金 | ○ | ○ | − | 被保険者および被扶養者が出産したとき、1児につき42万円（三つ子であれば42万×3＝126万円）支給される。産科医療補償制度に加入していない医療機関で分娩した場合は1児につき40万4千円。 |
| 4. 移送費 | ○ | ○ | ○ | 移動が困難な患者が医療機関に移送され、保険者がその必要性を認めた場合は、最も経済的な通常の経路および方法により移送された費用により算定した額の範囲内で、実際にかかった費用が支給される。 |
| 5. 埋葬費（埋葬料） | ○ | ○ | ○ | 被保険者が死亡した場合、その者により生計を維持していたものが埋葬を行った場合を「埋葬料」として5万円が、それ以外の者が埋葬を行った場合は「埋葬費」として上限5万円の範囲で支給される。 |
| 6. 高額療養費 | ○ | ○ | ○ | 患者の1月の自己負担金額の上限を超えた場合は、その超えた分が払い戻しされる。 |
| 7. 高額介護合算療養費 | ○ | ○ | ○ | 世帯で1年間の介護と医療の合計した支払い金額が上限を超えた場合は、介護と医療のそれぞれの制度から、払い戻しされる。前年8月1日〜7月31日までの1年間の医療保険と介護保険の自己負担額の合計が基準額を超えた場合、超えた金額を支給する。 |

出典：筆者作成

# 第3節　診療報酬制度

## ● 1　診療報酬点数表とは

　保険医療機関は患者の症状に合わせて医療行為を行い、行った医療行為に対する費用を診療報酬といいます。この個別の医療行為の費用は厚生労働省が定め、2年ごとに改正が行われます。

　診療報酬に使用される点数表は、「医科診療報酬点数表」「歯科診療報酬点数表」「調剤診療報酬点数表」「診断群分類定額報酬点数表（DPC）[*7]」があります。保険医療機関で行った診療行為に対して、それぞれ点数表に基づいて医療費を算定[*8]し、患者の一部負担金と保険者からの給付金を確定します。患者負担金は窓口で徴収し、保険者にはレセプト請求することにより支払われます。この両者から入る医療費が保険医療機関にとっての財源です。

　保険医療は、先に医療行為を行い、後から当該金額が保険医療機関に振り込まれます。1点当たりの診療単価は10円で全国共通です。保険診療外の労働者

[*7] DPC (Diagnosis [診断] Procedure [診療行為] Combination [組み合わせ]) 病名や治療内容の診断群分類をもとに、1日当たりの包括点数で計算するもの。これまで「出来高点数」として個々に算定していた投薬・注射・検査・入院料等の部分を、1日当たりの「定額点数」で包括算定し、手術・麻酔・リハビリ等の包括外の部分は、出来高で算定し、これらを組み合わせて医療費の計算をする方式。診断群は2年に1度見直され、2018年度改正では18の主要診断群を4,296に診断分類されている。

＊8　出来高払い
点数表は、①基本診療料（初診料・再診料・入院基本料など）と②特掲診療料（検査・レントゲン・投薬・注射・手術・処置など）で構成されており、①＋②（患者に行った診療内容）のそれぞれの点数を合計し、実際に行った診療点数を積み上げて計算する方式を出来高払いという。

図3-4　年齢別の自己負担割合

出典：青山美智子『調剤報酬事務＆レセプト作例集』ナツメ社2018-19年　p.13を一部改変

　災害補償や公害健康被害の補償等については、単価は一部異なります。このほか、使用する薬剤や医療保険材料についても厚生労働省から告示されています。
　患者の自己負担割合は、表3-2の「１．療養の給付」で示したとおり、小学校就学前の児と70歳～74歳の自己負担割合は２割（現役並み所得者３割）、75歳以上は同１割（同３割）、その他の年代の者は３割負担です（図3-4）。

● 2　診療報酬点数表（医科）の構成

　点数表は、第１章「基本診療料」と第２章「特掲診療料」からなります。「基本診療料」には、初診料・再診料・入院料など、診療の基本となる点数が定められ、「特掲診療料」には、検査料・手術料・処置料・注射料など個々の診療行為の点数が定められています。一般的には、「基本診療料」と「特掲診療料」を合わせて算定します。

● 3　高額療養費制度による患者支払い限度額について

＊9　高額療養費制度
高額療養費制度は、一定の自己負担限度額を超えた場合に、後から払い戻される（償還払い）制度である。しかし、払い戻しされるまでの間、立て替えていることになるので、事前に高額になることが分かっている場合は、保険者に「限度額適用認定証」の交付申請を行い、「限度額適用認定証」を交付してもらう。70歳未満の場合、医療機関に「被保険者証」と「限度額適用認定証」を提示すれば、立て替えすることなく初めから自己負担限度額のみ医療機関に支払うため患者負担が軽減できる。

　急な傷病による通院や入院は、本人・家族にとって一時的な経済的負担の問題にとどまらず、その後の生活不安へと結びつき、心理的に大きな負担になっている場合があります。入院時の治療代など医療費の支払い、収入の減少など、患者や家族の心労は大変なものです。そこで、医療費が軽減に結びつく制度のしくみを適切につなぐことが重要になります。医療費に応じた患者の自己負担の割合は図3-4のとおりですが、その負担金が一定額を超えた場合、超えた部分が高額療養費[＊9]として申請後に保険者から払い戻されます（表3-3）。なお、高額療養費を算出する計算式も表3-3のとおりであり、高額療養費が払い戻される具体的な流れは、図3-5に示しています。

第3章　社会保障と公的医療保険制度

### 表3-3　高額療養費（患者支払限度額）

| 70歳未満の場合<br>年収 | 世帯の月単位の上限額 | 多数該当<br>（注1） | 高額介護合算療養費（注2） |
|---|---|---|---|
| ●約1,160万円以上　（健保）標準報酬月額83万円以上<br>　　　　　　　　　（国保）年間所得901万円超 | 252,600円＋（医療費－842,000円）×1％ | 140,100円 | 212万円 |
| ●約770～1,160万円　（健保）　同53万円～79万円<br>　　　　　　　　　（国保）　同600万円～901万円 | 167,400円＋（医療費－558,000円）×1％ | 93,000円 | 141万円 |
| ●約370～770万円　　（健保）　同28万円～50万円<br>　　　　　　　　　（国保）　同210万円～600万円 | 80,100円＋（医療費－267,000円）×1％ | 44,400円 | 67万円 |
| ●一般（約156～370万円）（健保）同26万円以下<br>　　　　　　　　　　　（国保）同210万円以下 | 57,600円 | 44,400円 | 60万円 |
| ●低所得者（住民税非課税） | 35,400円 | 24,600円 | 34万円 |

| 70歳以上の場合〔平成30年8月から〕<br>年収 | 世帯の月単位の上限額 | | 多数該当 |
|---|---|---|---|
| | 外来（個人ごと） | | |
| ●約1,160万円以上 | 252,600円＋（医療費－842,000円）×1％ | | 140,100円 |
| ●約770～1160万円 | 167,400円＋（医療費－558,000円）×1％ | | 93,000円 |
| ●約370～770万円 | 80,100円＋（医療費－267,000円）×1％ | | 44,400円 |
| ●一般（約156～370万円）<br>健保：標準報酬月額26万円以下　国保：課税所得145万円未満 | 18,000円<br>（年間上限144,000円） | 57,600円 | 44,400円 |
| ●低所得者Ⅱ（住民税非課税） | 8,000円 | 24,600円 | 24,600円 |
| ●低所得者Ⅰ（住民税非課税）<br>　　　　　　（所得が一定以下） | | 15,000円 | 15,000円 |

（注1）　多数該当とは、直近1年間に4回以上高額療養費の支給があった場合、4回目以降から適用になる自己負担限度額（月額）を指します。

（注2）　高額介護合算療養費とは、世帯で1年間に支払った後期高齢者医療制度の一部負担金等と介護保険の利用者負担金を合算した場合の世帯の算定基準額を指します。この額を超える場合は、医療と介護のそれぞれの制度から払い戻されます。
　　　　ただし、医療・介護のどちらかが0円の場合は、対象外。自己負担限度額を超える額が500円以下の場合も対象外です。

出典：青山美智子『診療報酬完全攻略マニュアル〔2018-19年版〕』医学通信社　2018年　p.11

---

（例）年収約500万円のAさん（40歳）が入院して1か月に100万円がかかった場合、高額療養費の申請をすればいくら払い戻されるでしょうか。

手順1　3割自己負担（窓口支払い）は30万円です。
　　　　100万円×3割＝30万円

手順2　Aさんの1か月支払いの上限は87,430円です。
　　　　表3-3　●約370～770万円　の計算式を使用します。
　　　　80,100円＋（100万円－267,000円）×1％　＝87,430円

手順3　既に30万円支払っているので、限度額を超えた分は申請します。
　　　　30万円－87,430円　＝212,570円　➡払い戻される。

図 3-5　高額療養費制度（高額療養費が払い戻されるまでの流れ）

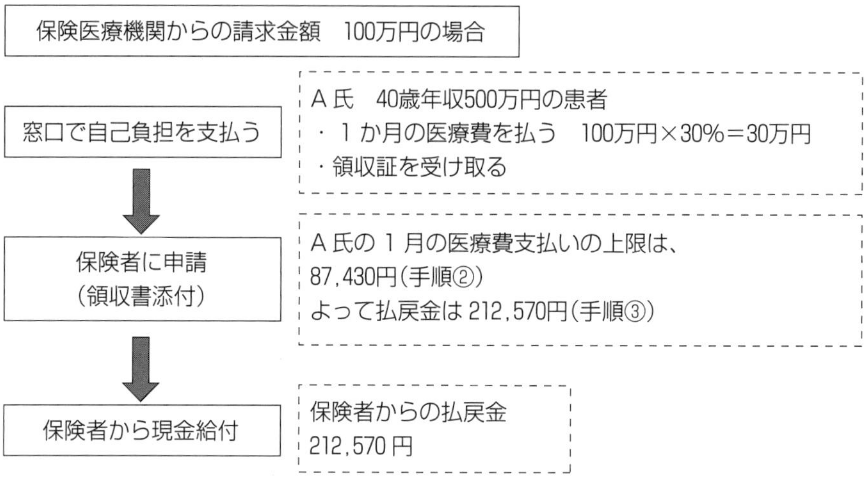

```
保険医療機関からの請求金額　100万円の場合

↓

窓口で自己負担を支払う　　　A氏　40歳年収500万円の患者
                          ・1か月の医療費を払う　100万円×30％＝30万円
                          ・領収証を受け取る

↓

保険者に申請　　　　　　　　A氏の1月の医療費支払いの上限は、
（領収書添付）　　　　　　　87,430円（手順②）
                          よって払戻金は212,570円（手順③）

↓

保険者から現金給付　　　　　保険者からの払戻金
                          212,570円
```

出典：筆者作成

## 第4節　その他の関連制度

### ●1　介護保険制度

　介護保険制度は、超高齢社会、核家族化により、これまで主に家族が支えてきた介護を社会全体で支えることを目的につくられた制度です。

　社会の背景として、①平均寿命が男女とも80歳以上の長寿国となったこと、②それに伴い、要介護・要支援の高齢者が増加していること、③家族形態の変容で、かつてのような家族介護が困難になっていること、④家族間で介護を行おうとすると、休職・退職・転職など介護離職をせざるを得ない状況も発生すること、⑤これまでの老人福祉制度や老人医療制度による対応に限界があること、があげられます。

　高齢化や核家族化の社会にあって、高齢者が高齢者を介護する「老老介護」、社会の働き手が「介護離職」、在宅生活への不安から長期入院する「社会的入院」や「医療費増大」、労働人口減少による「財源確保の困難」など、社会問題に発展しています。

　これらの問題にテコ入れする形で、1997（平成9）年に介護保険法が成立し、2000（平成12）年4月から施行されました。

#### ①保険者（認定する者、運営者）

　介護保険制度の運営主体は、市区町村です。

## ②被保険者（認定される者、利用者）

第1号被保険者 ➡ 65歳以上が対象で、理由にかかわらず介護や支援が必要となった場合に介護サービスが利用できます。

第2号被保険者 ➡ 40〜64歳で介護保険の対象である特定疾病[*10]が原因で介護認定を受けた場合のみ、介護サービスが利用できます。

*10 特定疾病については、次頁の「第2号被保険者が介護保険の対象となる特定疾病」を参照。

## ③介護保険の申請から認定までの流れ（図3-6）

### （a）申　請

介護保険制度やサービスの利用については、市町村と特別区の介護保険担当窓口で行います。サービスの利用を希望する場合は、市区町村の介護保険窓口に介護保険被保険者証を添えて申請しますが、窓口に出向けない場合は、地域包括支援センター、居宅介護支援事業所、介護保険施設などに申請の代行を依頼することもできます。申請や認定にかかる費用は発生しません。第1号被保険者の場合は、65歳になる前月に介護保険被保険者証が交付されますが、サービスを利用するには必ずこの被保険者証とかかりつけ医の連絡先を提出し、申請を行い、介護認定の審査を受けなければなりません。第2号被保険者の場合は、健康保険被保険者証が必要になります。

図3-6　介護サービスの利用手続きと給付内容

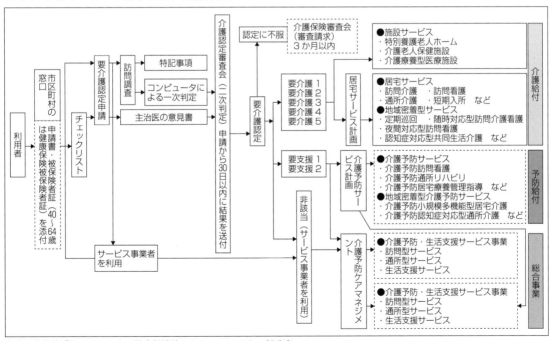

出典：今井伸『わかる・みえる社会保障論』みらい　p.114を一部改変

(b) 医師の意見書

主治医から病気の状態や治療内容、生活の自立状況、認知症の症状などをまとめた医学的な見地からの意見書を作成してもらい提出します。主治医がいない場合は、市区町村の指定医による診察が行われます。

(c) 訪問調査

市区町村の認定調査員が家庭などを訪問し、介護を必要とする方の心身の状態など74項目について調査し、特記すべき内容があれば特記事項に記載します。

(d) 介護認定

第1次判定として、主治医の意見書と認定調査員の調査をコンピューターに入力し、要介護度の判定が行われます。1次判定結果をもとに介護認定審査会で、介護や日常生活に支援が必要な状態かどうか、どの程度介護を必要とするか主治医の意見書などにより要介護（5段階）、要支援（2段階）、非該当の認定が決められます。なお第2号被保険者については、特定疾病に伴う疾患によるものかが審査判定されます。

---

**第2号被保険者が介護保険の対象となる特定疾病**

・末期がん・関節リウマチ・筋萎縮性側索硬化症・後縦靱帯骨化症・骨折を伴う骨粗鬆症・初老期における認知症・進行性核上性麻痺、大脳皮質基底核変性症及びパーキンソン病・脊髄小脳変性症・脊柱管狭窄症・早老症・多系統萎縮症・糖尿病性神経障害、糖尿病性腎症及び糖尿病性網膜症・脳血管疾患・閉塞性動脈硬化症・慢性閉塞性肺疾患・変形性関節症（両側の膝関節又は股関節に著しい変形を伴う）

---

(e) 認定結果と不服申し立て

認定結果は利用者宅に送られてきます。介護認定期間は、新規は原則6か月間、更新時は原則12か月以内です。認定結果に不服がある場合は、行政窓口で決定理由や経緯を聞くことができます。納得できない場合は、通知翌日から3か月以内に都道府県の介護認定審査会に不服申し立てができます。

(f) 介護保険の給付内容（サービス）

介護保険の給付対象となるサービスは、「介護給付」「予防給付」「総合事業」に分けられます。「介護給付」には特別養護老人ホーム、介護老人保健施設などの施設サービスのほか、訪問介護や訪問看護などの居宅サービス、定期巡回などの地域密着型サービスがあります。要介護1〜5の方が利用できます。「予防給付」には、介護予防訪問看護や介護予防通所リハビリテーションなどの介護予防サービスと介護予防小規模多機能型居宅介護や介護予防認知症対応型通

所介護などの地域密着型介護予防サービスがあります。要支援1.2の方が利用できます。「総合事業」には、①介護予防・生活支援サービス事業（訪問型・通所型サービスやその他の生活支援サービスなど）と②一般介護予防事業（介護予防普及啓発事業や地域リハビリテーション活動支援事業など）があります。総合事業「1」は、要支援者が対象、「2」はすべての高齢者が対象となります。

### (g)「総合事業」の概要

訪問介護・通所介護以外のサービス（訪問看護、福祉用具等）は、引き続き介護予防給付によるサービス提供を継続し、地域包括支援センターによる介護予防ケアマネジメントに基づき、総合事業を組み合わせ、介護予防・生活支援サービス事業によるサービスのみ利用する場合は、要介護認定等を省略して「介護予防・生活支援サービス事業対象者」として、迅速なサービス利用を可能にしたものです。

## ● 2　障害者総合支援法
（「障害者の日常生活及び社会生活を総合的に支援するための法律」）

2013（平成25）年4月1日から施行された障害者総合支援法は、障害者（児）[*11]が障害者基本法の基本的理念に則り、個人としての尊厳ある日常生活や社会生活を営むことができるようさまざまなサービスのしくみを定めた法律です。

*11　障害とは、身体・知的・精神の障害のほか、発達障害、難病も含まれる。

必要な障害福祉サービス等が総合的に提供されるよう支援を行い障害者（児）の福祉の増進を図るとともに、障害の有無にかかわらず安心して暮らすことができる地域社会の実現に寄与することを目的としたものです。

社会保障審議会障害者部会では、2015（平成27）年4月から見直しを行い、①「障害者の望む地域生活の支援」、②「障害児支援のニーズの多様化へのきめ細かな対応」、③「サービスの質の確保・向上に向けた環境整備」を柱とし、自立支援給付と地域生活支援事業で構成されています（図3-7）。

自立支援給付は「介護給付」「訓練等給付」「自立支援医療」「補装具」、地域生活支援事業は、市町村による「相談支援」「意思疎通支援」などや、都道府県による「専門性の高い相談業務」「広域支援」および「それらを行う人材養成・派遣」などを支援しています。なお、「自立支援医療」については、表3-4に示しています。

図3-7　障害者総合支援法における給付内容

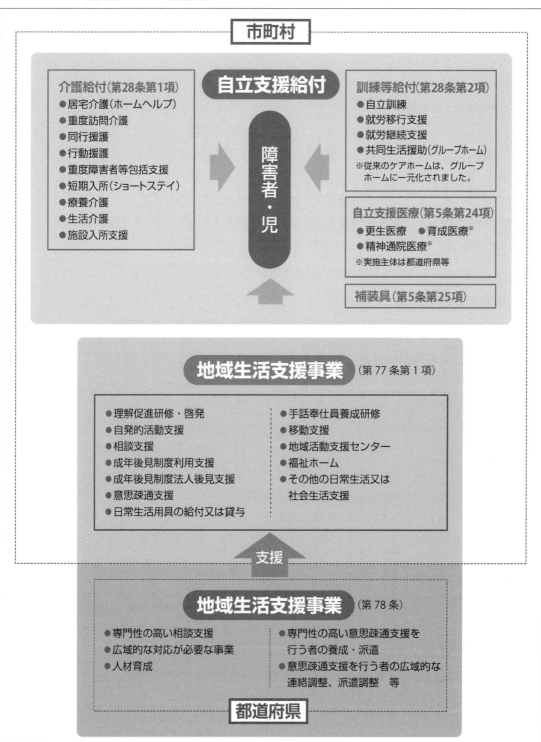

補装具：身体的・機能的障害を補う装具です（盲人安全杖・補聴器・義肢・車いすなど）
出典：全国社会福祉協議会「障害福祉サービスの利用についてパンフレット（平成27年度4月版）」p.3

第3章　社会保障と公的医療保険制度

表3-4　自立支援医療の給付内容

| 自立支援医療 | 更生医療　（法別番号15） | 育成医療　（法別番号16） | 精神通院医療　（法別番号21） |
|---|---|---|---|
| 給付 | 身体障害者の自立と社会への参加の促進を図るため、その更生のために必要な医療の給付を行う。 | 身体に障害のある児童を対象に、生活能力を得るために必要な医療の給付を行う。 | 精神障害者の適正な医療の普及を図るため、精神障害の通院医療の給付を行う。 |
| 給付の対象者 | 身体障害者手帳を持つ満18歳以上の者で、福祉事務所が認める者 | 18歳未満の児童で、身体上の障害を有するもの、または現在の疾患を放置すると将来障害が残ると認められた者で、手術等による効果が期待できる者 | 精神障害者またはてんかんを有する者で、通院治療を継続的に必要とする状態の者<br>ア医療の範囲：精神障害およびそれに起因して生じた病態に対して行われる通院医療<br>イ医療の内容：健康保険の給付の対象となる診療・調剤および訪問看護 |
| 対象の疾患 | 視覚・聴覚・平衡機能障害、肢体不自由、心臓機能障害、肝臓機能障害、小腸機能障害、肝機能障害など | 視覚・聴覚・平衡機能障害、肢体不自由、心臓機能障害、肝臓機能障害、小腸機能障害、肝機能障害など | |
| 給付の内容 | 医療保険を優先し、原則1割の自己負担額を控除した額が給付される | 医療保険を適用し、その給付の残りが給付される | 医療保険を優先適用し、自己負担額（原則1割）を控除した額が給付される |
| 医療費の自己負担 | 7割　　　　　　　　原則1割<br>医療保険（一般）／更生医療／自己負担 | 7割　　　　　　　　原則1割<br>医療保険（一般）／育生医療／自己負担 | 7割　　　　　　　　原則1割<br>医療保険（一般）／精神通院／自己負担 |
| 医療機関 | 指定自立支援医療機関 | 指定自立支援医療機関 | 指定自立支援医療機関 |
| 医療機関の取り扱い | 「自立支援医療受給者証」および「自己負担上限額管理表」と「被保険者証」を確認し、医療費の1割（負担上限額がある場合は上限額まで）を窓口で徴収 | 「自立支援医療（育成医療）受給者証」と「被保険者証」を確認し、受給者証に記載されている自己負担額を窓口で徴収 | 「自立支援医療受給者証（精神通院）」および「自己負担上限額管理表」と「被保険者証」を確認し、医療費の1割を窓口で徴収 |

出典：日本病院事務研究会『Q&Aでわかる医療事務実践対応ハンドブック〔2018年度版〕』医学通信社　2018年　p.114をもとに筆者作成

---

**演習課題**

① 人口減少社会で、かつ、少子超高齢社会が抱える課題を考えてみよう。
② 「現物給付」と「現金給付」の具体的な給付内容を説明してみよう。
③ 1月の医療費が80万円で、年収が650万円のAさん（45歳）の自己負担限度額を計算し、いくら払い戻しされるか算出してみよう。

**引用文献**

1）社会保障制度審議会「社会保障将来像委員会第一次報告」1993年　p.7
2）厚生労働省『平成29年版　厚生労働白書』p.182

**参考文献**

- 青山美智子『診療報酬・完全攻略マニュアル』医学通信社　2018年
- 安藤秀雄・栗林令子『公費負担の実際知識〔2018年度版〕』医学通信社　2018年
- 安藤秀雄・望月稔之・並木洋『医事関連法の完全知識』医学通信社　2018年
- 今井伸編『わかる・みえる社会保障論』みらい　2018年
- 週刊社会保障編集部編『社会保障便利事典』法研　2016年
- 本沢巳代子・新田秀樹編『トピック社会保障法〔第12版〕』不磨書房　2018年
- 厚生労働省「平成29年（2017）人口動態統計月報年計（概数）の状況」
  (http://www.mhlw.go.jp/toukei/saikin/hw/jinkou/geppo/nengai17/index.html，2018年11月1日閲覧）
- 総務省「統計からみた我が国の高齢者（65歳以上）報道資料」2017年
  (http://www.stat.go.jp/data/topics/pdf/topics103.pdf，2018年11月1日閲覧）
- 厚生労働省「平成28年簡易生命表の概要」
  (http://www.mhlw.go.jp/toukei/saikin/hw/life/life16/dl/life16-15.pdf, 2018年11月1日閲覧）
- 厚生労働省「介護予防・日常生活支援総合事業の基本的な考え方」
  (https://www.mhlw.go.jp/file/06-Seisakujouhou-12300000-Roukenkyoku/0000192996.pdf)

# 第4章 「病院」とは

## 第1節　社会学的側面としての「病院」

### ●1　私たちの生活になくてはならない病院

　社会学は、「社会とはどのようなものか」という問いから始まり、私たちの日々の生活をもとにさまざまな側面から社会の実態を把握し、そのメカニズムを解明し、今ある社会の歴史的意味合いをひもといたり、今の社会には何が必要なのか、ということを研究したりする学問です。本節では、社会学的側面、つまり私達の生活をベースに現代社会における「医療」や「病院」について幅広く考えていきたいと思います。

　厚生労働省が2014（平成26）年に行った『健康意識に関する調査』[1]において、幸福感を判断する際に重視した事項は、「健康状況」が54.6％と最も多く、次いで「家計の状況（所得・消費）」が47.2％、「家族関係」が46.8％となっています。つまり私達が生活するうえで、健康や医療の話題は切っても切り離せないものとなっています。「あなたは普段から健康に気をつけるよう意識していますか」という問いには、「健康のために積極的にやっていることや、特に注意を払っていることがある」、「健康のために生活習慣には気をつけるようにしている」と回答した人が全体の半数以上で、「病気にならないように気をつけているが、特に何かをやっているわけではない」を合わせると、全体の9割が自分の健康に気をつけていることになります。病気にならないように、病院のお世話にならないように、私たちは日々の生活の中で健康に気をつけているわけです。しかし、人生の中で「病院にかかったことがない」という人はほとんどいないでしょう。それだけ病院は私たちにとって身近な存在になっています。

### ●2　「病院」という場の特徴

　ところで、「病院」というのはどのような場なのでしょうか。病気やケガの

治療をするため、というのは当然なのですが、「病院」ならではの特徴があります。

みなさんは「どこで産まれましたか？」と尋ねられて「病院」と答える人が多いのではないでしょうか。昔は、出産は自宅でお産婆さんが赤ちゃんを取り上げてくれました。また、亡くなるのも自宅だったので「最期は畳の上で」という言葉を聞いたことがある人もいると思います。しかし現代社会では、「生老病死」のほとんどの場面が病院に移行しています。これが1つ目の特徴です。

2つ目は、病院というのは医療が第一義的であり、福祉は第二義的なものであるということです。病院には何のために来るかといえば「病気を治してもらいたいから」来るのです。病んでいる一方で、患者は生活者でもあります。治療を受けるうえで障壁となる問題があったり、病気以外の問題を抱えていたりして治療に専念できないということもあります。例えば、外来で医師から「すぐに入院してください」といわれた患者がいるとします。その患者は「入院できません」と困り果てます。彼女はシングルマザーで2歳の子どものお母さんです。また、ほかの外来では「入院して手術しましょう」といわれた患者がいます。「お金がないので手術できません」と悩みます。このように病気やケガをきっかけに引き起こされる生活上の困りごとは少なくありません。慢性化、長期化すればなおさらです。そういうときに支援する医療ソーシャルワーカー（MSW）が必要とされます。MSWは患者を「病人」としてだけでなく「生活を抱えた人」としてとらえ、人の社会的側面を常に意識し、治療への経済的、心理社会的影響を鑑みて効果的な治療が施されるよう力を尽くす縁の下の大切な存在なのです。

＊1　業務独占資格
有資格者以外は当該業務に従事することができない資格。高度な専門性を持たないと国民の生命や財産を守れない医師や看護師、診療放射線技師、弁護士などがこれにあたる。無資格で業務を行うと厳しい処罰がある。

＊2　名称独占資格
資格を持っている人だけがその名称を名乗ることができる資格。保健師や栄養士、理学療法士、社会福祉士などがこれにあたる。無資格で名称を名乗ると処罰がある。

3つ目に、病院は専門職能集団の集まりです。業務独占資格＊1の医師や看護師、診療放射線技師、薬剤師などのほか、名称独占資格＊2の理学療法士、作業療法士などのリハビリテーションスタッフなど、国家資格を取得している専門職能集団の集まりです（巻末資料2を参照）。福祉の他の分野である高齢者施設や障害者施設では、国家資格を持たずに働くスタッフもたくさんいますが、病院はそれとは異なります。MSWが「福祉職」として他の医療専門職とチームを組んで支援していくためには、自らの専門的力量の研鑽が必要になります。

4つ目に、病院は社会環境・医療環境の変化や時代の影響、国の制度・施策の影響を大きく受けます。内閣府『平成29年版高齢社会白書』[2]によると、わが国の総人口は、2016（平成28）年10月1日現在、1億2,693万人であり、65歳以上の高齢者人口は3,459万人、総人口に占める高齢者の割合は27.3％という世界でも類をみない超高齢社会です。高齢者が多いということはそれだけ医療費がかさみます。医学の高度化、医療技術の進歩に伴い、以前ならば救命でき

なかった重篤な患者の治療が可能になり、治療効果や回復も目覚ましいものとなっています。一方で、亡くならないということは持病や障害を持ちながら生きていくことにもなるわけです。つまり、平均寿命は伸びたが健康ではないということが往々にしてあるのです。そこでは医療費の抑制という課題が出てきます。医療が医療として単独で考えられるものではなく、医療と福祉・介護が切っても切れない関係になっているのです。

　2000（平成12）年にスタートした介護保険制度は、いわゆる社会福祉基礎構造改革[*3]の「措置」から「契約」への急先鋒として将来の期待を一手に背負い実現しました。しかし、それまでも医療と福祉の狭間にあった「社会的入院」という大きな問題は、その名のとおり社会的理由による入院であるため、介護保険制度が導入されても簡単に解決できることではありません。医療と同時に高齢者の生活を、扶養をどうするのか、息子／娘の仕事や生活はどうするのか、家族の生き方そのものに直結する大きな問題がずっとつきまとうのです。今後も急激に進む少子高齢化は社会的入院という問題をずっとはらんでいくことでしょう。

　図4-1は、病院をとりまく背景です。近年、新聞やニュースで働きながらの介護やそれとは反対の介護離職などの社会的な問題をご覧になった方もおられるでしょう。重篤な患者以外にも慢性疾患の患者の増加で医療環境は大きく変化してきています。そして、それらに対応して患者や医療従事者のあり方、病院の機能にも変化が生じてきています。

　現在、国が進める地域包括ケアシステムでも、病院は大きな役割を担ってい

*3　社会福祉基礎構造改革
今後増大・多様化する福祉の需要に対応するため、社会福祉事業法、身体障害者福祉法、知的障害者福祉法、児童福祉法、民生委員法、生活保護法、老人福祉法などが大幅に改正された。改正の内容としては、①行政が行政処分として行う措置制度から利用者が事業者と対等な立場でサービスを選択する福祉サービスの利用制度化、②サービスの質の向上と事業の透明性の確保、③多様な事業主体の参入を促進し社会福祉事業の充実・活性化、④地域福祉の推進などがある。

**図4-1　病院をとりまく背景**

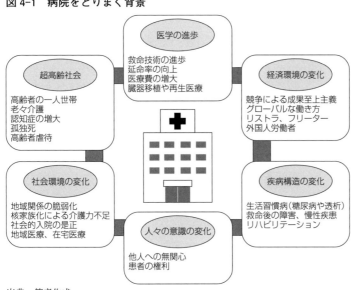

出典：筆者作成

ます。地域包括ケアシステムとは、可能な限り住み慣れた地域で、自分らしい暮らしを人生の最期まで続けることができるよう、地域の包括的な支援・サービス提供体制を構築し、住まい・医療・介護・予防・生活支援を一体的に提供しようとするものです。そこでは入院できる病院だけでなく、在宅医療、在宅介護の包括的で継続的な提供を行うことが求められています。医療のあり方、病院の機能の変化はどんどん促進されています[*4]。

2014（平成26）年6月に施行された「地域における医療及び介護の総合的な確保を推進するための関係法律の整備などに関する法律」[*5]（以下、医療介護総合確保推進法といいます）では、団塊の世代が後期高齢者になる2025年に向けて地域における医療と介護の総合的な確保を目指しています。この法律で医療法、介護保険法などの改正が行われ、地域単位での医療需要と病床の必要量などを推計しています。このように社会状況を鑑みて病院は常に変化をしているのです。

以上、4つの大きな特徴を示しました。次に日本の医療制度と歴史的背景を概観していきましょう。

● 3　日本の医療制度と歴史的背景

日本の医療制度の特徴は、①自由開業制度、②国民皆保険制度、③診療報酬制度です。私たちは医療保険証を持ち、自由に医療機関を選び受診することができます（フリーアクセス）[*6]。第二次世界大戦後の混乱期を経て、日本は独自の医療供給体制を築いてきました。医療提供施設の法的枠組みを「医療法」で規定し、「健康保険法」を根拠に医療保険制度で経済的基盤を築き、実際に行う医療の品目と価格は「診療報酬制度」で決定していくものです。

第二次世界大戦後の1948（昭和23）年、医療施設を規定する「医療法」[*7]が成立しました。この頃は医師や薬など医療インフラの絶対数が不足しており医師も薬も病院もどんどん増やしていきます。これが量的拡大の時代です。1970（昭和45）年には高齢化率が7％を超え、高齢化社会へ突入します。高度経済成長と共に医療技術も目まぐるしく進歩し、国民医療費は10兆円を突破します。1980年代になると、医師や医療インフラの量的規制が始まり、医療費の増大が政策課題にあがってきます。しかし、医療費の増大は止まりません。1948（昭和23）年に策定した「医療法」は37年もの間改正されていませんでしたが、1985（昭和60）年医療法が改正され、地域医療計画による病床数の総量規制が始まります。1994（平成6）年には高齢化率が14％を超え、高齢者の医療費だけで10兆円を超えるようになり、医療費急増の時代となります。2000（平成

＊4　地域包括ケアシステムについて、詳しくは、第9章第3節（p.139）を参照。

＊5　地域における医療及び介護の総合的な確保を推進するための関係法律の整備などに関する法律（医療介護総合確保推進法）
「医療法」「介護保険法」「地域における公的介護施設等の計画的な整備等の促進に関する法律」などの一部改正から構成される。

＊6　フリーアクセス
国民だれもが医療機関を自由に選べること。日本は医療保険証を提示して一部自己負担金を支払えば、病院でも診療所でも、患者が希望する医療機関を選んでサービスが受けられる。

＊7　医療法
医療施設を規定する法律であり、病院、診療所、助産所などの開設や管理の方法などを定めている。詳しくは本章第2節（p.60）を参照。

12)年には5つ目の社会保険である介護保険制度を施行し、増え続ける医療費を抑制するために医療制度改革に乗り出しますが、時すでに遅く、2016（平成28）年度の国民医療費は42兆1,381億円、人口一人当たりの国民医療費は33万2,000円となりました[3]。

表4-1は、医療法改正の変遷です。わが国では「医療法」（法律）と「診療報酬制度」（お金）を段階的に改正し、医療費抑制の時代を乗りきろうとしています。具体的には医療機能の分化と連携を促進し、患者のシェアリングを目的とした地域完結型医療を積極的に推進しているのです。しかし、止まらない超高齢化、大病院を好む国民性やフリーアクセスなど医療費抑制は困難を極めています。

戦後70年を超え、わが国の経済状況、社会環境は大きく変化しました。国民は今後も安心して医療を受けられるのでしょうか。そもそも現在でも安心して医療を受け、安全な療養環境が整備できているのでしょうか。ますます進む超高齢社会、そして少子化に私達はどこで医療を受け、療養し、人生の幕を下ろしていくのか、不安が尽きません。

医療制度改革論議はすべてにおいて財源問題が前提であり、「質の向上」や「良質な医療」などと謳ったとしても、結局は費用の効率化、適正化に終始してし

**表4-1　医療法改正の変遷**

| 制定、改正の時期 | 主な内容 |
| --- | --- |
| 1948（昭和23）年医療法成立 | 病院の施設基準整備 |
| 1985（昭和60）年第1次改正 | 都道府県による地域医療計画整備 |
| 1992（平成4）年第2次改正 | 療養型病床群、特定機能病院の創設 |
| 1997（平成9）年第3次改正 | 地域医療病院制度創設、インフォームド・コンセントを明文化 |
| 2001（平成13）年第4次改正 | 病床区分の見直し、臨床研修の必修化、医療情報提供の推進 |
| 2006（平成18）年第5次改正 | 患者への医療に関する情報提供の推進<br>医療計画制度の見直しなどを通じた機能分化・連携の推進<br>医師不足問題への対応、医療安全の確保、医療従事者の資質向上 |
| 2014（平成26）年第6次改正 | 地域医療支援センターによる医師の地域偏在の解消、キャリア形成支援<br>各医療機関の病床機能区分の都道府県知事への報告義務化<br>医療計画の中で地域医療構想策定 |
| 2015（平成27）年第7次改正<br>（一部の改正） | 地域医療連携推進法人制度施行、医療法人制度の見直し |
| 2017（平成28）年第8次改正 | 医療に関する広告規制の強化、持分なし医療法人移行計画認定制度の要件緩和、監督規定整備と検体検査の品質制度管理の整備 |

出典：筆者作成

まい、本来あるべき基本的人権、生存権の保障という側面がおろそかになっているのではないか、社会保障の根幹を揺るがす危機的な時代になっています。

## 第2節　医療法からみた「病院」

　日常的に見聞きする「病院」や「診療所（クリニック、医院）」、これらは医療機関ですが、それぞれ役割が違います。また「病院」にもいくつか種類があり、それぞれ機能や役割が違います。第2節では、医療法で分類される医療機関について学んでいきましょう。

### ●1　医療法とは

#### ①医療法の目的と医療提供施設

　医療法の目的は、第1条に「この法律は、医療を受ける者による医療に関する適切な選択を支援するために必要な事項、医療の安全を確保するために必要な事項、病院、診療所及び助産所の開設及び管理に関し必要な事項並びにこれらの施設の整備並びに医療提供施設相互間の機能の分担及び業務の連携を推進するために必要な事項を定めること等により、医療を受ける者の利益の保護及び良質かつ適切な医療を効率的に提供する体制の確保を図り、もつて国民の健康の保持に寄与することを目的とする」と記載されています。つまり、医療法とは医療施設を規定する基盤となる法律なのです。

　また、第1条の2第2項では、病院、診療所、介護老人保健施設、介護医療院、調剤を実施する薬局その他の医療を提供する施設が医療提供施設であると規定されています。さらに、医療を受ける者の居宅等も医療を提供する場として規定されています。医療法は、このような医療施設の整備や医療施設の人員構成、構造設備、管理体制等のほかに、患者の視点に立った医療提供のあり方や、医療の情報提供のあり方も規定しています

#### ②実際に医療を提供する医療提供施設

　医療提供施設の中で、実際に医療を提供する施設は、病院、診療所、介護老人保健施設、介護医療院です。医療法第1条の5には、病院と診療所についての定義が次のように規定されています。

　病院とは「医師又は歯科医師が、公衆又は特定多数人のため医業又は歯科医業を行う場所であって、20人以上の患者を入院させるための施設を有するものをいう。病院は、傷病者が、科学的でかつ適正な診療を受けることができる便宜を与えることを主たる目的として組織され、かつ、運営されるものでなけれ

ばならない」(医療法第 1 条の 5 第 1 項)。

　診療所とは「医師又は歯科医師が、公衆又は特定多数人のため医業又は歯科医業を行う場所であって、患者を入院させるための施設を有しないもの又は19

表 4-2　病床の種類

| 病床の種類 | 設備概要 |
| --- | --- |
| ①精神病床 | 精神疾患を有する者を入院させるためのもの |
| ②感染症病床 | 感染症の予防及び感染症の患者に対する医療に関する法律に規定される一類感染症、結核を除く二類感染症、新型インフルエンザ等感染症、指定感染症、新感染症の所見がある者を入院させるためのもの |
| ③結核病床 | 結核の患者を入院させるためのもの |
| ④療養病床 | ①～③に掲げる病床以外の病床であって、主として長期にわたり療養を必要とする患者を入院させるためのもの |
| ⑤一般病床 | ①～④に掲げる以外のもの |

(注)　一類感染症とは、感染力、罹患した場合の重篤性等に基づく総合的な観点からみた危険性が極めて高い感染症で、疾病名はエボラ出血熱、クリミア・コンゴ出血熱、痘そう、南米出血熱、ペスト、マールブルグ病、ラッサ熱です。二類感染症とは、感染力、罹患した場合の重篤性等に基づく総合的な観点からみた危険性が高い感染症で、疾病名は急性灰白髄炎、ジフテリア、重症急性呼吸器症候群（SARS コロナウイルスに限る）、結核、鳥インフルエンザ（病原体がインフルエンザウイルス A 属インフルエンザ A ウイルスであってその血清亜型が H5N1 であるものに限る）です。
出典：医療法第 7 条第 2 項をもとに筆者作成

図 4-2　地域医療構想

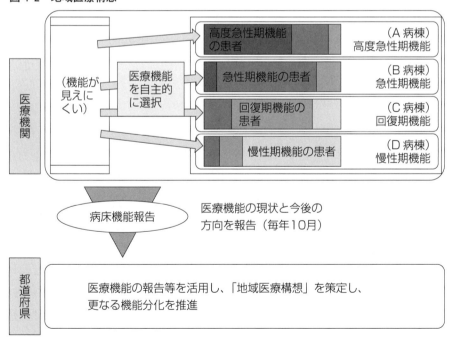

出典：厚生労働省「地域医療構想の進め方について」（平成30年 2 月 9 日）p.2（http://www.mhlw.go.jp/file/06-Seisakujouhou-10800000-Iseikyoku/0000194389.pdf、2018年11月 1 日閲覧）

人以下の患者を入院させるための施設を有するものをいう」（医療法第1条の5第2項）。

つまり、わが国では病床数により病院か診療所かが区別され、病床数が20床以上の場合は「病院」、無床もしくは19床以下は「診療所」と規定されているのです。また、病院には病床種別というものがあり（医療法第7条第2項）、精神病床、感染症病床、結核病床、療養病床、一般病床の5区分に規定されています（表4-2）。

医療介護総合確保推進法に伴う医療法改正では、医療機能の分化・連携を推進するために医療機関は都道府県に病床の医療機能（高度急性期、急性期、回復期、慢性期）を報告し、都道府県はそれをもとに「地域医療構想（ビジョン）」を医療計画で策定するとされています（図4-2）。

なお、介護老人保健施設と介護医療院については、第1条の6において、介護保険法の規定によるとされています。

## ●2　病院の類型

医療法では、一般の病院とは異なる要件（人員配置基準、構造設備基準、管理者の責務等）を満たした病院を一定の機能を有する病院（特定機能病院、地域医療支援病院、臨床研究中核病院）として名称独占を認めています（図4-3）。また、対象とする患者（精神病患者、結核患者）の相違に着目して、一部の病床については、人員配置基準、構造設備基準の面で取扱いを別にしています[5]。 ここでは、特定機能病院と地域医療支援病院について詳しく見ていきます。

### ①特定機能病院

日本の医療システムは、1958（昭和33）年の国民健康保険法の制定、1961（昭和36）年に始まった国民皆保険制度により、国民はだれもがどこでも制限なく医療が受けられました。しかし、1973（昭和48）年に老人医療費無料化制度が開始され、診療報酬のプラス改定が続き、高齢化は伸び続け、それと同時に医療費の伸びも加速しました。1982（昭和57）年、老人保健法が改正され「医療費無料化」は終了し、医療資源の効率化を図り、医療保険の支出をおさえるために医療の分業化が検討されるようになりました。そして病状に応じた入院を促進するために、1993（平成5）年4月の第2次医療法改正により、長期療養型の病院と高度な医療を提供する特定機能病院との2類型が示されたのです。

特定機能病院は、高度の医療の提供、高度の医療技術の開発及び高度の医療

**図4-3 病院の類型**

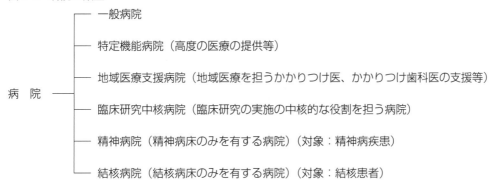

出典：厚生労働省『平成29年度版 厚生労働白書〔資料編〕』p.38
（http://www.mhlw.go.jp/wp/hakusyo/kousei/17-2/dl/02.pdf）

に関する研修を実施する能力等を備えた病院として、1993（平成5）年4月の第2次医療法改正によって制度化され（医療法第4条の2）、2017（平成29）年6月現在で85病院が承認されています。

特定機能病院として厚生労働大臣の承認を得るためには、以下の条件を満たすことが必要です。

---

a　高度の医療の提供、開発及び評価、並びに研修を実施する能力を有すること
b　ほかの病院又は診療所から紹介された患者に対し、医療を提供すること（紹介率50％以上、逆紹介率40％以上）
c　400床以上の病床を有すること
d　通常の病院の2倍程度の医師等の配置、医師の配置基準の半数以上が15種類いずれかの専門医
e　集中治療室、無菌病室、医薬品情報管理室を有すること
f　医療安全管理体制の整備がなされていること　　等

---

さらに、厚生労働大臣は、特定機能病院の承認をするにあたっては、あらかじめ、社会保障審議会の意見を聴かなければならないと規定されています。

**②地域医療支援病院**

地域医療支援病院は、医療施設機能の体系化の一環として、患者に身近な地域で医療が提供されることが望ましいという観点から、地域のほかの医療機関を支援することを目的に、1998（平成10）年4月、第3次医療法改正で制度化されました。紹介患者に対する医療提供、医療機器等の共同利用の実施等を通

じて、第一線の地域医療を担うかかりつけ医、かかりつけ歯科医等を支援する能力を備え、地域医療の確保を図る病院としてふさわしい構造設備等を有するものについて、都道府県知事が個別に承認しています。

地域医療支援病院は、紹介患者に対する医療の提供（かかりつけ医等への患者の逆紹介も含む）、医療機器の共同利用の実施、救急医療の提供、地域の医療従事者に対する研修の実施という役割を担っており、2018（平成30）年2月現在で560病院が承認されています。

地域医療支援病院として都道府県知事の承認を得るためには、以下の条件を満たすことが必要です。

---

a　開設主体は原則として国、都道府県、市町村、社会医療法人、医療法人等
b　紹介患者中心の医療を提供していること（①紹介率80％を上回っていること、②紹介率が65％を超え、かつ、逆紹介率が40％を超えること、③紹介率が50％を超え、かつ、逆紹介率が70％を超えること）
c　救急医療を提供する能力を有すること
d　建物、設備、機器等を地域の医師等が利用できる体制を確保していること
e　地域医療従事者に対する研修を行っていること
f　原則として200床以上の病床、及び地域医療支援病院としてふさわしい施設を有すること　等

---

地域医療支援病院は、特定機能病院と並び、地域医療の中核を担う病院です。さらに、2007（平成19）年の第5次医療法改正では、地域での在宅医療を推進していくことが位置づけられ、大きな役割を担うことになっています。

## 第3節　診療報酬制度からみた「病院」

病院の機能・類型は、医療法による類型だけではありません。ここではまず、診療報酬制度が医療機関にどのような影響をもたらすのかを概観し、そのうえで診療報酬制度による類型ができる病院・病棟をいくつか取り上げます。

### ●1　診療報酬体系の機能

第3章で診療報酬制度について詳しく説明がされていますが[*8]、ここでは

[*8] 診療報酬制度について、詳しくは、第3章第3節（p.45）を参照。

医療機関の類型に関連することがらを説明していきます。診療報酬とは、保険医療機関等が行う診療行為に対する対価として、公的医療保険から支払われる報酬です。約2年ごとに診療報酬の改定があり、保険適用医療行為の範囲を示す「品目」と各医療行為の「公定価格」を定めています。診療報酬は医療機関の収入源のため医療機関の経営に大きな影響を与えます。また、医療機関間の医療費の配分にも影響が出てきますし、ひいてはわが国の医療提供体制のあり方にまで影響を及ぼします。医療費抑制の時代である今、国は医療法という「法律」で医療機関の機能や役割を定め、診療報酬という「お金」で目指すべき医療供給体制に導こうとしているのです。

　診療報酬の支払い方式には、出来高払い方式と包括払い方式があります。現在、国は包括払い方式を推進しています。これは、無駄な医療の削減ができることと同時に、最適な医療を行う能力が医療者に求められる仕組みとなります。また、包括払い方式は病院の経営的安定が望めます。例えば、ある4人部屋の病室を考えてみましょう。この病室には、胃がんの患者とサッカーによる足の骨折患者と脳梗塞の患者と熱傷の患者がいます。この人たちは、治療も薬もまったく違いますので医療サービスの標準化はできませんから出来高払いでないと採算は取れません。しかし、この4人部屋が全員脳卒中患者の部屋だとしたらどうでしょうか。脳卒中患者で手術後リハビリテーションが必要になってくるとなると、治療や薬、リハビリテーションの内容等に大きな差はありません。医療サービスの標準化ができます。つまり、患者の属性・病態や診療行為ごとの医療費が標準化されるため、あらかじめいくらの収入になるのかが分かるため安定した経営が可能となります。また、技術的側面から医療の質を評価・比較することが可能となり、医療費抑制も期待できるのです。

　包括払い方式の一つにDPC/PDPS（Diagnosis Procedure Combination/ Per-Diem Payment System）があり、これは診断群分類に基づく1日当たり定額報酬算定制度を意味します。2003（平成15）年4月より82の特定機能病院を対象に導入された急性期入院医療を対象とする診断群分類に基づく1日あたり包括払い制度です。DPC/PDPS制度の導入後、DPC/PDPS対象病院は段階的に拡大され、2018（平成30）年4月1日見込みで1,730病院・約49万床となり、急性期一般入院基本料等に該当する病床（平成28年7月時点で7対1または10対1入院基本料を届け出た病床）の約83％を占めています。

　このように医療が標準化しやすい病状や診療行為の患者を集めた病棟や病院が診療報酬での類型となるのです。

## ● 2 診療報酬による類型

### ①回復期リハビリテーション病棟

　回復期リハビリテーション病棟は、2000（平成12）年4月に新たに創設された制度です。この病棟は、脳梗塞や脳出血などの脳卒中、大腿骨頚部骨折、脊髄損傷、頭部外傷、肺炎や外科手術の治療時の安静による廃用症候群の患者で回復期リハビリテーションの必要性の高い患者常時8割以上を入院対象としています（表4-3）。回復期リハビリテーション病棟では、リハビリテーション医師、看護師、理学療法士（PT）、作業療法士（OT）、言語聴覚士（ST）、社会福祉士、栄養士、薬剤師などの多くの専門職チームの支えのもと、集中的にリハビリテーションを受けることで「起きる、座る、食べる、歩く、トイレへ行く、お風呂に入る」などの日常生活活動（ADL）[*9]の向上をはかり、寝たきりの防止や家庭や社会に復帰することを目標としています。疾患や傷病名によって、入院するまでの期間や、入院してからの在院日数の上限期限が以下のように決められています。

　2018（平成30）年の診療報酬改定では、リハビリテーションの質の充実を目指し、アウトカム評価[*10]の推進を図る観点から、回復期リハビリテーション病棟入院料について、①基本的な医療の評価部分と、②診療実績に応じた段階的な評価部分の2つの評価を組み合わせた評価体系に再編・統合されました。

*9　日常生活活動（ADL）について、詳しくは第5章第2節（p.76）を参照。

*10　アウトカム評価
医療や介護の質を評価する方法には、「アウトカム評価」と「プロセス評価」がある。「アウトカム評価」は、実績を表す指標で、提供したサービスの成果や良し悪しを測るのに向いている。「プロセス評価」は、体制や過程を評価するもので、施設内での研修実施の有無などを測るものである。

表4-3　回復期リハビリテーション病棟を利用できる疾患と入院期間

| | 疾　患 | 発症から入院までの期間 | 病棟に入院できる期間 |
|---|---|---|---|
| 1 | 脳血管疾患、脊髄損傷、頭部外傷、くも膜下出血のシャント手術後、脳腫瘍、脳炎、急性脳炎、脊髄炎、多発性神経炎、多発性硬化症、腕神経叢損傷等の発症または手術後、義肢装着訓練を要する状態 | 2か月以内 | 150日 |
| | 高次脳機能障害を伴った重症脳血管障害、重度の頚髄損傷および頭部外傷を含む多部位外傷 | | 180日 |
| 2 | 大腿骨、骨盤、脊椎、股関節もしくは膝関節の骨折又は二肢以上の多発骨折の発症後または手術後の状態 | 2か月以内 | 90日 |
| 3 | 外科手術または肺炎等の治療時の安静により廃用症候群を有しており、手術後または発症後の状態 | 2か月以内 | 90日 |
| 4 | 大腿骨、骨盤、脊椎、股関節または膝関節の神経、筋または靭帯損傷後の状態 | 1か月以内 | 60日 |
| 5 | 股関節または膝関節の置換術後の状態 | 1か月以内 | 90日 |

出典：厚生労働省「（平成29年度第4回）入院医療等の調査・評価分科会」（平成29年7月21日）P.74
（https://www.mhlw.go.jp/file/05-Shingikai-12404000-Hokenkyoku-Iryoka/0000171846.pdf）を筆者一部改変

## ②緩和ケア病棟

　わが国の緩和ケアは1970年代からホスピス運動が始まり、1981（昭和56）年に日本初のホスピスが聖隷三方原病院に開設されました。その後、1990（平成2）年には緩和ケア病棟の施設基準が制定され、「緩和ケア病棟入院料」が診療報酬項目として新設されました。さらに2002（平成14）年には、一般病棟での専門的緩和ケアを提供する緩和ケアチームは、一定の基準以上と認められた場合「緩和ケア診療加算」が新設されました。

　また、がん対策基本法が2006（平成18）年に成立し、2007（平成19）年がん対策推進基本計画の中で緩和ケアについては、「がんと診断された時からの緩和ケアの推進」が重点的に取り組むべき課題として位置づけられています。緩和ケア病棟は、主に悪性腫瘍および後天性免疫不全症候群に罹患している患者とその家族が、可能な限り質の高い治療・療養生活を送れるように、身体的・精神的・社会的苦痛の緩和をできるだけ目指す病棟です。

　緩和ケア病棟は、①夜間において、看護師が複数配置されていること、②当該病棟内に緩和ケアを担当する常勤の医師が1名以上配置されていること、③当該病棟内に、患者家族の控え室、患者専用の台所、面談室、一定の広さを有する談話室を備えていること、④入退棟に関する基準が作成されていること、⑤緩和ケアの内容に関する患者向けの案内が作成され、患者・家族に対する説明が行われていること等の施設基準があります。

## ③地域包括ケア病棟

　地域包括ケア病棟とは、主に急性期の治療が終了し病状が安定したものの、すぐに自宅退院するには不安が残る患者または自宅で療養中に病状が悪化した患者に対して、適切な治療と在宅復帰支援を目的に、地域包括ケアシステムを支える役割を担う病棟または病室のことで、2014（平成26）年の診療報酬改定で新設されました。地域包括ケア病棟入院料・入院医療管理料は、60日までしか算定できません。

　2018（平成30）年の診療報酬改定では、地域包括ケア病棟入院料・入院医療管理料を基本的な評価部分と在宅医療の提供等の診療実績にかかる評価部分とを組み合わせた体系に見直すとともに、在宅医療や介護サービスの提供等の地域で求められる多様な役割・機能を果たしている医療機関を評価する仕組みに変更となりました。施設基準は、①特定機能病院以外の保険医療機関であること、②在宅療養支援病院、在宅療養後方支援病院（直近1年の在宅患者の受入実績3件以上）、第二次救急医療機関、省令に基づき認定された救急病院のいずれかの基準を満たしていること、③看護職員の数は13対1以上、7割以上が

看護師であること、夜勤を行う看護職員は2名以上であること、④専任の在宅復帰支援担当者が1名以上配置されていること、⑤専従の常勤理学療法士、作業療法士または言語聴覚士が1名以上配置されていること等のほか、高い診療報酬点数が算定できる地域包括ケア病棟入院料1では、在宅復帰率7割以上であること等が求められます。

### ④在宅療養支援診療所、在宅療養支援病院

在宅療養支援診療所とは、在宅療養中の地域の患者に対して24時間体制で往診や訪問看護にあたる診療所のことで、2006（平成18）年の診療報酬改定で新設されました。

在宅療養支援病院は、2008（平成20）年の診療報酬改定で新設され、200床未満の病院であり、その病院を中心とした半径4km以内に診療所が存在しないものであること、在宅医療を担当する常勤の医師が3名以上配置されていることが条件となっています。そのほか、在宅療養支援診療所とほぼ同様の条件が施設基準として定められています。主な条件とは、①24時間連絡を受ける担当者をあらかじめ指定し、その連絡先を文書で患家に提供していること、②当該診療所・病院において、または別の保険医療機関の保険医との連携により、患家の求めに応じて、24時間往診が可能な体制を確保し、往診担当医の氏名、担当日等を文書で患家に提供していること、③当該診療所・病院において、または別の保険医療機関・訪問看護ステーションの看護師等との連携により、患家の求めに応じて、当該診療所・病院の医師の指示に基づき、24時間訪問看護の提供が可能な体制を確保し、訪問看護の担当者の氏名、担当日等を文書で患家に提供していること、④当該診療所・病院において、または別の保険医療機関との連携により、緊急時に在宅での療養を行っている患者が入院できる病床を常に確保していること、⑤保健医療サービスと福祉サービスとの連携調整を担当する者（介護支援専門員等）と連携していること、⑥年に1回在宅看取り数などを地方厚生局長等に報告していること等です。さらに、2012（平成24）年の診療報酬改定では、機能強化型の在宅療養支援診療所・病院が創設されました。機能強化型在宅診療所・病院は複数の医師が往診できる体制をとり、かつ過去に一定の実績があることで安心して質の高い医療を受けられることができます。2016年（平成28）年診療報酬改定では、機能強化型在宅診療所は、単独型と連携型の2つのタイプが創設されました。単独型は、その診療所単独で24時間365日往診が可能な条件を満たしている診療所であり、連携型は他の在宅療養支援診療所と担当患者の情報を共有し、お互い緊急時や必要時に連携して往診できる体制を整えた診療所です。施設基準はそれぞれ異なり、単独型は、

①在宅医療を担当する常勤医師2名以上であること、②過去1年間の緊急往診の実績が10件以上であること、③過去1年間の看取り実績または超・準超重症児の医学管理の実績のいずれかが4件以上であることです。連携型は、①在宅療養を担当する常勤医師が連携内で3名以上であること、②過去1年間の緊急往診の実績が連携内で10件以上、各医療機関で4件以上であること、③過去1年間の看取り実績が連携内で4件以上であること、④各医療機関において、看取り実績または超・準超重症児の医学管理の実績のいずれかが2件以上であることです。

## ● 3　在宅医不足の問題

このように、診療報酬改定のたびに在宅療養、在宅看取りを支える対策が強化されてはいますが、在宅医不足の問題が色濃く残っています。24時間の体制確保の困難を理由に、地域によっては十分に増えていないのが現状です。一方、中医協の調査では在宅療養支援診療所でなくても、訪問診療や看取りにおいて地域で重要な役割を担っている医療機関があることが分かっています。そこで2018（平成30）年の診療報酬改定では、このような状況を踏まえ、単独では24時間体制をつくれなくても、複数の医療機関で確保すれば算定できる在宅時医学総合管理料・施設入居時医学総合管理料の加算として、「継続診療加算」（216点・1月1回）が新設されました。算定患者ごとに連携する医療機関との協力で、24時間の往診体制と連絡体制を構築することを求めています。

今後は、非常勤医師の夜間の緊急往診の活用など、柔軟に在宅医療を24時間担う体制を整えていかなければならないと考えられます。超高齢社会がますます加速するわが国で、日本は多死社会を迎えます。在宅医療の体制を柔軟に、しかも良質な医療を整えていくことが喫緊の課題です。

---
演習課題
① 病院をとりまく背景を3点とりあげ、具体的に説明してください。
② 医療費抑制を目的にした医療法改正と診療報酬改定の動向について説明しなさい。

**引用文献**

1) 厚生労働省 「健康意識に関する調査」 2014年
 (http://www.mhlw.go.jp/stf/houdou/0000052548.html，2018年11月1日閲覧)
2) 内閣府『平成29年版 高齢社会白書』2017年
 (http://www8.cao.go.jp/kourei/whitepaper/w-017/zenbun/29pdf_index.html，2018年11月1日閲覧)
3) 厚生労働省「平成28年度国民医療費の概況」
 (https://www.mhlw.go.jp/toukei/saikin/hw/k-iryohi/16/dl/kekka.pdf(2018年10月31日閲覧))

**参考文献**

- 厚生労働省「地域医療構想の進め方について」
 (http://www.mhlw.go.jp/file/06-Seisakujouhou-10800000-Iseikyoku/0000194389.pdf，2018年11月1日閲覧)
- 厚生労働省『平成29年度版 厚生労働白書［資料編］』p.38「2．病院の類型」
 (http://www.mhlw.go.jp/wp/hakusyo/kousei/17-2/dl/02.pdf，2018年11月1日閲覧)
- 厚生労働省「基本診療料の施設基準等及びその届出に関する手続きの取扱いについて（通知）」「緩和ケア病棟入院料に関する施設基準等」
- 厚生労働省「平成30年度診療報酬改定の概要 医科Ⅰ」（平成30年3月5日資料）

# 第5章 疾病と障害、そして健康

## 第1節　疾病とは

　患者とは、通常なんらかの体調不良のために医療を求めている、あるいは医療を受けている人々のことをいいます。患者を理解するうえでは、病（illness）、病気（sickness）、疾病（disease）といった多面的な側面からとらえることが重要になります[1]。疾病は医学的に診断や治療が検討される対象ですが、病は個人が普段とは違う心身状態を意識して、不健康な状態にあるとした主観的な判断です。病気は、個人が病と感じたときに起こす社会的行動様式に関連しています。例えば、仕事を休む、病院に行くなどがあげられます。同じ疾病を抱えた患者でも、病についての主観的判断は異なり、病気としての社会的行動様式も多様です。このように、病院で出会う患者を多面的に理解することは、種々の悩みを抱えた患者と向き合う医療ソーシャルワーカー（MSW）にとってもその援助において役立つと考えられます。

### ● 1　疾病概念について

　疾病概念は、いくつかの疾病の原因を見出したことにより、19世紀に確立されたとされています。例えば、コレラや結核のような感染症の原因である細菌の発見、栄養障害やホルモン異常などの影響が明らかになりました。さらに、疾病と社会環境や労働条件、経済的要因などとの関連にも目が向けられることにもなりました。こうして、中村[1]は、医学モデルとして下記の図式を表しています。

疾病(disease)：[病因(etiology)－病理(pathology)－発現(manifestation)]

　つまり、細菌やホルモン異常などの病因（疾病の原因）が、なんらかの身体的変化（病理学的変化など）を生じ、結果として症状や徴候をもたらす（発現）と考えられています。病理的変化としては、炎症、腫瘍（しゅよう）、萎縮、変性、壊死（えし）、

老化（退行性変性）などがあります。症状（symptom）とは、患者が自分で知覚する病気あるいは良好な健康状態から逸脱した感じです。徴候（sign）は疾病を示唆する客観的な異常所見（医師により判定）です。治療法としては、原因を見出し、予防や除去、中和、矯正などを目的とした薬剤や手術などによる介入です。この疾病概念は医学の中核に位置し、現在でも臨床医学において一般的に活用されています。そのため、一連の因果律の図式で示される疾病概念は、MSWにとっても患者の多面的な理解を進めるなかで、疾病を理解する上で役立つと考えられます。

## ●2　慢性疾患モデル

　1951（昭和26）年に脳血管疾患が結核に代わって死亡原因の第1位を占め、1958（昭和33）年脳血管疾患、がん、心臓病といった慢性疾患が死因において上位を占めることになりました。現在では、がん、心臓病、脳血管疾患を合わせた生活習慣病[*1]が死因の約5割を占めています[2]。このように、わが国における死因から見た疾病構造は、結核などの伝染病などから慢性疾患へと移行してきています。さらに、2014（平成26）年の患者調査によると、医療機関を受診している総患者数は、高血圧性疾患1,011万人、糖尿病317万人、心疾患（高血圧のものを除く）173万人、脳血管疾患118万人、悪性新生物163万人となり、合計約1,782万人となっています[2]。これらの患者数が全体に占める割合は、約3割に達しています（ただし、全体から精神および行動の障害を除く）。これらの結果から見ると、病院を訪れる患者のうち、慢性疾患を抱えた患者がある一定の割合を占めていると推定されます。したがって、病院によっては、このような患者が過半数を占めることも想定されます。概して、今日のわが国における疾病構造は、かつての感染症をはじめとする急性疾患は減少し、がん、脳血管障害、高血圧性疾患、糖尿病などの慢性疾患が中心となってきています[3]。

　慢性とは、一般的に状態があまり良くならず、悪くもならず、長引く性質を表しています。多くの慢性疾患では、急性感染症のような治癒は望めず、罹患した状態で生活し、疾病の進行によっては生活機能（障害）の低下[*2]にも対応しなければならなりません[4]。慢性疾患には、高血圧症や糖尿病、慢性呼吸不全などもありますが、慢性疾患では病因は複数の要因が複合したと仮定され、根本的な治療法や予防法がないと考えられています[4]。従来の疾病概念によれば、病因、病理および発現（症状と徴候）の一連の因果関係が明らかになれば、根本的な治療法も確立するとされています。そのため、慢性疾患では疾病の進行を停止あるいは遅延させること、生活機能の低下（障害）を予防することが

*1　生活習慣病
成人期から老人期にかけて増加する特徴的な疾病を、わが国ではかつて成人病と呼んでいた（脳卒中、がん、心臓病、糖尿病、痛風、関節リウマチなど）。成人病の発症には、生活習慣が深く関与していることが明らかになってきたことから、厚生労働省は新しい概念と用語である生活習慣病を導入した。この生活習慣病という疾患概念（疾患の考え方）は、食習慣、運動習慣、休養、喫煙、飲酒等の生活習慣が、その発症と進行に関与する疾患群と考えられている。多くの慢性疾患が生活習慣病に該当する。

*2　生活機能の低下（障害）
国際生活機能分類（ICF）によれば、生活機能の低下した状態を、「障害」と呼び、①機能障害、②活動制限、③参加制約、の3つのレベルから構成されている。詳細については、次節の「国際生活機能分類」を参照。

重視されています。

慢性疾患に共通する自然経過と対策について、慢性疾患モデル[4]として提起されています。このモデルによれば、慢性疾患の時間的経過は長いが、慢性疾患への対応では個人の状態は段階的に変化すると仮定しています。この変化を捉えることによって、患者の将来像を予測できるとしています。この自然経過を前提とした介入により、経過に望ましい変化をもたらすことを意図しています。

### ①感受性のある段階

まだ疾病ではない段階です。身体にはある疾病になりうる状態（感受性）があり、環境にはその疾病の発生しやすい条件（危険因子）がある段階です。この危険因子を検出して、除去することが必要となります。タバコやアルコールもある種の疾病の危険因子であり、その他にも生活習慣の一部に慢性疾患に関係する因子があります（生活習慣病）。そのために、このような段階から生活習慣の改善も求められます。この段階の予防対策を第一次予防といいます。食生活を改善することなどは、その例です。

### ②無症状であるが、疾病のある段階

疾病（病理）に伴う主観的な症状はないが、身体的には病理的変化が生じている段階です。客観的に身体上に異常の所見が見られないことも多く、いろいろな臨床検査を通して、早期発見に努めます。この段階の予防対策を第二次予防といいます。早期発見と早期治療によって疾病の進行を遅延させます。初期の高血圧の治療に食事療法と運動療法の併用などがその例となります。

### ③臨床的に疾病と認められる段階

この段階には、いろいろな症状や徴候などが現れ、生活機能の低下（障害）、とりわけ機能障害（身体の働きや精神の働きの障害）も生じてきます。薬物治療や生活指導などによって、疾病の進行予防と生活機能の低下（機能障害）を防止することが大切となります。この段階と次の段階をあわせて、悪化の三次予防と呼んでいます。

### ④生活機能の低下（障害）が明らかになった段階

疾病の機能障害で日常生活の諸活動が制限されるようになる、すなわち活動制限や参加制約の発現する段階です。予防対策の中心は、障害、とりわけ活動制限や参加制約の発生予防あるいは進行防止であり、リハビリテーションが必

要とされます。心身機能の改善、代償機能の獲得、生活環境の調整、福祉用具（車いすやつえなど）の利用などにより、自立した生活の回復、維持に努める必要があります。

永続的で徐々に進行し、不可逆的な病理過程が生じるのが慢性疾患の特徴です。そのため、保健医療は初期段階から介入すること、予防という考え方が中心となりました。この場合における予防とは、疾病の発症以前に、それを抑制することを意味しました。しかし、慢性疾患の自然経過についての理解が進み、また障害の医学モデル*3の検討が深まるにつれて、疾病の全過程あるいは全段階において進行を防止する、あるいは遅延させる努力が、予防という言葉で示されるようになりました[4]。

このように、慢性疾患を抱えた患者は、罹患した状態で生活し、生活機能の低下（障害）にも対応しなければなりません。問題は疾病だけでなく、生活の変化に着目する必要があります。このようなモデルを活用し、患者の将来像を予測しながら、その生活に着目することで、各段階における生活課題を想定し、より早期から生活課題の解決や軽減に取り組むなど、MSWとしての対応や支援が期待されています。

> *3 障害の医学モデル
> 次節にある国際障害分類（ICIDH）を参照。

## 第2節　障害とは

従来、障害のとらえ方には、医療、保健などの専門家から提出される医学モデルと、障害者団体などから提出される社会モデルがあります[5)6)]。医学モデルでは、障害を疾病と同様にみて、治す、治療する対象としています。一方、社会モデルでは、障害は社会的環境や人々の態度などによって生み出されるとしています。

### ●1　国際障害分類（ICIDH）について

国際障害分類（ICIDH）は、世界保健機関（WHO）から1980年に試案として発表され、医学的モデルに位置づけられています。ここで、提唱されている概念枠組みは、以下のとおりです。表5-1に、国際障害分類の内容が示されています。

［　疾病／変調：　機能障害　―　能力低下　―　社会的不利　］

表5-1　国際障害分類

| ①疾病／変調<br>(disease/disorder) | 身体的疾患／精神障害 |
|---|---|
| ②機能障害<br>(impairment) | 障害の一次レベルであり、疾病から直接生じる心理的、生理的、または解剖的な構造や機能の欠損あるいは異常です。機能障害は、能力低下や社会的不利の原因となる可能性があります。<br>[器官（臓器）レベル] |
| ③能力低下<br>(disability、能力障害) | 障害の二次レベルであり、人間にとって普通とみなされる様式や範囲内で活動する能力の制限、あるいは能力の欠損している状態です。能力低下は、社会的不利の原因になる場合とならない場合とがあります。<br>[個人レベル] |
| ④社会的不利<br>(handicap) | 障害の三次レベルであり、機能障害あるいは能力低下によって個人にもたらされる不利益で、年齢や性別、社会文化的要因によって決まります。具体的には、その個人の普通の役割を果たすことへの制約、あるいは妨げです。社会的不利は、機能障害や能力低下が社会化したものであり、これらによって起こる、文化、社会、経済、環境面の個人への影響です。社会的不利は、個人の役割遂行や地位と、個人の属する集団の抱いている期待値との不一致とも考えられます。<br>[社会的レベル] |

出典：伊藤利之ほか編集幹事『リハビリテーション事典』中央法規出版　2009年　pp.15-18より筆者一部改変

　要約すると、このモデルは疾病の延長上に障害をとらえ、この障害が3つのレベルから構成されているとしています。すなわち、①臓器レベルの障害としての機能障害（目が見えない、手足が動かないなど）、②個人レベルの障害としての能力低下（歩く、本を読む、車を運転するなどの活動の制限）、③社会的レベルの障害としての社会的不利（学校に行く、仕事をする、家事をするなどの役割の制約）です。また、このモデルの関心事は疾病や外傷と障害との関連にあることから、障害の個人モデルとも呼ばれています[7]。

## ●2　国際生活機能分類（ICF）ついて

　世界保健機関（WHO）は、ICIDHに対する批判[6)8]（障害を医学的介入の対象とする、障害を個人的悲劇としてとらえている、環境の視点が明確でないなど）を考慮して、1983年に改訂作業を開始し、2001年に国際生活機能分類（ICF）を承認しました。ICFは、医学モデルと社会モデルを統合に基づいて、生物・心理・社会的（bio-psycho-social）アプローチに依拠したものです[5]。従来、医

学モデルで患者や障害のある人などを評価していたのに対して、心理的・社会的側面を含む生物・心理的・社会的側面からも評価すべきであるという提唱です。

このICFでは、人が生きていくための機能全体を「生活機能（functioning）」としてとらえ、具体的には、以下の3つの構成要素から成り立っています[2]。

> ① 心身機能・身体構造（body functions and structures）：身体の働きや精神の働き、および器官や肢体とその構成物などの身体の解剖学的部分
> ② 活動（activity）：課題や行為の個人による遂行。具体的には日常生活活動（ADL、日常生活動作）[*4]・家事・職業能力や屋外歩行といった生活行為全般
> ③ 参加（participation）：生活・人生場面への関わりのこと。具体的には、家庭や社会生活で役割を果たすこと

*4 日常生活活動（ADL、日常生活動作）
一人の人間が独立して生活するために基本的なしかし各人共に共通に繰り返される一連の身体的動作群とされる。具体的には、移動と身辺処理（更衣、整容、入浴、食事、トイレ）に関する活動、これに尿便禁制（尿便失禁がないこと）を加えて、標準ADLと呼んでいる。さらに、外出、買物、食事の支度、金銭管理などの活動を、道具的あるいは手段的ADL（IADL）としている。

さらに、生活機能に影響を及ぼす因子として、「健康状態（health condition）」、「環境因子（environmental factors）」、「個人因子（personal factors）」を掲げています[2]。「健康状態」には、疾病、外傷、ストレスなどがあり、「環境因子」には、建物や道路、車いすやつえ、日常の食器や衣類などといった物的環境、家族や職場などの周囲の人々から医療・介護などの専門職に至るその人を取り巻く人的環境、さらには社会における医療や福祉などの制度的環境があります。また、「個人因子」には性別や年齢、教育歴、職業、価値観などといった個人の属性があげられます。このように、ICFでは生活機能を分類するにあたり、こうした生活機能の構成要素と因子が相互に影響しあうものとして、包括的にとらえています（図5-1）。

図5-1 ICFの構成要素間の相互作用

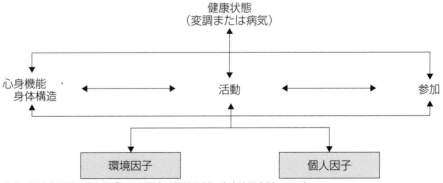

出典：障害者福祉研究会編『ICF国際生活機能分類』中央法規出版 2002年

ICFは生活機能と障害（disability）の関係を次のように規定しています。「障害」を「生活機能に困難や不自由さが生じた状態」（生活機能の低下した状態）とし、それぞれを次のように呼んでいます[2)7)]。

①機能障害（impairments）
②活動制限（activity limitations）
③参加制約（participation restrictions）

①は、機能障害として著しい変異や喪失などといった心身機能または身体構造上の問題です。②は、課題や行為を遂行する困難さによって特徴づけられます。③は、生活のさまざまな場面に個人が参加することの制約としてあらわれます（職場での役割、家庭での役割、子ども同士の役割、種々の社会活動への参加などへの制約など）。物理的な環境が参加を拒むこともあれば、目に見えないフォーマル・インフォーマルな社会システム（制度、人々の態度や偏見など）が参加を拒む場合もあります。

ICFがもたらした意義について整理してみます。人は社会・環境と関わりを持ちながら生活しており、その際に支障や制約・制限を感じる状態・状況が出てくることがあります。この状態・状況を、ICFは「機能障害」、「活動制限」、「参加制約」と定義しています。橋本[9)]は、障害はこの状況や状態（生活機能の低下した状態）を指し、決して当事者（障害のある人）そのものが障害ではないことをICFが明確化していると指摘しています。つまり、当事者が日常生活や社会参加（環境へのアクセス）をしようとしたときに生じる困難の状態、すなわち生活機能の低下した状態にある人を、「障害のある人」であるとしています。さらに、橋本[9)]は、これらの状態・状況を重視し、生活全体を通じて当事者のできることを評価し、活用していくという肯定的な側面にICFは着目していると指摘しています。このように、肯定的側面に着目することは、単に「○○ができない」という「障害」のとらえ方から、生活全体のなかで「○○があれば、△△ができる」という考え方をいろいろな角度から取り入れることを可能にします[2)]。したがって、生活機能が低下した状態、とりわけ活動制限や参加制約の原因を環境の中に求め、その環境の改善などにより低下した生活機能の改善を図るといったことは、ICFがMSWにとっての実践上の有意義なツールにもなりうることを示唆しています。

### 3 医学モデルから社会モデルへの変換

近年、医学モデルから社会モデルへの変換が叫ばれ、障害の定義にも医学から社会学へと重心の移行が始まっています[7]。すなわち、医学モデルでは障害は傷病の帰結として生活活動が制限されることであり、専門職が障害者個人の機能障害や能力低下の軽減を図る役割を担ってきました。傷病一般と同じに、障害は医学的問題であり、保健医療専門職と障害者の関係は、父親的温情主義（パターナリズム）*5 という非対称的な人間関係にありました。それに対して、社会モデルでは、障害者は生活活動を円滑に遂行できるように、社会に向かって諸便宜を要求する、あるいはその権利を有すると主張することです。提供者や支援者は環境からのバリア（障壁）を除くように、便宜と社会参加のための手段を提供します。障害は医学的問題ではなく、社会的・政治的案件となります。障害は、現代社会が生み出した現象と考えられます。

近年、「社会モデル」の重要性がいわれていますが、「社会モデル」を一方的に重視する考えに関しては問題点も指摘されています[11]。それは、「障害」には、現実の支援（特に、「機能障害」の解明のための基礎医学やリハビリテーションの取り組みなど）が必要ですが、そのあり方を不明瞭にし、実際の解決を遅らせる危険性もいわれています。このように、「社会モデル」の重要性とともに、その留意点にも考慮が必要です。したがって、現時点で、医学モデルと社会モデルを統合したICFの考え方の意義も大きいと考えられます。

*5 パターナリズム
元来、親が子どもを養育・保護しつつ管理・統制することを意味したが、力のある者が力のない者に対して恩恵を施すことによって生じる特有の関係を基礎に、相手になんらかの強制を加える意味に転じる[10]。

## 第3節　健康と生活の質（QOL）

### 1 健康とは

WHO（世界保健機関）による「健康」の定義（1947年）は以下のとおりです。「健康とは、完全な肉体的、精神的及び社会的福祉（well-being）の状態であり、単に疾病又は病弱の存在しないことではない」と定義しています。この定義の前半は肯定的・積極的・直接的な定義、後半は否定的・消極的・間接的な定義であり、健康についての二元論の定義とされています[1]。

これまでの医学では、健康とは疾病がないこと、すなわち病理学的過程がない状態の意味に使われています。実際に、健康診断あるいは健康診査（健診）と呼ばれることは、無自覚の疾病あるいは身体上の欠陥がある者を識別することであり、WHOが定義するような健康を判定することではありません。疾病が存在しないことは、健康への必要条件ではありますが、それだけでは十分で

はありません。

　二元論でとらえる立場では、病気と健康を質的に異なる次元のものと考えています[1]。個人には、いろいろな程度の病的な要素と健康である要素とがあり、全体として個人の健康状態は、これらの諸要素間の差し引き計算で測られると考えます。この立場では、健康な要素を十分に利用することにより、個人全体のレベルを上げることが可能であることを指摘しています。であれば、疾病や障害があっても、健康への道が開けてくると考えます。すなわち、WHOにおける健康の定義の前半に重点を置くと、疾病や障害を抱えた人々にとって活発な、幸福な、報いのある人生を目指す活動に重点を置くような健康へのアプローチが必要となります。すなわち、疾病や障害を抱えた患者において、疾病の治療とともに充実した、生きがいのある生活や人生を射程に入れた健康増進へのアプローチはMSWの支援や援助にとっても大切になってきます[*6]。

*6　健康増進へのアプローチ
このアプローチは、次項における生活の質（QOL）の向上を目指すケアや支援にも通じることである。

## ● 2　生活の質（QOL）とは

　健康についての肯定的・積極的・直接的な概念は、人々の合意が欠けているために、それを測定して評価することはできていません。それに代わるものとして、QOL（quality of life, 生活の質）が登場しました。しかし、QOLの概念をどのように定義して、測定するかについては十分な結論が得られていませんでした。QOLは、1950年代後半から、ヨーロッパにおいて経済発展に伴う生活条件の悪化などの問題に対する巨視的な社会指標として取り上げられてきました。その後、安楽死や治療手段の選択などの生命医学倫理に関する問題で取り上げられ、微視的な個人レベルの価値観を反映したものへと拡大しました。

　現在、QOLが医療の実践、評価に重視されるようになってきました。QOLが医療の分野で注目されるようになった背景にはいくつかの理由があります[3]。1つには、生命の選択や尊厳死に見られる生命倫理があります。高度な医療技術の発達により、近い将来死を迎える患者の終末期を延長することが可能になりましたが、はたして患者にQOLの高い終末期はどうあるべきなのか、種々の議論をへて、終末期はキュア（cure）よりケア（care）を重視[*7]し、最後まで人間として尊厳を保ちながら死を迎えるということが望まれるようになりました。もう1つは疾病構造の変化があります。今日、かつての感染症をはじめとする急性疾患は減少し、高血圧、心臓病、骨・関節疾患などの慢性疾患が中心となりました。慢性疾患は必ずしも完全な治癒が期待できるというわけではありません。したがって、治療の目標を何に置き、治療効果の評価指標に何を使うべきかが議論されてきました。その結果、医師側の医学的判断や客観

*7　キュアからケアへ
ここでは、延命治療よりもその人らしい尊厳のある生活を支えるための医療、保健、福祉の総合的なサービスのあり方の重視。

的な医学的検査値のみからではなく、生活機能や主観的健康感などを含め、患者の生活への影響を多面的に評価することが重視されるようになりました。このように、患者の生活に着目することで、ＷＨＯの健康の定義の前半部すなわち肯定的定義を踏まえ、QOL を身体的、心理社会的に満足している状態（well-being、安寧、幸福、福祉）と定義することも可能となると考えられます[12]。であれば、障害や慢性疾患を抱えながらも、充実した、生きがいのある生活を送ることの重要性が、QOL という言葉で表現できるかもしれません。

　現在では、疾病の治癒率や生存率の改善と並んで、QOL の向上が保健医療と福祉に関係する職業集団の合意を得た目標となっています。この際に、保健医療分野では「健康に関わる QOL（生活の質）」（健康関連 QOL）が用いられています[12]。QOL は、食物のような日常生活における必要性から仕事の達成感や満足度までを含めた広範な概念であります。それに対して、疾病や外傷、治療などによって影響される個人の生活における出来事や状況と関連する安寧（福祉、well-being）や満足度を反映するのが健康関連 QOL です。したがって、健康関連 QOL は、健康状態に直接起因する要素に限定した概念として用いられると考えられています[12]。しかし、現在でも一貫した定義はなく、少なくとも身体機能、精神的健康、社会生活機能の要素を含むこと、医療提供者側ではなく本人自身の視点に基づく評価であることが、一般に合意されています[12]。

　健康関連 QOL は、保健医療におけるすべてのアプローチ（治療や介入）に焦点を合わせています。また、特定の疾病や健康問題あるいは治療法（化学療法、薬物療法、心血管手術など）も取り上げられています。健康関連 QOL の導入により、医療の実践は疾病の治療を問題とする観点から、患者個人の欲求を考慮に入れた介入および治療へと移行しつつあります。患者にとって、どのような帰結（治療後の効果）が不快感の少ないものなのか、患者の生活様式（ライフスタイル）に最も適した治療法はどれか、治療が患者の周囲や未来にどのように影響を与えるのかを問題とするようになってきました。

　健康関連QOLの測定は一般的に自己記入式の調査票によって行われますが、多くの尺度（健康関連 QOL を評価するために測定する検査）が開発されています[3) 12)]。健康関連 QOL を評価するために開発された尺度やその特徴から分類すると、包括的尺度と特異的尺度があり、前者は多くの人に共通する基本的要素を網羅するのに対して、後者は特定の疾患や状況を詳細に評価するように構成されています（表5-2）。

表 5-2　包括的 QOL 尺度と疾患特異的 QOL 尺度の例－含まれる概念と質問内容の例

| QOL 尺度名 | 測定概念<br>（サブスケール） | 質問内容例 |
|---|---|---|
| 包括的 QOL 尺度の例：SF-36（8 下位尺度、36 項目） | 身体機能 | ・激しい活動をする<br>・百メートルくらい歩く |
| | 日常役割機能（身体） | ・身体的問題のために仕事や普段の活動時間を減らした |
| | 活力 | ・疲れ果てていた<br>・元気いっぱいだった |
| | 心の健康 | ・落ち込んでゆううつな気分だった<br>・落ち着いていて穏やかな気分だった |
| 疾患特異的 QOL 尺度の例：JKOM（Japanese Knee osteoarthritis measure）変形膝関節症特異的尺度 | 疼痛とこわばり | ・階段を下りるときにひざが痛みますか |
| | 日常生活機能 | ・しゃがみこみや立ち上がりはどの程度困難ですか<br>・靴下を履いたり脱いだりするのはどの程度困難ですか |
| | ふだんの活動 | ・膝の痛みのためにふだんしていることが困難でしたか |
| | 健康状態 | ・膝の状態はあなたの健康状態に悪く影響していると思いますか |

出典：伊藤利之ほか編集幹事『リハビリテーション事典』中央法規出版　2009年　pp.21-22

　また、健康関連 QOL の尺度の評価上の長所や留意点などをまとめると[12]、個人の QOL 判定に用いる場合には、実施可能性の点から項目数が限定されるためその QOL 判定の精度が不足するために、個人の測定結果は数値を絶対視せず、個人をよりよく知る手段として用いることが望ましいと考えられています。一方、集団レベルの評価は、当該集団の疾病が個人に与える負担の定量化、健康関連 QOL に関連する要因の特定、治療前後の比較による治療効果の評価などに活用することが可能であるとされています。

　MSW の援助の目的が QOL の向上にあることは当然としても、医療の現場で行われるチーム医療において、医師はじめ医療スタッフと患者や家族との間の懸け橋役に MSW がなり、患者や家族の QOL の向上につなげる医療の実践に MSW が寄与することが期待されています。このように、健康関連 QOL の導入は、医療の現場において代弁的機能[*8]をはじめとして MSW が果たす機能（役割）がますます期待されているのです。

＊8　代弁的機能
ソーシャルワークにおける一つの機能であり、クライエント（当事者）の権利や生活の擁護および代弁すること。これまで疾病の治療法などについて患者や家族がその思いや意見を表明する機会が少なかったため、医療スタッフへ患者や家族の思いを代弁する、あるいは自己決定権を擁護する支援などがＭＳＷに求められている（第２章第３節［p.32］を参照）。

- 演習課題

① 昭和20年代には、「結核」が死因の１位でした。その後、治療法や公衆衛生の進歩により、結核患者は減少しましたが、現代でも若くして罹患する方もいます。「結核」について図書館で調べましょう。その情報を、

一連の図式である「病因―病理―発現」に沿ってグループでまとめましょう。そして、罹患した患者の闘病生活についてグループで話し合い、その大変さについてまとめてみましょう。
② 慢性疾患である「糖尿病」について、図書館で調べましょう。慢性疾患モデルにしたがって、段階ごとに症状や合併症、そして予防策についてグループで話し合い、まとめましょう。また糖尿病患者の闘病生活についても話し合い、その大変さについてまとめてみましょう。
③ A君は、高校1年の夏に、ある日の放課後にプールに飛び込んだ際に、脊髄損傷となりました。両足が動かなくなりましたが、病院でのリハビリテーションをがんばり、車いすで自立した生活が可能になりました。A君には、もともと学校の先生になりたいとの夢がありました。両親や友達に励まされ、次第に再度夢にチャレンジしたいと思うようになりました。さて、A君が復学し、A君にとって学びやすい学校にするには何が必要ですか。ICFの視点からグループで話し合ってみましょう。

**引用文献**
1）伊藤利之ほか編集幹事『リハビリテーション事典』中央法規出版　2009年　pp.12-14
2）厚生労働統計協会編『国民衛生の動向　厚生の指標増刊』　2017年
3）高野健人ほか編『社会医学事典』朝倉書店　2002年　pp.148-149
4）前掲書1）　p.19
5）障害者福祉研究会編『ICF 国際生活機能分類』中央法規出版　2002年　pp.3-23
6）マイケル・オリバーほか（野中猛監訳）『障害学にもとづくソーシャルワーク―障害の社会モデル』金剛出版　2010年　pp.21-63
7）前掲書1）　pp.15-18
8）佐藤久夫「WHO 国際障害分類試案への批判と修正」『リハ研究』73　1992年　pp.34-37
9）相澤譲治ほか編『障害者への支援と障害者自立支援制度』みらい　2013年　pp.70-80
10）社会福祉辞典編集委員会編『社会福祉辞典』大月書店　2002年　p.433
11）社会福祉養成講座編集委員会編『障害者に対する支援と障害者自立支援制度〔第5版〕』中央法規出版　2015年　pp.1-30
12）前掲書1）　pp.21-22

**参考文献**
・中村隆一ほか編『入門リハビリテーション概論［第7版増補］』医歯薬出版　2013年
・竹上未妙ほか『誰も教えてくれなかったQOL活用法,［第2版］』健康医療評価研究機構　2012年

# 第6章 「患者」とは

## 第1節 病人とは ―病いの「苦悩」から考える―

### ●1 在宅の現場を視野に入れた患者論

　ここからは、そもそも「患者」とは、どういう人のあり方を意味するかを解説します。患者に関する解説は、医療社会学や医療人類学のテキストでは、もれなくといってよいほど登場します。それだけ基本的かつ重要な事柄であり、すぐれた解説も多くあります[*1]。そこで本章では、患者に関する一般的な概説から少し踏み込み、「在宅の現場」を視野に入れながら解説します。

　今日、医療ソーシャルワーカー（MSW）にとって、重要性も増しているのが在宅の現場です。病棟で仕事をするにしても、病院の外の生活の場である在宅の現場を視野に入れた仕事が求められています。一口に在宅医療の場といっても、自宅にかぎらず老人福祉施設など広く生活の場を含みます。老人保健施設のような、病院と在宅の中間施設も存在します。以下では、一般的な概説や病院中心の議論にとどまらない、在宅の現場を視野に入れた解説をしていきます。

### ●2 概念のうえでの「病人」と「患者」の違い

　「病人」と「患者」とは同じではないのかと奇妙に思われるかもしれません。たしかに、病人も患者も、病気を患っている人という意味があり、実際、病人であり患者でもある、ということは多々あります。しかし、ここで取り上げるのは、医療社会学や医療人類学で用いられる専門用語、病気を患っている人を分析する思考の道具、つまり概念としての病人と患者です。

　病人とは、「病い（illness）を患い、苦悩する人」を意味します。医療人類学者のクラインマン（Kleinman, A.）[*2]は、病いについて「人間的に本質的な経験である症状や苦悩すること（suffering）の経験」と述べています[1]。後にふれますが、医療社会学・医療人類学では、「病い」と「疾患（disease）」を区別

[*1] **患者論**
今日、医療社会学や医療人類学の入門書も増えている。患者論についても、こうした入門書で解説がなされている。手にとりやすいものに、中川輝彦・黒田浩一郎編『よくわかる医療社会学』（ミネルヴァ書房　2010年）、進藤雄三・黒田浩一郎編『医療社会学を学ぶ人のために』（世界思想社　1999年）などがある。

[*2] **クラインマン（1941～）**
　医療人類学をリードする代表的な研究者の一人である。彼自身、精神医学を専門とする医師でもある。文化人類学的な視点から現代の医療にアプローチするだけでなく、社会のさまざまな領域に存在する人間の苦悩についても研究を行っている。

します。患者は疾患を有する人を意味しますが、病人は病んでいる人を意味し、病いをめぐるその人の苦悩に目を向ける概念です。

## ●3　人の根源的な苦悩である「病い」

　人にはさまざまな悩みがありますが、今も昔も、洋の東西を問わず、人間の悩みの種の一つが病気です。時代や社会によって、人が悩まされる病いもまた多様です。しかし、症状が軽くすむものから、生命の危険にさらされるような恐ろしいものに至るまで、あるいはすぐ治るものから、慢性的に続くものであれ、病いというものは、できることなら避けたい苦悩の体験です。

　こうした病いと向き合うために、歴史上、文化が存在するところでは、病気について説明し、治癒するための技術や知識、それらを用いる治療者、病気に対応する行動様式などが生み出されてきました。今でも世界各地には、西洋近代医学とは別に、それぞれの地域で用いられてきた民間療法や、さまざまな代替療法[*3]もあります。地域のなかで、昔から健康によいとされてきた薬草などを煎じて飲むといったことは、日本でもよく見受けられます。病気に悩む人のなかには、病院で受ける医療とは別に、時には併用して、健康の増進に効果があるといわれる、多様な代替療法を用いる人がいます。

　さらに、なぜこのように苦しまなければならないのか、といった病いの意味に対する問いが発せられ、それに答えを与える人が求められることもあります。病いとの向き合い方は、「ローカルな文化的方向づけ」[2)]にもとづくものでした。医療が機能分化して独自の領域を形成する近代以前の社会では、病いとその苦悩の癒しには、宗教者が治療者として当たることもありました。例えばシャーマンは、人びとのさまざまな問いかけに応答する宗教者であり、病いを癒す治療者でもありました。シャーマン[*4]に限らず、宗教者が医療の担い手を兼ねることは、歴史的にもよく見いだされます。中世のキリスト教の教会や日本の寺院は、宗教的機能だけでなく、医療的機能も有していました。病いによって生じた苦悩を抱えた病人がいて、その苦悩に対するケアが、宗教と医療とが未分化ななかでなされていた状態は、長く続いていました。

## ●4　病いによる苦悩をもつ人の多様な体験を理解する意義

　さらには、このような病いを患った当人の苦しみはもちろんのこと、それを見守る人たちにとっても、病気は苦しく、悩ましい体験でした。歴史を見ても、中世ヨーロッパのペストの大流行の時に、あるいは日本でも幕末などにコレラ

*3　代替療法
生物医学の視点から標準的とされる医療とは異なる、病気への対応や健康の増進のために用いられる対処の方法。これには、サプリメントや健康食品から、鍼灸やマッサージ、さらには世界各地の伝統的な民間療法まで、幅広く多様なものが含まれる。今日でも、患者や家族が、これらを標準的な医療と併用することはよく見られる。海外では、その国の標準的な医療に、こうした代替療法が含まれていることもある。

*4　シャーマン
さまざまな問題や困難をかかえた人の問いかけや求めに、霊的な能力（シャーマンが自身に霊などを憑依させたり、シャーマン自身の魂を霊的世界に向かわせる、など）を用いて応える民間の宗教者である。病気治しにも応じた。世界各地に広く存在する。

が流行した時に残された記録からは、病気が社会に引き起こした深い不安や恐れがうかがわれます*5。現代でも、エボラ出血熱のアフリカでの流行や、新型インフルエンザの出現に関する情報に、世界中が敏感に反応し、動揺する様子を、われわれは目の当たりにします。

　まして、悩みの種である病気を、自分の身近な、しかも大切な人が患うとなると、心穏やかにいることは難しいものです。このように、病気をめぐって、病いを患った当人だけでなく、その周囲の人々にも苦悩の体験とその物語が生まれてきます。病人を理解するうえで手がかりとなるのは、こうした苦悩の体験の物語です。クラインマンは、病いについて「病者やその家族メンバーや、あるいはより広い社会的ネットワークの人々が、どのように症状や能力低下（disability）を認識し、それとともに生活し、それらに反応するかということを示すものである」と述べています[3]。病いをめぐる物語は、病人その人だけでなく、家族や周囲のさまざまな人それぞれの苦悩や思いを含むものです。

　病人とその周辺の人たちの苦悩の体験と、その物語は主観的なものですが、その当人たちにとっての現実でもあります。生物医学的な視点からとらえられる疾患や人体のとらえ方も、ひとつの現実のとらえ方です。しかし、病いを患う人にとって、自分の苦悩や体験も、その人の人生の物語の中での切実な現実です。病人という概念は、病いによる苦悩をもつ人の多様な体験を理解することの意義を示唆しているのです。

> *5　病気と社会不安
> 医学や病気の歴史からは、人類がいかに病気に悩まされ、それに対抗しようとしてきたかがうかがわれる。病気は時に歴史を動かすような大きな影響を社会にあたえてきた。病気と人類の歴史について定評のあるものとして、立川昭二『病気の社会史―文明に探る病因』（日本放送出版協会　1971年）などがある。

## 第2節　患者とは　―病人となにが違うのか―

### ●1　疾患がある人としての患者

　これに対して、「患者」は、西洋近代医学および、これに由来する現代の生物医学の視点から、「疾患」がある人として位置づけられた人を意味します。先ほども登場したクラインマンによれば、「疾患は治療者の視点から見た問題」であり、「生物学的な構造や機能におけるひとつの変化としてのみ構成される」ものです[4]。ここでポイントとなるのは、ある人を患者、ある状態を疾患として位置づける視点として機能している西洋近代医学（生物医学）の知がつくりだす世界像です。現代の医療専門職は、この知にもとづいて、人間の状態を認識し、病気を把握します。

　しかし、こうした生物医学的な視点による世界像は、医療の素人や他の分野の専門家が、必ずしも共有しているものではありません。病気の理解の仕方にしても、さまざまな文化のもとに、それぞれ固有の仕方での病いとの向き合い

方があったことは、先ほども述べたところです。このように、病気の理解の仕方にとどまらず、世界との向き合い方とそこでの現実のとらえ方が多元的であることが、社会学や文化人類学では意識されています。こうした考え方を社会構築主義[*6]といいます。こう考えると、生物医学の視点から構成された世界像は、数多く存在する世界像のなかの一つにすぎません。

生物医学の視点から構築された世界像のなかで、疾患を有する人として区分されているのが患者です。このように考えたとき、病人と患者の概念の違いから、病気をめぐる様相の違いが見えてきます。

例えば、患者ではあるが、主観的な苦悩がない、という意味では病人ではないということがありえます。メタボリックシンドロームや高血圧など、基準値からすれば患者に該当する人、薬を飲むなど日々治療にあたることをしながら苦悩なく生活している人は、身近にもいるのではないでしょうか。あるいは、健康診断のたびに、患者としての自覚を持つように医師から責められ、それでかえって苦悩が生じるなど、医療と患者をめぐるねじれも見えてきます。

さらに、病人の苦悩は、症状による心身の不調だけではありません。家族や職場との関係や経済的な負担といった生活の問題から、「なぜこんな病気になったのか」という人生上の意味に関する問いまで含まれる幅広いものです。

しかし、生物医学で問題になるのは、あくまで患者の疾患であって、それ以外の問題は捨象されます。例えば、患者から、自分と同じような不摂生な生活をしていても健康な人がいるのに、なぜ自分だけは病気になったのか、という問いが発せられても、それは医学的には問題にはなりません。生物医学上で問題になるのは、病気の発症のメカニズムであって、意味上の問いである「なぜ？」には答えてくれません。こうしたすれ違いも見えてきます。

● 2　西洋近代医学の患者のとらえ方

今日の生物医学を生みだした西洋近代医学の知は、医療の歴史をひもとくと、これまで多くの病気、とくに「急性疾患」といわれるタイプの病気の治療に、目覚ましい実績をあげてきたことが分かります。とりわけ、過去に多くの人々の命を奪ってきた急性疾患の治療に関して、19世紀から20世紀中ごろにかけて、医学研究や医療技術上の進歩がありました。こうした西洋近代医学の進歩によって、多くの急性疾患、ペストやコレラ、天然痘などの恐ろしい感染症に代表される病気から、人びとは守られるようになりました。

こうした成果は、世界各地に存在した他の医学的な知に対して、西洋近代医学が圧倒的な優位さを築くうえでの社会的な威光の源となりました。社会的に

[*6] 社会構築主義
物事の見方、とらえ方は、視点によって異なる。つまり、世界との向き合い方、現実のとらえ方は、その人が依拠する視点によって違ってくると考えられる。社会構築主義は、そうした視点のあり方が、その人が所属する集団や社会の文化のあり方に影響を受けている点を重視する、方法論的な立場である。

厚い信頼を寄せられるようになった西洋近代医学の視点は、今や病気に対してだけでなく、人間を見る視点としても、特別な地位を築くに至っています。

　西洋近代医学の視点に特徴的な患者のとらえ方とはどのようなものでしょうか。この視点からすれば、患者の疾患とそれが生じた身体の状態が主要な関心事です。目指されるのは疾患の治療です。患者の主観的で多様な苦悩はさておき、身体の異常の原因の解明と、治療のために効果的な手段の模索と実施がなされます。こうした西洋近代医学に見出される機械論的な身体観や、心身の異常を生じさせる特定の病因へのアプローチという医療のスタイルは、急性疾患への対応に効果を発揮しました。同時にそれは、患者という人のあり方にも強く影響することになりました。

## 第3節　パーソンズの病人役割論
### ―患者の社会的役割とは―

● 1　社会学・文化人類学における患者研究の登場

　西洋近代医学のもとで生み出された患者という人のあり方は、ただ病んだ人を意味するものではありません。このような近代化した社会の医療現場における患者の存在は、社会学でも注目されるところとなりました。そうした医療社会学の先駆的業績であり、その後の議論の土台となり、現在もなお賛否を含め参照されるのが、パーソンズ（Parsons, T.）[7]の「病人役割論」です。

　パーソンズは病院などの医療現場や医療に関する論点について社会学的に研究するなかで、近代以降の医療において患者とはいかなる存在かを考察し、病人役割論を提示しました。彼は機能主義[8]の立場から人間や社会を把握します。彼は社会システムを、多様で、それぞれ相互に関連しあっている社会的役割が単位となって、構成されているものとして考えます。こうした社会的役割から成る社会システムのなかで、一人ひとりの人間は、なんらかの役割を担い、遂行する存在とみなされます。

　例えば、医師や看護師は、患者の健康の増進のために自らの専門的な知識や技術を活用することを、患者や家族だけでなく、社会からも期待され、それに応じることを求められています。このように社会的役割は、社会のなかで規範的に規定された期待としての役割期待を伴います。

　こうした社会的役割は、一人一役というものではありません。社会学では、人間は複数の役割を有するものと考えます。例えば、医師や看護師である人にも、自宅では家族や親族のなかでの役割や地域住民としての役割があります。

*7　パーソンズ（1902～1979）
20世紀を代表する社会学者。機能主義の立場から、行為論と機能主義とを総合する理論的な革新をめざし、そこから社会システム論を構築した。彼は社会システム論を打ち出すなかで、医療社会学に関する本格的な議論を展開した。The Social System (1951)（佐藤勉訳『社会体系論』青木書店 1974年）は、社会システム論と医療社会学の双方での土台となる議論が本格的に提示された作品。

*8　機能主義
社会学や文化人類学における、理論的立場の一つである。社会を個人の単なる集まりと見る方法的個人主義とは異なり、社会を一つの有機的なまとまりをもつ全体としてとらえようとする。この機能主義から、社会を、持続性をもったシステムとしてとらえる社会システム論のアイディアが生み出された。

大学生も、学生役割だけでなく、アルバイト先での役割やサークルや部活動での役割など、複数の役割をもっています。このように考えれば、人間が日常生活のなかで、多くの役割を担いながら、時には役割を果たすために努力し、時には役割と役割の狭間で迷い、役割と自分の思いとの間で悩みながら生きている姿などが見えてきます。

## ●2 「正常」と「逸脱」の境界

　パーソンズはこうした視点から、近代化した社会のなかでの病人としての患者のあり方もまた、役割期待を伴う社会的役割の一つと考えました。先ほど、人は日常生活のなかでさまざまな役割を担っていると述べましたが、こうした多くの役割の遂行は、元気な時には問題なく行われます。しかし、病気の時にはそうはいかず、いつもなら難なくできることも、難しくなってしまいます。「健康」であることは、日常生活のさまざまな役割の遂行にとって、基礎的な条件です。病気によって体調がいつもどおりではない時に、人は患者となりますが、パーソンズは、この患者というあり方を、社会的役割としてとらえ直したのです。

　パーソンズは、病気やケガがなく、いつも担っている役割を遂行できる健康な状態を「正常」とみなすとします。それに対して、病気やケガをしている状態は、その人が通常なら遂行できる役割を担えない「逸脱」状態と考えます。つまり、病気やケガは、単なる心身の異常にとどまらず、社会的にも、いつもなら可能な社会的役割の遂行に支障をきたしている逸脱状態ととらえます。こうした逸脱状態からの回復が、本人の願望だけでなく、社会的にも期待されています。この社会的期待に応える役割が病人役割です。

　もちろん、正常として健康を、異常として病気をとらえ、しかも機械的に分けることの危うさに対しては、常に注意する必要があります。この正常と異常の境界自体、絶対的なものではなく、相対的なものです。過去に病気と見なされなかったものが病気として扱われ、逆に病気とされていたものが、後に病気のカテゴリーから除外されることがあります。有名な事例として知られるのは、アメリカ精神医学会の診断基準（DSM）の変遷上での同性愛の位置づけです。かつてDSMでは、同性愛を病気として分類していましたが、1987年のDSM-Ⅲ-R以降では正常の範囲内のこととされています[5]。正常と異常の境界は、医学の発展はもとより、社会や文化の変化によって大きく左右され、変わる可能性が常に存在するものです。この点を意識しつつ、さらにパーソンズの議論を見ていきましょう。

## ● 3　病人役割論の構成　－2つの権利と2つの義務－

　パーソンズは、近代社会における病人の社会的役割を分析し、それが次の2つの権利と2つの義務から成っていると述べています。

　まず、「通常の役割遂行の一時的免除という権利」です。発熱している、頭痛がひどいなど、病気による症状に悩まされている時に、健康な時のように役割を遂行するのは困難です。そのため、まずは病気の治療に専念するために、日常の様々な役割の遂行が社会から免除されます。

　もう一つの権利が、「自力で回復する義務からの免除という権利」です。不運にも病気になったり、ケガをすることはあります。そうした病気やケガについて、自己責任を追及されることはなく、それゆえに、自分の力だけで回復する責任を負わされることはありません。しかも、人に備わった自然治癒能力での回復が困難な病気などの場合もあります。そのような時には、看護されるなど他者から援助される権利が認められています。

　以上の2つの権利は、2つの義務を負うことを条件としています。まず、患者が病気を望ましくない状態と自ら認識したうえで、「病気やケガから回復する義務」です。病気の時に学校の欠席や、職場での休業が社会的に認められるのは、病気を治す義務と結びついています。つまり、病気やケガのためにさまざまな役割を一時的に免除されるのは、あくまで、以前の健康な状態に戻る、あるいは近づき、社会に復帰することを期待されてのことです。

　これに加えて、健康を回復するために「必要に応じて医療専門職に援助を求め、協力する義務」があります。病気やケガを自力で治せるとは限りません。治療のために医療専門職の援助が必要なことは少なからずあります。そうした場合、医師から服薬や安静など、さまざまな指示が出されます。患者は回復を目指して、その指示に従うことが、社会からも求められます。これら2つの義務の履行がなされなければ、病人役割からの逸脱とみなされます。

　例えば、病気やケガのために仕事を休んでいるはずなのに、毎日居酒屋で酔いつぶれ、医療専門職の指示も聞かない、安静にもしていない、薬も飲んでいないような人がいたらどうでしょうか。こうなると、困った患者として医療専門職からその行動を問題視されるだけでなく、職場からもとがめられるなど、社会的制裁も加えられるようになります。

　こうしたパーソンズの病人役割論は、医療専門職のあり方と深く結びついています。権利に関する部分でも、ある人が病気やケガによって患者であると判断する役割は、医療専門職によってなされます。欠席や休業の際に医師から診断書が出ることがありますが、これは医療専門職によって正当な判断がなされ

たことを示すものです。さらに、義務に関する部分にも、よりいっそうの関わりがあります。患者は治療に専念する際、医療専門職との協働が求められていました。医療の専門性を有する医師や看護師などの医療専門職と協力しながら、病気やケガからの回復に努めることが、患者の社会的な責務とされます。

このようにパーソンズが病人役割論を展開した歴史的背景には、当時、患者の権利が社会的に尊重されるようになり、インフォームド・コンセントなどが制度化され、医師―患者関係が変化しつつあったという事態がありました。それ以前は、医師―患者関係はパターナリズム[*9]といわれるもので、医療専門職による一方向的な患者のコントロールが自明視されていました。しかし、パーソンズは病人役割のなかに、自分の健康を回復しようとする患者の主体性を含ませます。患者もまた自身の意向を医療専門職に伝え、治療上の意思決定に参画します。医療専門職と患者の関係が、一方向的な支配ではなく、患者と医療専門職の協働関係へと移行していく状況があり、病人役割論は、そうした動向が反映された議論でもあったのです。

*9 パターナリズムについては、第5章第2節（p.78）を参照。

## ● 4 パーソンズの病人役割論の問題点と批判

パーソンズの議論は、近代化した社会のなかでの、近代医学のもとでの患者のあり方を本格的に研究する、画期的なものとなりました。しかし、このパーソンズの病人役割論に対して、いくつかの批判が寄せられています。問題のひとつは、スティグマ（stigma）[*10]を伴う病気の場合、治療以前の状態への復帰が困難であることです。かつての結核やハンセン病、精神疾患などに対して社会から向けられていた視線は、単なる病気への恐れだけでなく、社会的な偏見や差別を伴うものでもありました。病気の受け止め方が、社会や文化によって異なることは多々あります。こうした事態を、パーソンズの概念ではとらえきれないとの批判があります。

また、病気に対する患者の責任の問題なども指摘されるところです。慢性疾患の多くは、生活習慣病という言葉もあるように、患者の生活の仕方に起因するという一面もあります。そのため、患者の責任が免責されうるのか、という問いがつきまといます。あわせて、患者が医療者と協働して治療を進めるにあたり、期待される役割を遂行しないという事態もありえます。

さらに、パーソンズの病人役割論が、「急性疾患」とその治療を専ら想定したものであり、「慢性疾患」とその患者のあり方を十分に把握できるものではない、という論点があります。

20世紀後半になると、先進国ではいち早く医療の進歩、公衆衛生の発展、社

*10 スティグマ（stigma）
社会学者ゴフマン（Goffman, E.）によると、個人の心身に見出される特定の障害や欠点、さらには特定の民族や社会集団が帯びる特徴が、なんらかの社会・文化的な状況下で、否定的な意味づけを与えられることがある。これがスティグマである。これがもとになり、社会のなかで、特定の人々に対して否定的な反応がひきおこされることがある。社会的な差別や偏見、排除を研究する上で手がかりとなる概念である。

会保障制度の整備、栄養状態の改善などがなされました。それにより、急性疾患の脅威は相対的に低下し、平均寿命も延び、高齢化も進みました。対照的に、慢性疾患に悩まされる人は増加し、ケアの現場でも慢性疾患の存在感が高まりました。こうした社会のマクロな傾向が「疾病構造の変化」です。

　日本でも、糖尿病や高血圧に代表される慢性疾患を患っている人は多くいます。慢性疾患の多くは根治が困難です。急性疾患の治癒は短期間のうちに、医療の管理の下で集中的になされ、根治が目指されるものがほとんどです。これに対して慢性疾患は、長期にわたる病気とのつきあいを余儀なくされます。こうなると慢性疾患の場合、患者であっても病気の治療に専念するだけでなく、社会生活への復帰や、仕事の継続など生活と治療との両立が求められるようになります。こうした疾病構造の変化に伴う病気の治療、患者のあり方の変化に、パーソンズの議論が対応できているのかという疑問が出てきます。

　加えて、疾病構造の変化や高齢化に連なる重要な論点が、社会的にも存在感を増しています。それは老いや看取りであり、これに関わるケア（ホスピス・緩和ケア）[*11]です。例外なく誰しも人は老い、死にます。すべての人に等しく生じることは、異常や逸脱ではありません。しかも死や老いは不可逆的で、治療できるものでもありません。ホスピス・緩和ケアでは、身体的、精神的、心理・社会的、スピリチュアルな問題にわたる、患者と家族のトータルペイン（全人的痛み）の軽減と、QOL（生活の質）の維持・向上を目指す「全人的なケア」がなされます。病気の根治や積極的治療ではなく、苦痛の緩和が目標とされるケアのなかで、QOLの維持・向上が目指される時、患者としての役割ばかりを要求することは、むしろ患者と家族の苦痛を増すことにさえなります。

　医療社会学に大きく貢献したパーソンズの病人役割論ですが、急性疾患を想定した議論には限界も感じられています。ただし、彼の議論は、社会システムの構造的な変容、医師―患者関係など医療のあり方といった状況の変化に伴い、病人役割が変化する余地も組み込んだ動態的なものと考えられています[6]。患者のあり方と医療の変化に伴い、概念の問い直しも進みつつあるのです。

*11　ホスピスケアと緩和ケア
日本では同義に扱う場合が多く、当初は主として終末期がんのケアであった。現在ではがんに限らず、終末期一般に適用されるケアとなっている。緩和ケアでは、家族もケアの対象とされる点も、従来の治療中心の医療にはない特色である。なお、緩和ケアは、病気の積極的治療のなかでも、患者の苦痛軽減のために併用される。

# 第4節　患者の心理・社会的特徴
## ―患者像のゆらぎのなかで―

### ●1　患者の体験に寄り添い、理解するために

　これまでは、概念上での病人、患者に関する議論を概観してきました。しかし、現場で専門職が接するのは、個々の具体的な患者です。患者と一口にいっ

ても、疾患や症状は多様です。同じ病気であっても患者によって経過は異なります。近年では、患者のそれぞれの体験に学び、ケアに活かす試みが進んでいます。がんや慢性疾患、精神疾患など、さまざまな病気にわたって、患者自身あるいは家族が記した闘病記も、数多く刊行されています[*12]。

こうした患者の体験は、貴重で示唆に富みます。しかし、患者とは何かを理解しようとする時、他者の経験だけでなく、より身近な経験から理解する道もあります。最も身近なのは、わが身の体験や、家族や友人など自分にとって大事な人に生じた経験です。例えば、風邪などで学校や職場を休んだ時のあなたや家族のあり方が、患者なのです。ただ、症状も軽く、生活しながら治るような病気だと、病人役割を引き受けた実感はわきにくいものです。患者とは何かが鮮明になるのは、入院のように、病人役割しかできないような状況です。

病気やケガのため入院をした経験がある人は、その時、どのように病院で過ごしたでしょうか。あるいは自分ではないが、家族や親戚、友人が入院した時に見舞いや付き添いに行った経験がある人は、その時のことを思い出しながら、入院していた人の病院での過ごし方や気持ちを想像してみてください。

筆者も腰のヘルニアが悪化し、歩けなくなり、短期でしたが入院した経験があります。普段とあまりに違う環境、そこでの過ごし方に、あらためて病院や患者とは何かを考えさせられました。まず病院は、とにかく病気と向き合わせられる場であることを痛感しました。すべてが治療中心にまわる環境の下で、規律ある生活をしなければいけません。筆者も患者として治療に専念するため、おとなしくしていました。その間、症状や治療のことが気になるのはもちろん、後遺症が出る不安なども頭をよぎりました。さらに家族、研究仲間や職場に迷惑をかけている申し訳なさ、症状の悪化を招いた日頃の不摂生を後悔する気持ち、自責の念もわきました。病気によっては、医療者が近くにいる病院だから安心できるという人もいます。しかし、筆者はどちらかといえば、不安や緊張が強かった記憶があります。そうしたなかで、担当医師の親切な声かけや丁寧な説明がとてもありがたかったことを、今でも覚えています。

### ● 2 患者のナラティブ（物語）と在宅という場

筆者は多くの入院患者の一人にすぎませんでしたが、この経験は私という一人の人間にとって、忘れがたい経験となりました。専門職からすれば患者は数多くいますが、その患者一人ひとりには、各人の経験や思い、こだわりや価値観、病気との向き合い方があるのです。これらは、患者と向き合い、観察し、コミュニケーションをとることによって接近できるものです。当人にとってか

[*12] 闘病記
インターネット上で公開されているがんの闘病記録もある（DIPEX Japan: https://www.dipex-j.org/）。患者の病気との向き合い方に関する研究も出てきている。がんの闘病記の研究に門林道子『生きる力の源に―がん闘病記の社会学』（青海社2011年）糖尿病患者の体験や病気との向き合い方を検討した研究に浮ケ谷幸代『病気だけど病気ではない―糖尿病とともに生きる生活世界』（誠信書房2004年）などがある。

けがえのない、個々の患者の経験やナラティブ（物語）は、その患者のQOL（生活の質）を理解するうえで重要なものであり、これに基づくナラティブ ベイスド メディスン（NBM）*13 も提唱されています。

患者のナラティブは、個性に満ち、その人の病気との向き合い方や人生の歩みがあらわれるものです。病院という環境では、患者の個性は見えにくくあります。しかし、在宅という生活の場は違います。自宅であればなおさら、その人の生活史、趣味やライフスタイル、価値観、さらに家族の歩みまで視野に入ってきます。つまり、患者を「その人」として理解し、その人のQOL（生活の質）について考える手がかりにあふれる場ともいえます。これはケアのうえでも強みです。

医療でも、病院での治療中心のあり方から地域での生活を視野に入れたあり方への移行が意識され、慢性疾患はもとより、さまざまな患者の状態にあわせた在宅でのケアのあり方が模索されています。リハビリテーションや社会復帰から介護や看取りに至るまで、幅広い患者層が在宅の場で医療との接点をもっています。病院が患者にとってアウェーであるなら、自宅や生活の場である施設は、まさにその人のホームです。病院では見えにくい、在宅での患者の姿について考えていきましょう。

*13 ナラティブ ベイスド メディスン（NBM）
患者の個別性を重視し、患者の主観的な世界、いわばその人の「物語」まで視野に入れ、尊重しながら医療を行おうと考える立場である。もともと、主として統計的なエビデンス（根拠）にもとづく医療（EBM）が提唱されたイギリスで、NBMも提唱された。EBMが医療の世界に定着した後に登場した、患者の個性に即した医療の方向性である。

● 3　在宅での患者のありよう

患者のホームであり、日常生活が回復される自宅には、患者ではあるものの、基本的には生活者としての暮らしがあります。良くも悪くも、その人のペースでの生活があります（悪しくも、というのは、医療の管理下ではないため、薬の飲み忘れや、酒の飲みすぎや不摂生など、治療上避けるべき行動が生じることも、よくあるからです）。その人が家庭や地域、職場などさまざまなところで担っていた多種多様な役割も回復されるようになります。患者もまた自宅に戻ると、患者としての役割だけでなく、生活のなかで多くの役割を回復し、療養をしつつも生活をする人となります。看病をする家族もまた、ケアする役割を担いながら、日常のさまざまな役割をこなしていきます。

もちろん、自宅だからといって、患者の生活が発病以前に完全に戻るかといえば、そうとは限りません。特に、慢性疾患の場合もそうです。病気になる前にはできていたことができなくなり、自宅に戻れた、社会復帰したとはいえ、病気とつきあいながら、日常生活の送り方を立て直す必要に迫られることが多々あります。以前飲まなくてもよかった薬が欠かせなくなった、定期的な検査が必要になった、ということだけではありません。

例えば、リウマチは患者も多い慢性疾患の一つです。リウマチの発症によって、痛みの悩みだけでなく、病気から生じた関節の異常のため、以前と同じように仕事ができない、生活に支障が出る、という事態が起きます。これはその人にとって、生き方の変更を迫られるような深刻な危機になりさえします。医療社会学では、慢性疾患の患者が体験するこうした事態を「伝記の断絶」とよびます。いいかえれば、発病以前の人生の送り方を根本から変え、見直さなければならないような出来事です。慢性疾患の患者の中には、こうした深い苦悩を伴う、仕事や生活のスタイルの見直し、病気と日々の生活の折り合いのつけ方の努力や工夫を経験した人が少なからずいる、ということなのです。しかも、その苦悩や、病気との折り合いのつけ方、セルフケアなどの工夫は、人によってかなり違う経験でもあります。その患者の置かれた状況や病状によっては、長期のリハビリテーションや、時には制度の利用からインフォーマルなものまで、社会的支援が必要とされることもあります。

## ●4　終末期の患者やコミュニケーションの取りにくい患者に対して

今日では、慢性疾患の患者だけでなく、それ以外の患者にとっても、自宅など生活の場は、療養の場にもなっています。特に、終末期の療養の場として、これまで以上に注目されています。終末期というと、がんが進行するなどして、病気の治癒の見込みが望めない状態です。あるいは、何かの病気ではなくても、老衰が進み、回復が見込めない状態も終末期です。つまり、死が近くなってきた状態です。こうした終末期の場合、治療よりもむしろケアによる苦痛や苦悩の緩和、QOL（生活の質）の維持・向上が重要になってきます。

終末期の患者の希望や苦悩を考える時、論点の一つとなるのが、療養場所に関する意向です。これには各種の調査が実施されていますが、人生の最期をどこで迎えたいかと尋ねると、「自宅」と答える人が多いことは知られています。では、実際にそのような状況になったらどう考えるかとなると、多くの人が、それは困難であると感じています。実際、最期を病院の外で迎えるのは難しいと多くの人が考えるのは、理由がないわけではありません。歴史的背景としては、日本では高度経済成長と軌を一にするように、死の医療化*14が進んできたこともあります。家族の構造や生活様式も変化しています。治療だけでなく、看取りまで病院中心の体制で支えられてきたことから、いざ在宅が選択可能になっても、いろいろな理由で躊躇し、戸惑う人が多いのです。

終末期に至った病気などの背景が異なると、終末期のケアをめぐる悩みも変わってきます。現代の日本人の死因で最も多いのは、がんです。昔は、がん患

*14　死の医療化
医療化とは、それまで医学的な視点から扱われていなかった事柄が、医療が対応すべきものとして社会的に位置づけられるような変化をいう。現代では死も医療化し、医療専門職や病院での対応が自明視されるようになり、死亡場所に占める割合でも病院が8割近くを占めている。こうした変化については新村拓『医療化社会の文化誌―生き切ること・死に切ること』（法政大学出版局　1998年）などが参考になる。

第6章 「患者」とは

者は、痛みのひどさから、自宅に戻るのは困難とされてきました。しかし緩和医療が進み、今日では、自宅でも痛みのコントロールがかなりできるようになり、終末期のがん患者でも在宅療養が可能になってきました[*15]。

ただし、がんのように命に関わる大病では、告知に始まり、治療が継続するうちは、退院後でも患者はもちろん、家族の不安も尽きません。まして現在では、終末期のがん患者でも、積極的治療が一通り終了したら、退院するようになっています。こういった退院調整、自宅療養の開始もまた、患者や家族の不安や困惑が大きくなるところです。自宅に戻れることを喜ぶ人もいますし、自宅でも在宅医療というかたちで医療の継続があることに、安心感を持つ人もいます。しかし、病院での治療が打ち切られた失望感や不満を持つ人もいます。病院から出ることに不安を感じる人もいます。その不安は医療面での不安もあれば、今増えている独居[*16]の人の、一人での療養生活の不安まであります。

さらに、患者と家族の意向がいつも同じとは限りません。家族に看病・介護をはじめさまざまな負担をかける「迷惑」を気にかけ、自宅に帰りたい、自宅にいたいのに在宅医療を拒否する患者もいます。逆に、患者よりも家族のほうが在宅療養に不安を感じ、在宅は無理だということも多々あります。

終末期のがんの場合、病状の進行は急激で、比較的短い期間での看取りが多いと考えられています。これに対して、寝たきりなど、介護中心の患者の老衰などの場合、看取りも含め、在宅療養のあり方がかなり違ってきます。療養は長期にわたる場合が多く、そこで大きくなる苦悩は、がんの場合とは異なってきます。長期にわたる介護や経済的負担などが大きな悩みとなります。

この間の患者と家族の揺れ動く気持ちや、思いもかけないことまで含む多様な苦悩には、疾患だけを見ていては対応しきれません。場合によっては、疾患しか見ていなかったため、かえって患者に大きな苦痛、苦悩が生じることさえあります[*17]。前にふれた社会構築主義的な視点に立てば、患者と家族、専門職にそれぞれの現実のとらえ方があります。それゆえ、病気との向き合い方、病状や状況の認識が一致しているとは限らず、むしろ、ズレが生じている可能性が常にあるのです。そのため、患者と家族の様子を観察し、コミュニケーションをとり続けることが欠かせません。異文化を理解するような姿勢で、注意深く状態を細やかに把握する必要があるのです。

さらには、コミュニケーションが困難な患者や、意思が分かりにくい患者もいます。重度の認知症の場合、本人の意思確認やコミュニケーションが難しいことがあります。ただ、こうした場合でも、患者の感情や反応をよく観察するということはできます。そのうえで、家族とコミュニケーションを重ねながら、家族の意向を尊重しつつ、その患者本人にとって何がよいことかを考える必要

[*15] 終末期がん患者の在宅療養
独居のがん患者でも、自宅で最期まですごす人が増えており、在宅で最期まで総合的に支えるケアも進んでいる。こうした独居の在宅緩和ケアの事例も、岡部健・竹之内裕文編著、清水哲郎監『どう生きどう死ぬか─現場から考える死生学』（弓箭書院 2009年）のなかで紹介されている。

[*16] 独居患者の在宅療養
在宅医療の現場でも、独居の患者は増加している。さらに、同居家族がいても、日中は家族が仕事や学業などのため不在にしており、患者だけが自宅に居る「日中独居」も増えている。同居家族がいるからといって、家族による看病、介護を前提にはできないのが現状である。

[*17] 患者の身体抑制
こうした問題の一つが、治療の際に行われる患者の身体抑制である。こうした処置をなくす試みもなされている。小藤幹恵編『急性期病院で実現した身体抑制のない看護』（日本看護協会出版会 2018年）には、そうした取り組みが、多様で多くの具体的な事例とともに紹介されている。

もあります。重度の認知症患者のように、意思の主張が困難な患者は多くいます。それゆえに、専門職が患者の権利を擁護する必要があります。現在、アドバンスド・ケア・プランニング（ACP）が注目されていますが、これは、将来、意思決定や意思の伝達が困難になった時の備えでもあります[*18]。それは患者その人を知り、その人の思いや考えの軌跡をたどるための大切な手がかりであり、その人と家族とのコミュニケーションの積み重ねの大事な記録です。

こうした患者のその時々の考えや思いの軌跡からは、その人の揺れ動く思いも見えてきます。これは認知症に限らず、看取りのケアや、病気をめぐる重大な決断の時にも見られるものです。普段の生活のなかにも、選択の悩みや変更があるように、患者もまた、一定の意思を持ち続けているわけではありません。病気の進行や家族のその時々の姿など、患者をとりまく状況の変化に応じて変わりうる、揺らぐものと考えたほうが現実的です。不安が大きくなったり、小さくなることもあり、迷ったり、考えが変わることもあるのです。

*18 アドバンスド・ケア・プランニング（ACP）
社会的にも「終活」「老活」が話題になっている。高齢化が進み、老いと病いをとりまく状況も過去とは違ってきている。そのなかで、人生の最後の時期の生き方、過ごし方に関する意思決定は、当人だけでなく、家族や周囲の親族なども関わる重い論点である。意思決定の過程での本人や家族の意向の変化、動揺、迷いやずれは無視できない。こうした問題に関心がある方には、清水哲郎編『高齢社会を生きる―老いる人／看取るシステム』（東信堂 2007年）などが参考になる。

## ●5　患者の苦悩と向き合うケアへ

統計的な手法によって、疾患や患者が示す平均や傾向を把握することはできます。それは医療にとって重要なデータです。それに裏づけられた知識や技術は、有効性を持つものとして、専門職が学んでおく必要があります。しかし同時に、その一人の患者が、平均や大方の傾向から外れたケースである可能性は常にあります。まして、その患者の置かれた状況、これまでの人生、家族、それをめぐるナラティブは、型にはまりきらない個性にあふれています。同じ病気、平均的な病気の経過が見られたとしても、同じ経験、平均的なナラティブが患者にあるわけではないのです。

言うまでもなく、今も治療は重要なことです。そのうえで、緩和ケアに限らず医療の大勢は、根治を目指すキュア（cure）にとどまらず、QOL（生活の質）を重視するケア（care）へと移りつつあります。それに伴い、心身に異常がないという健康の追求にとどまらない、ウェルビーイング（well-being、その人にとって良い状態）の探求が、以前に増して重要になっています。個人の生活史や個性によって、QOLのあり方は変わります。こうした個性には、型どおりのケアだけでは対応できません。病いから生じた苦悩を含む、その人の物語を理解する視点が、医療に携わる人に必要とされているのです。

### 第6章 「患者」とは

> **演習課題**
> ① 患者と向き合い、ケアを行う時、QOL（生活の質）に対する配慮は欠かせないものです。その配慮は、患者その人の個別性を理解することによって可能になります。そこで、実際にQOLの個別性について、自分を事例として考えてみましょう（自分のQOLを左右する具体的な物事とは何か、など）。
> ② 上の自己分析を踏まえたうえで、将来、あなたが高齢になって、もし介護が必要になったら、どのような場で、どのような療養や生活を送りたいと考えますか。単なる型どおりの対応ではない、あなたの個別性に即したケアについて、想像しつつ考えてみましょう。

**引用文献**
1) A.クラインマン『病いの語り—慢性の病をめぐる臨床人類学』誠信書房　1996年　p.4
2) 前掲書1）　p.5
3) 前掲書1）　p.4
4) 前掲書1）　p.6
5) 平田俊明「精神医学と同性愛」針間克己・平田俊明編『セクシュアルマイノリティへの心理的支援—同性愛・性同一性障害を理解する』岩崎学術出版社　2014年　p.60-72
6) 池田光穂「病気になることの意味—タルコットパーソンズの病人役割の検討を通して」『Communication-Design』(10)　2014年　p.6

**参考文献**
- A.クラインマン『病いの語り—慢性の病をめぐる臨床人類学』誠信書房　1996年
- A.ストラーサン，P.スチュワート『医療人類学—基本と実践』古今書院　2009年
- 高城和義『パーソンズ　医療社会学の構想』岩波書店　2002年
- 田代志門『死にゆく過程を生きる—終末期がん患者の経験の社会学』世界思想社　2016年
- 池田光穂「病気になることの意味—タルコットパーソンズの病人役割の検討を通して」『Communication-Design』(10)　2014年　p.1-21
- 猪飼周平『病院の世紀の理論』有斐閣　2010年
- 広井良典『ケアのゆくえ　科学のゆくえ』岩波書店　2005年
- 江口重幸・斎藤清二・野村直樹編『ナラティヴと医療』金剛出版　2006年
- 西村周三監，国立社会保障・人口問題研究所編『地域包括ケアシステム—「住み慣れた地域で老いる」社会を目指して』慶應義塾大学出版会　2013年
- 針間克己・平田俊明編『セクシュアルマイノリティへの心理的支援—同性愛・性同一性障害を理解する』岩崎学術出版社　2014年

# 第7章 医療ソーシャルワーカーのための面接技術

　相談面接はソーシャルワークにおける中核的な技術の一つとして位置づけられています。医療機関での実習においても、患者との面接場面に同席する、あるいは実習生自身が実際に面接を担当する場面もあるかもしれません。そうした場合にも対応できるよう、本章では、相談面接の目的を概説しつつ、具体的な面接技法の基本とその活用方法について説明します。

## 第1節　面接の目的

　カデューシン（Kadushin, A.）[1]らによれば、ソーシャルワーク面接の目的を、①なんらかの生活にかかわる課題やそれを解決するための機能の達成のために必要な情報を得ること、②クライエントが持つなんらかのニーズの充足や問題解決に向けての共同作業を行うこととしています。それゆえ、クライエントの状況を理解する際には、ニーズを多面的に理解することが求められるのは当然のことながら、さらに例えていうならば、医療場面では、病気や事故によりなんらかの治療が必要な状況に置かれているという特性も踏まえた理解と支援が必要になるでしょう。

　厚生労働省による医療ソーシャルワーカー業務指針によれば、医療ソーシャルワーカー（MSW）は、①療養中の心理的・社会的問題の解決・調整援助、②退院援助、③社会復帰援助、④受診・受療援助、⑤経済的問題の解決・調整援助、⑥地域活動、などを行うものとされています[*1]。例えば、患者は単に治療が必要という医学的問題だけでなく、自分の病気への不安など心理的な課題を抱えていたり、治療に伴う経済的負担の問題や退院後に元の生活に戻れるかといったさまざまな課題を抱えています。そのため、MSWはそうした患者のために、医療と福祉の橋渡し的役割を果たすことに焦点を当てて面接を進めていく必要があります。

\*1　詳しくは、第2章第1節（p.22）を参照

第7章 医療ソーシャルワーカーのための面接技術

## 第2節　面接におけるマイクロカウンセリングの活用

### ●1　マイクロカウセリングとは

　カウンセリングとソーシャルワークにおける相談面接は、非常に近似しているものですが、厳密に言えば対象に対して焦点を当てる部分が異なっています。前者が心理的なアプローチから患者の内面的な発達を促すのに対して、後者はより社会的な側面へのアプローチを主としています。つまり、ソーシャルワーク面接は最終的に問題解決に向けた社会資源の調整まで含んでいる点が大きく異なる点ともいえるでしょう。そうした視点の違いはあるものの、カウンセリングの技法はソーシャルワーク面接においても大変有用な技法です。病院実習の面接場面では、さまざまな面接技法を応用することとなると思いますが、ここでは基本的なマイクロカウンセリングの技法を紹介したいと思います。

　マイクロカウンセリング[2)3)]は、アイビイ（Ivey, A.E）らによって開発されたカウンセラー訓練プログラムです。その階層性は図7-1のように体系化されており、カウンセリングのメタモデルとされています。一つひとつの技法を段階的に習得してから最終的に統合していくという点で、これから実習での面接に向かう面接初心者の学生のトレーニングとしても有用であると考えます。

　では、面接場面においてこの技法はどのように活用されるのか、医療福祉場面を中心にみていきましょう。例えば、患者から「こんな障害を抱えてしまって、これから先どうしたらいいのか」との相談があったと仮定します。想定される応答の種類をあげてみますので、MSWとしてあなたは、どのように応答するのが望ましいのか考えてみてください。

図 7-1　マイクロ技法の階層表

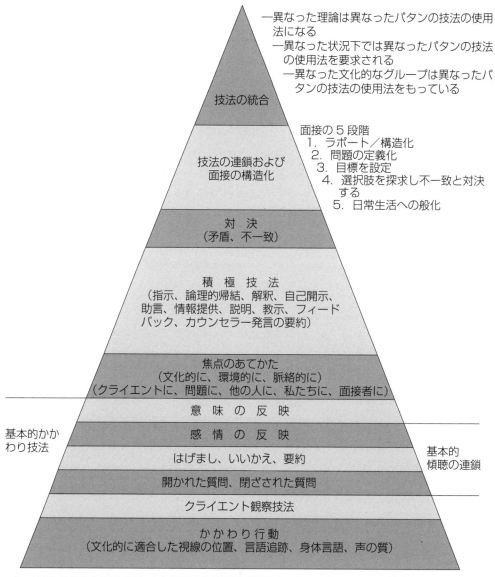

1. かかわり行動とクライエントを観察する技法は、効果的なコミュニケーションの基礎を形成しているが、これはかならずしも訓練のはじめがふさわしい場所であるというわけではない。
2. かかわり技法（開かれた質問と閉ざされた質問、はげまし、いいかえ、感情の反映、要約）の基本的傾聴の連鎖は、効果的な面接、マネージメント、ソーシャルワーク、内科医の診療時の面接やその他の状況下でたびたび見出される。

出典：アレン・E・アイビイ著　福原真知子他訳編『マイクロカウンセリング』川島書店　1995 年　p.8 図 1-1
　　　マイクロ技法の階層表

## ● 2　事例をもとに考えてみよう

> ●相談例
> 患者「こんな障害を抱えてしまって、これから先どうしたらいいのか」
>
> **MSW の応答例**
> MSW Ⓐ：大丈夫ですよ。心配ありませんから
> MSW Ⓑ：まずは、障害者手帳が必要ですから、一緒に申請をお手伝いしますね
> MSW Ⓒ：どのようなことがご心配なんですか？
> MSW Ⓓ：そんなに思いつめないで、がんばってください
> MSW Ⓔ：障害を抱えて、これからのことがご心配なんですね

　日常会話であれば、どの選択肢でも相手のメッセージを受け取ったうえで応答していますので、コミュニケーションとして成立しているように思います。では、一般的な日常会話ではなく、専門的援助関係の中で最も適切な応答はどれでしょうか。そのことを考えるためには、この面接がソーシャルワークの展開過程のどこに位置しているのかということをまず考える必要があります。

　ソーシャルワークは、①インテーク、②アセスメント、③プランニング、④インターベンション、⑤モニタリング、⑥評価、⑦終結といった一連の過程に沿って展開されていきます[*2]。例えば、前述の面接がインテークにあたる面接であるならば、その段階にあった応答が必要になってきます。インテーク段階では、患者の大まかなニーズを把握しつつ、スクリーニングなどを行います。そうした初期の面接においては、なるべく短時間で信頼関係を形成する必要があります。そして、信頼関係を形成するためには、単に情報を聞き出すことだけではなく、患者が自由に語れる面接づくりが求められています。そのことを念頭において、複数ある応答例の選択肢を検討してみましょう。

\*2　詳しくは、第1章第3節(p.10)、第8章第2節(p.117)を参照。

### ① MSW Ⓐを選んだあなたは

　MSW Ⓐの応答「大丈夫ですよ。心配ありませんから」を選んだあなたは、危険度80％です。初めての面接などでは、多くの学生がとっさについ口をついて出てしまいやすい応答ですが、これは根拠のない安易なはげましです。患者の抱える問題を何一つ理解していない初期の段階で、大丈夫というのは、何が大丈夫なのでしょうか。それは、仮にその言葉で患者がほっと胸をなでおろすことができたとしても、仮にその後に問題が解決して本当に大丈夫だったとし

ても、その時点ではいっそう無責任な発言です。もし、援助過程の中で大丈夫ではなかったときに、あなたは専門職者としてどのように責任を取れるでしょうか。根拠のない安易なはげましであるがゆえに、支援が行きづまってしまった時には、それまで築いてきた信頼関係が一気に崩壊してしまう危険性さえはらんでいます。ですので、面接では自分の発言は意識するよう心がけ、その場しのぎの発言は慎むことが肝要です。

### ② MSW Ⓑを選んだあなたは

　MSW Ⓑの早急な提案を選んだあなたは、危険度50％です。「一緒に…」という姿勢は、対等に患者を生活の主体者としてとらえている様子がうかがわれますが、手帳の申請という提案はどうでしょうか。確かに、今後のことを考えれば、障害者手帳があれば、各種の社会サービスを利用することが可能になるかもしれません。しかしながら、それはインテークやアセスメントの過程から、プランニングに入った段階で検討されるべき支援計画案の一つであり、唐突に提案されるべきものではありません。患者の情報を丁寧に収集しながら、分析したうえで、さまざまな選択肢の中から提案されるべきものであり、まだ患者の不安の中身もよく分からないままに提案型の応答をするのは、専門職者としては失格です。「退院後は施設入所をしたい」といわれて、「では、特別養護老人ホームがありますよ」といった応答をすれば、問題解決に向けて助言しているように見えます。しかし、それが本当に患者の望むことなのか、ほかにもっと良い選択肢はなかったのか、丁寧なアセスメントを踏まえて応答すべきでしょう。

### ③ MSW Ⓒを選んだあなたは

　MSW Ⓒを選んだあなたは、危険度30％です。「どのようなことがご心配なんですか？」は、具体的に患者の抱える不安の中身を明らかにしようとする質問です。援助者は、ともすれば患者の抱える「問題」を発見して、その「問題」を一緒に解決してあげたいと考えがちです。それは、大きく間違いではありません。仮に、実際の面接場面でこのように応答したとしても、決して悪くはないでしょう。しかしながら、最初に述べたように、この面接がソーシャルワークの展開過程のどこに位置しているのかということを考えてみましょう。インテーク段階であると仮定するならば、患者自身が自由に話ができると感じ、信頼関係を形成していくような面接の進め方が重要になってきます。質問については詳しくは後述しますが、質問の多用はともすれば尋問になりがちです。自分が聞きたいことを聞き出すという姿勢ではなく、患者が自然に語れる応答の

ほうがさらに望ましいでしょう。

### ④ MSW Ⓓを選んだあなたは

　MSW Ⓓを選んだあなたは、危険度95％です。「そんなに思いつめないで、がんばってください」は、一見すると肯定的な言葉のように感じますが、二重に患者を苦しめる可能性があります。1つは、「思いつめないで」という言葉の中に、病気を抱えて不安に思うことを否定する意味が含まれています。ですので、患者自身が自分の思いを否定されたと受け取られる危険性があります。不安がないこと＝良いこと、という直線的で単純な価値観でとらえるのではなく、そう感じているありのままの患者の思いを受け止める言葉を探してみましょう。また、そのためには、なぜそう患者が感じているのかといった背景を理解することがポイントとなります。2つ目には、「がんばってください」という言葉がもつ危うさにも注意する必要があるでしょう。「がんばってください」の言葉は、一見励ましているようですが、とらえ方によっては「こんなにがんばっているのに、もっとがんばらなければならないのか」「がんばりが足りない自分はダメな人間なんだ」と患者を追いつめる言葉になるかもしれません。また、「がんばって」はどこか他人事であり、MSWが伴走者として一緒に問題解決に取り組んでいくという姿勢が感じられません。

### ⑤ MSW Ⓔを選んだあなたは

　MSW Ⓔの「障害を抱えて、これからのことが心配なんですね」はどうでしょうか。相手の言葉を繰り返しているので、一般的な日常会話としては少し違和感があり、選択肢としてあがってくることはないかもしれません。しかし、この応答技法は、大変優れています。まず、患者の具体的な状況が分からないようなインテーク段階でも、患者の気持ちとずれる危険性が最小限に抑えられます。なぜならば、相手の発言を繰り返しているので、「それは違う」とか「そんなつもりではない」といったことが起きにくくなるからです。

　そして、さらに有用であるのは、繰り返すことで患者に「聞いている」というメッセージを伝えることができる点です。患者は、「私の話に耳を傾けてくれている」「私の話を受け止めてくれている」と感じることができます。また、患者にとっては、自分の言葉がそのまま返ってくることによって、客観的に自分のことを見つめなおす機会を得ることができるため、この応答技法はインテーク段階では特に有効です。

　では、マイクロカウンセリングの技法の中から、このいいかえを含めた基本的傾聴の連鎖についてさらに概説していきます。

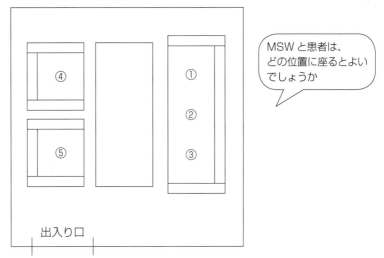

図7-2 面接の位置関係

## ●3 かかわり行動

　かかわり行動は、マイクロカウンセリングの階層表の中で、最下層に位置づけられています。それは、コミュニケーションの最も基盤となるものであるからです。例えば、身ぶり、手ぶり、表情、動作、視線、姿勢、声の調子、話す速度、位置関係、距離などがこれに相当します。これは、いわゆる言葉や文字によらない非言語的コミュニケーション（non-verbal communication）[*3]であり、その多くは私たちの持つ文化的背景によるコミュニケーション行動です。

　例えば、面接の位置関係や距離についてはどうでしょうか。図7-2から、MSWと患者の位置関係について考えてみましょう。①と④といったように真正面に座っても面接は進められますが、日本人は目を直接見るコミュニケーションは苦手だといわれています。患者に緊張感を与えないためにも、話しにくいことを話す場合などは、②と④といった位置取りで少し視線をずらしたほうがよいでしょう。相談の内容や対象者によっては、①と③といった横からの位置取りも有効になります。そうした非言語的メッセージも活用しながら相談面接を進めるとより効果的です。

\*3　非言語的コミュニケーションについては、第8章第2節(p.118)を参照。

## ● 4　反映の技法

　マイクロカウンセリングの基本的な技法の中に反映というものがあります。階層表の中では、はげまし[*4]、いいかえ[*5]、要約[*6]、感情の反映[*7]などが反映の技法に相当します。この技法は特に、インテーク段階で有効です。なぜならば、インテーク段階では相手のことをまだ十分理解しておらず、手探り状態で情報を集めることになります。最初は、あれこれと自分の聞きたいことを質問したくなりますが、そんな時に、患者の考えとは違うズレが生じてしまったり、患者が話したいと思っていることを自由に語ることができなかったり、あるいは患者の思いとは違うところであれこれと質問されたらどう感じるでしょうか。インテーク段階で求められる信頼関係の形成を短期間に行うことは難しくなります。

　患者の言葉を反映の技法により返していくだけでも、十分会話は成り立っていきます。むしろ、メッセージを反映していくことにより、相手に対して「あなたの話を聞いていますよ」といったメッセージを伝えることができます。もちろん、最小限のはげましとしてうなずきや相づちによっても、そのメッセージを伝えることは可能ですが、意味の反映によって、より具体的に傾聴の**姿勢**を示すことができるでしょう。またそれは、単に聞いているだけではなく、共感的理解の姿勢も示すことになり、比較的短い時間で患者との信頼関係の基盤を形成することが可能となります。

　ただし、単なるオウム返しにならないように注意する必要があります。患者の言葉をそのまま繰り返す場合であれば、非言語的メッセージの部分で工夫をしてみるといいでしょう。また、単純な反映ではなく、言葉の中から1つのキーワードを拾い出してみるとか、より具体的あるいは抽象的にいいかえてみるなど、言語的レパートリーを持つようにしましょう。

　さらに、単に内容を反映するだけでなく、感情の部分に焦点を当てて反映する方法を感情の反映と呼びます。人は、事実よりもそこに含まれた自身の感情を理解してほしいと思っている傾向にあります。そうした患者の気持ちを受け止め、感情に焦点を当てることでより共感の姿勢を示すことができます。

　では、医療場面で想定される次の10個の相談メッセージに対して、あなたがMSWならどのように答えるかを反映の技法を用いて応答してみましょう。

[*4] はげまし
クライエントの話を促すために、うなづいたり、相づちをうつこと。

[*5] いいかえ
単なる繰り返しではなく、クライエントの言葉をソーシャルワーカーの言葉に置き換えて応答すること。

[*6] 要約
長く語られたクライエントの話の内容を要約したり、総括すること。

[*7] 感情の反映
クライエントの語りの中で特に感情の部分に焦点を当てて、言い換えること。

【ワークショップ①】

1) 脊柱管狭窄症のせいで足がしびれて、痛くて仕方ありません

   MSW＿＿＿＿＿＿＿＿＿＿＿＿＿＿＿＿＿＿＿＿＿＿＿＿＿＿＿＿＿＿

2) 私の病気はモヤモヤ病だと説明されたのですが、それが何なのか見当もつかなくて…

   MSW＿＿＿＿＿＿＿＿＿＿＿＿＿＿＿＿＿＿＿＿＿＿＿＿＿＿＿＿＿＿

3) そろそろ退院と言われたのですが、こんな体で自宅に戻れる自信がありません

   MSW＿＿＿＿＿＿＿＿＿＿＿＿＿＿＿＿＿＿＿＿＿＿＿＿＿＿＿＿＿＿

4) 脳梗塞の後遺症が残ってしまって、昨日、突然妻から離婚を申し出られてしまいました。どうしたらいいのか

   MSW＿＿＿＿＿＿＿＿＿＿＿＿＿＿＿＿＿＿＿＿＿＿＿＿＿＿＿＿＿＿

5) 若い頃から、この病気（膠原病）と一緒に生きてきましたが、今度ばかりはどうなることかと

   MSW＿＿＿＿＿＿＿＿＿＿＿＿＿＿＿＿＿＿＿＿＿＿＿＿＿＿＿＿＿＿

6) 車いすになってしまったら、職場復帰は難しいかもと上司からいわれているんです

   MSW＿＿＿＿＿＿＿＿＿＿＿＿＿＿＿＿＿＿＿＿＿＿＿＿＿＿＿＿＿＿

7) 実は、経済的に苦しくて、しばらく健康保険料を滞納していたんです

   MSW＿＿＿＿＿＿＿＿＿＿＿＿＿＿＿＿＿＿＿＿＿＿＿＿＿＿＿＿＿＿

8) 今回の事故は労災扱いにならないとまずいんです

MSW＿＿＿＿＿＿＿＿＿＿＿＿＿＿＿＿＿＿＿＿＿＿＿

9) 治療費の支払いについて、少しでも自己負担を軽減する方法はあるんでしょうか

MSW＿＿＿＿＿＿＿＿＿＿＿＿＿＿＿＿＿＿＿＿＿＿＿

10) 医師から早期のがんだといわれたのですが、それを聞いてすっかり私もまいってしまって

MSW＿＿＿＿＿＿＿＿＿＿＿＿＿＿＿＿＿＿＿＿＿＿＿

どうでしたか？ 設問の中には、つい「大丈夫ですよ」とか「がんばってください」と応えてあげたくなるものもあったかと思います。適切に応答できていたか、見直してみましょう。また、よく見られる応答の中には「〜なんですか」といったものが散見されることがありますが、傾聴の姿勢というものを意識した時には、「〜なんですね」のほうがより好ましいでしょう。

> ワークショップ①の1)「脊柱管狭窄症のせいで〜」に対する応答例として
> MSW Ⓕ：「足がしびれて、痛くて仕方ないんですね」
> MSW Ⓖ：「足がしびれて、痛くて仕方ないんですか」

　これは、同じように相手の言葉を返していますが、「か」と「ね」のたった1文字の違いで、相手の受け取る印象は大きく異なります。「そうなんですか」と「そうなんですね」では、「〜なんですか」のほうがより他人事で、患者とMSWの間に気持ちの溝を感じます。「〜なんですね」のほうが相手の言葉をいったんMSW自身が自分のこととして受け止めているという表現に近いのが分かるかと思います。こうした言葉一つでも受容や共感的理解を示すことが可能になります。そうした点にも細やかに気を配り、面接を進められるようさらに練習してみてください。

● 5　効果的な質問

　マイクロカウンセリングでは、質問を「開かれた質問（open question）」と「閉ざされた質問（closed question）」の2つに分類しています。閉ざされた質問とは、yes/no あるいは単純な返答ができる質問形式で、患者による応答の幅は限られます。反対に開かれた質問とは、yes/no といった単純な返答ではなく、相手の自由な話を引き出す質問形式を取ります。開かれた質問には、4つの型があり、①「何」といった事実を問う質問、②「どのように」といった思考を問う質問、③「なぜ」といった理由を問う質問、④「～してくれませんか」といったように具体的な話を引き出す質問、に分類されます。

　閉ざされた質問を繰り返していると、面接が尋問のようになってしまうことがあります。ある一定の条件下では、閉ざされた質問のほうが効果的な場合もありますが、一般的には、できる限り開かれた質問を意識して用いると患者も自由に話をすることができるでしょう。また、会話は双方向のやり取りですが、MSW が質問のボールを相手に投げれば、必然的に患者から答えのボールが返ってくることになります。すると、また MSW から質問のボールを投げざるを得なくなります。一度、質問を始めるとその連鎖は簡単に止めることができなくなり、それが次第に MSW 主導の尋問のような面接になってしまうことにつながります。これでは、患者自身の自由な語りを引き出すことはできません。ここでは、技法の習得のために質問の練習のみを行いますが、実践の場面では自由な語りを促すために、先に学んだ反映の技法と組み合わせながら応用してみるといいでしょう。

　では、先の例と同様に医療場面で想定される以下の10個の相談メッセージに対して、あなたが MSW ならどのように答えるか、今度は開かれた質問の技法を用いて応答してみましょう。

---

【ワークショップ②】

1）脊柱管狭窄症のせいで足がしびれて、痛くて仕方ありません

　　MSW＿＿＿＿＿＿＿＿＿＿＿＿＿＿＿＿＿＿＿＿＿＿＿＿＿＿＿＿

2）私の病気はモヤモヤ病だと説明されたのですが、それが何なのか見当もつかなくて……

MSW _____

3) そろそろ退院と言われたのですが、こんな体で自宅に戻れる自信がありません

   MSW _____

4) こんな障害が残ってしまって、昨日、突然妻から離婚を申し出られてしまいました。どうしたらいいのか

   MSW _____

5) 若い頃から、この病気（膠原病）と一緒に生きてきましたが、今度ばかりはどうなることかと……

   MSW _____

6) 車いすになってしまったら、職場復帰は難しいかもと上司からいわれているんです

   MSW _____

7) 実は、経済的に苦しくて、しばらく健康保険料を滞納していたんです

   MSW _____

8) 今回の事故は労災扱いにならないとまずいんです

   MSW _____

9) 治療費の支払いについて、少しでも自己負担を軽減する方法はあるんでしょうか

   MSW _____

> 10) 今回の病気の件で、すっかり私もまいってしまって……
>
> MSW＿＿＿＿＿＿＿＿＿＿＿＿＿＿＿＿＿＿＿＿＿＿＿＿＿＿＿＿＿＿＿＿＿

　面接場面でいざ質問するとなると、何をどう聞いていいのか分からなくなることがありますね。まずは面接で確認すべきことを大まかに念頭においたうえで、開かれた質問の4つの型を覚えておくと、スムーズに質問できるようになるでしょう。

## 第3節　面接の構造化

### ●1　面接時間の問題

　専門面接が日常会話と異なる点の一つに、時間に制約があることです。普段のおしゃべりなら、時間の許す限りいつまでも、気のすむまで話していても構いませんが、ソーシャルワーク面接ではその時間の長さや頻度を最初に取り決めておいたほうがよいでしょう。面接の時間があらかじめ決まっていない場合、さまざまな弊害が考えられるからです。

　例えば、患者からしてみれば、何分の面接なのかが分からなければ、今日はなにをどこまで話していいのか見当もつかないでしょう。もっと話したいと思っていたのに、途中で突然打ち切られてしまったら、消化不良な気持ちが残るかもしれません。反対に、面接時間が長すぎて、面接が本来の目的から逸してしまうかもしれません。以前の実習で、ある学生が担当の患者にアセスメントしようと意気込んで話を聞いていたところ、その患者から「担当を代えてほしい」との申し出がありました。障害を抱えている患者と2時間も面接をして、患者のほうが疲れてしまったのだそうです。面接の長さに決まりはありませんが、45分から1時間前後を目安とするとよいでしょう。面接時間内にすべて終わらない場合は、次の機会を設けるようにしましょう。

　面接の頻度には、定時面接と随時面接があります。前者は、定期的に面接を行います。支援の進捗に応じて、継続的に面接できるよう設定しましょう。反対に、随時面接は必要に応じて面接を行います。特に、緊急性が高い場合は、危機介入的に随時面接が有効でしょう。

## ●2 面接空間の問題

白石[4]は望ましい面接室の条件として、次の7つをあげています。

| ① 面接室の機密性　② 色彩　③ 明るさ　④ 広さ |
| --- |
| ⑤ 家具・調度品　⑥ 座る位置　⑦ 面接者の位置 |

しかしながら、すべての病院にこうした面接室が整えられているとは限りません。もし、実習施設にそうした適切な面接室がなかったとしても、可能な限り患者のプライバシーに配慮した取り組みを行うことを心がけて面接を進めましょう。こうした面接室を整えることもMSWの面接技術の一つです。

また、こうした従来からの面接環境が望ましいことに変わりはありませんが、患者の状態によっては、面接室まで来室することが難しい場合もあります。緊急で行われる面接では、望ましい面接環境を確保することは難しいかもしれません。また、最近では地域医療の進展に伴い、患者の家庭を訪問しての面接（居宅訪問面接）ということもあるかもしれません。そうした場面での面接については、生活場面面接や居宅訪問面接として次項で概説します。

## ●3 生活場面面接

生活場面面接（Life Space Interview）[5][6]とは、レドル（Redle, F.）によって提唱された概念で、従来の閉ざされた伝統的な面接室ではなく、より開かれた空間でのアプローチも面接として位置づけています。より開かれた空間とは、例えば、クライエントの居宅[*8]、生活施設の居室、病院のベッドサイド等がそれにあたります。患者が面接室まで来ることが難しければ、そのベッドサイドに赴いたり、廊下ですれ違った際に立ち話や声かけにより話をうかがうことも可能でしょう。そうした場面での面接の重要性を意識し、顕在化することも視野に入れてみるとよいでしょう。

＊8 クライエントの居宅
生活場面面接の中で、クライエントの自宅で行う面接は居宅訪問面接と呼ばれる。

---演習課題---

以下の事例を読み、患者との初回面接でのMSWの応答について、括弧内の技法を参考にしながら、自分なりの応答を書き入れてみましょう。

●事例
千田さん（仮名）58歳、男性
千田さんは脳梗塞を発症し、これまでリハビリテーションを受けていまし

たが、退院後の生活について不安を感じ、医療相談室に来室しました。

MSW 1 （自己紹介・役割の説明）＿＿＿＿＿＿＿＿＿＿＿＿＿＿＿＿＿

千田さん1：よろしくお願いします。実は、主治医からもうすぐ退院と伺い、これからどうしたらいいのか不安になってしまって、こちらに伺ったんです。

MSW 2 （感情の反映）＿＿＿＿＿＿＿＿＿＿＿＿＿＿＿＿＿＿＿＿＿

千田さん2：そうなんです。ある程度考えていたんですが、実際問題としてどうしたらいいのか。

MSW 3 （感情の反映・開かれた質問）＿＿＿＿＿＿＿＿＿＿＿＿＿＿

千田さん3：私はできれば家に帰りたいと思っているんですけど。

MSW 4 （はげまし）＿＿＿＿＿＿＿＿＿＿＿＿＿＿＿＿＿＿＿＿＿＿

千田さん4：でも、妻には迷惑をかけたくないし、だからってこの体では今までどおりの生活というわけにはいかないでしょう。

MSW 5 （あなたの考える技法で）＿＿＿＿＿＿＿＿＿＿＿＿＿＿＿＿

**引用文献**

1） Kadushin, A. & Kadushin, G.『The Social Work Interview: A Guide for Human Service Professionals』Columbia University Press, 1997
2） 玉瀬耕治『カウンセリングの技法を学ぶ』有斐閣　2015年
3） アレン・E・アイビイ（福原真知子他訳編）『マイクロカウンセリング』川島書店　1995年
4） 白石大介『対人援助技術の実際―面接技法を中心に』創元社　1988年
5） 久保紘章「構造化されていない面接」『ソーシャルワーク研究』Vol.16. No.4　1991　p.268
6） 安藤健一「生活場面面接の歴史に関する研究」『清泉女学院短期大学研究紀要』第30号　2012年　p.1-10

**参考文献**

・　平岡蕃ほか『対人援助　ソーシャルワークの基礎と演習』ミネルヴァ書房　1999年
・　D. エバンスほか（杉本照子監訳）『面接のプログラム学習』相川書房　1990年

# 第8章 ソーシャルワークの具体的な流れ

## 第1節　具体的な流れ（展開過程）とは

### ●1　ソーシャルワーカーの役割―クライエントとの関係性―

#### ①ソーシャルワーカーとは

　ソーシャルワーカーは、専門的な価値、知識、技術に基づいて社会福祉援助活動を実践する福祉専門職です。臨床現場でその実践を展開する過程では、ソーシャルワーカーは所属する機関や部署、施設、そして職種名（例えば、医療機関であれば、医療ソーシャルワーカー［MSW］、医療社会事業専門員、医療福祉相談員）などの違いがあります。しかし、それぞれの現場では、所属組織や職種名は違っていても、ソーシャルワーカーとしての立ち位置から、なんらかの困りごとを抱えたクライエントに向き合うことに違いはありません。そして、困っている人の身になって考えながら（相手の立場に立って考えながら）、クライエントの抱える問題解決に向けて支援関係を構築していくことにも違いはありません。

　ソーシャルワーカーの役割としては、クライエントとそれを取り巻く環境（個人、集団、地域、社会）に対して、ソーシャルワーク機能（ミクロ、メゾ、マクロ）として、有機的に働きかけていくことが求められています。私たちの暮らしは、私たちを取り巻く社会と密接に関係しあっています。そして、私たち人間は、日々、他者とお互いに助け合って生活しています。日々の生活の中では、当たり前のこととして流されがちな「お互いさま」の関係（支え合いの関係）が、どれほど大切なことであるのかは、これまで生きてきたなかでの人間関係（例えば、家族、近隣住民、友人、仲間など）をふりかえってみることで、あらためて気づかされることが多いものです[*1]。

#### ②クライエントとは

　クライエントとは、もともと、「（弁護士などの）依頼人」「（商店などの）顧客、お客」といった意味があります。福祉分野においては、「福祉事業家のお

[*1] お互いさま
いろいろな意味があるが、ここでは、「私たちは、人が困っているときは人を助ける＝自分たちは、他者（仲間）に助けてもらっている」という意味あいがある。

世話を受ける人」「（社会福祉機関の）救援享受者」と訳されてきました。近年では、福祉サービス分野においては、一般的に、「クライエント」は、「利用者」と呼ばれることが多いです（保健医療現場では「患者」）。

　それでは、あなたは困っているときに、いつもさりげなく助けてくれる身近な人、例えば家族や友人がいなかったら、どうしますか。いても助けてくれない、頼れない場合は、どうしますか。これから先に進もうとしているけれど、自分はどうすればいいのか分からず、誰かに相談したいときはありませんか。加えて、相談したくても頼る相手がいなかったら、どうしますか。おそらく、不安な気持ちでいっぱいになるでしょう。

　クライエントは、さまざまな困りごとを抱え、なんらかの専門的援助が必要とされています。それらさまざまな困りごとには、困っているという事実のほかに、それにいたる背景があります。その背景は、人間それぞれに生まれ育った環境によって異なります。具体的には、生活歴（生活史）のなかで、家庭や文化、地域、価値観など、実に多種多様なものが関係しあっています。

　クライエントの生活歴（生活史）とは、クライエントが生きてきた証そのものであり、その物語（ライフストーリー）の主人公はクライエント本人です。そこには、さまざまな出会いや別れなど、人生上の大きな出来事や転換期が含まれています。また、喜怒哀楽をともなったクライエント本人しか体感し得ない、詳細なエピソードが盛り込まれていたりします。

　当然といってしまえばそれまでかもしれませんが、これまでクライエントに関わってきた支援者はもちろんのこと、家族であっても知らないことや分からないことがあります。言い換えれば、クライエント本人しか知らないことや分からないことは、実に多かったりするものなのです。また、その一方で、クライエント本人が忘れてしまっていたり、分かっているようで気づいていないようなことも多いことでしょう。

### ③ソーシャルワーカーとクライエントの関係性

　ソーシャルワーカーが目の前で対峙し、支援するクライエントとの関係性には、「クライエントが真に望むかたち」で、「常にお互いを分かりあえることは難しいのではないか」、「クライエントの最善の利益の保障なんてできないのではないか」、という厳しい問いかけもあります。

　ソーシャルワーカーとクライエントの関係性とは、相談援助場面や生活支援の枠組みでの関わりが主となっています。つまり、主に「支援の場」という時間的にも空間的にも限られた場面で、この関係性は構築されていくものです。そして、このような限定的な関わりのなかでは、「クライエントが真に望むか

第8章 ソーシャルワークの具体的な流れ

たち」で、「常にお互いを分かりあえる」ことや、「クライエントの最善の利益の保障」をしていくには、やはり一定の限界があるのかもしれません。

しかし、クライエントの抱えるさまざまな生きづらさや生活問題は、「いまこの場（支援の場）で起こっている」ということだけではありません。これまでにクライエントが置かれてきた状況（クライエントを取り巻く社会環境や生活歴）と、密接に関係している過程があります。ソーシャルワーカーは、クライエントが「そのような状況にいまある」（「いまこの場で」という支援の関係性には、当然に限界もあるということをふまえて）なかで、クライエントとともに生きづらさや生活問題に向き合っていくことが求められてきているのではないでしょうか。

所属する機関や施設では、組織上のジレンマや限界が考えられます。しかし、ソーシャルワーカーは、「ソーシャルワーカーの倫理綱領」[*2]に基づき、行動することが求められています。常にクライエントとその家族に寄り添いながら、ともに問題解決に向けて動き出していく（クライエントと「いま、ともに」ある）ことが、福祉分野の専門職として、職業倫理・貢献可能性として、求められています。

#### ④専門援助的信頼関係の構築

こうしたなか、ソーシャルワーカーは、日々の支援現場では、クライエントとの間に「信頼関係（ラポール）」を構築していくための実践、つまり専門援助的信頼関係の構築が、継続的に必要とされています。

### ● 2　ソーシャルワーカーによる働きかけ
　　　―クライエントに寄り添いながら―

#### ①クライエントを側面から支援する

ソーシャルワーカーの働きかけによる結果、うまく問題が解決できるにこしたことはありません。しかし、結果がすべてではありません。ソーシャルワーカーは、クライエントとともに生活問題に向き合い、時にはさまざまな苦悩をともにしながら、人生の数場面・数ページをともに歩み続けていく過程こそが大切であるとされています。

そして、その支援実践の過程では、クライエントが自分らしくあるために、主体的に自分を取り巻く環境にある社会資源を自ら選択・利用し、自らの生活を自律的に営めるよう、側面から支援していく役割が求められています。

*2　ソーシャルワーカーの倫理綱領　①ソーシャルワーカーの倫理綱領（社会福祉専門職団体協議会）（社会福祉専門職団体協議会代表者会議、2005年1月27日制定）、②公益社団法人日本社会福祉士会の倫理綱領（日本社会福祉士会、2005年6月3日採択）、③ソーシャルワーカーの倫理綱領（社会福祉専門職団体協議会）（日本精神保健福祉士協会、2005年6月10日承認）、④医療ソーシャルワーカーの倫理綱領（日本医療社会福祉協会、2007年6月2日制定）を参照のこと。

②社会に働きかける

　ソーシャルワーカーは、クライエントとそれを取り巻く環境に対して、有機的に働きかけていくことが求められています。まさに、ソーシャルワーカーとは、その名のとおり「社会で働く」ものとしてだけではなく、「社会に働きかける」ものとして、クライエントの最善の利益のために行動していくことが求められているのです。

　ソーシャルワーカーは、クライエントの代弁者となり、生活上の障壁となるさまざまな抑圧からの解放と、権利擁護の実現を目指していきます。そして、障害や疾病を持ちながらも、住み慣れた地域で暮らしていけるような、地域生活支援システムを構築していくことを目指します。そのためには、関係機関間での連携を強化したり、社会資源の開発に努めたり、組織内外で、地域で、活動を展開していきます。ソーシャルワーカーは、クライエントとともにあるだけでなく、より良い生活の実現を目指していきます。そして、クライエントとそれを取り巻く社会環境に働きかけていくことが、機能的にも、社会的使命としても、求められてきている専門職といえましょう。

③クライエントの最善の利益の実現に向けて

　それでは、ソーシャルワーカーが支援現場でこのような問いや求めに応じることができるよう活動していくためには、具体的にはどのような流れで、支援を展開していけばよいのでしょうか。

　以上をふまえたうえで、ソーシャルワーカーが、クライエントとそれを取り巻く環境に働きかけていくソーシャルワークの具体的な流れ（展開過程）について、詳しく見ていきます[*3]。

\*3　ソーシャルワークの展開過程については、第1章第4節（p.15）を参照。

\*4　ここでいう「更新」とは、「支援の更新契約」と「支援計画の更新作成」の機会を指す。

図8-1　ソーシャルワーク・支援計画の展開過程

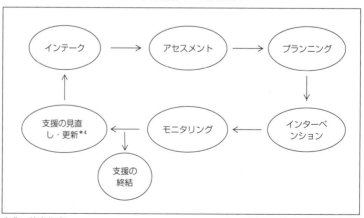

出典：筆者作成

# 第2節　インテークとは

## ●1　ソーシャルワーカーとクライエントの出会い

### ①インテークとは

　インテークは、「受理面接」や「初期面接」と訳されています。現在では、相談援助（ソーシャルワーク）と考えると、ソーシャルワークの過程では、最初の段階に位置づけられる、専門的な臨床場面になります。なんらかの困りごとを抱える、クライエントと出会う初回面接や、その後の数回にわたる面接を、このように位置づけています。

### ②はじめての出会いの場面の大切さ

　私たちの日常生活においても、「出会いは大切である」、「初対面は、印象が大切である（第一印象が大切である）」というふうに、人と人が出会う機会や実際に面と向かって接する場面の重要性が語られています。社会福祉援助の現場ではどうでしょうか。クライエントは、ソーシャルワーカーとの「出会い」や「初対面」をどのような気持ちで迎えるのでしょうか。クライエントの抱える問題やその背景はそれぞれに多種多様です。

### ③不安と期待の入り混じる場面

　おそらく、クライエントは、「これからどうしていけばいいのか」「どんなことをいわれるのだろうか」「この人は私のことを分かってくれるのだろうか」など、「不安」や「緊張」の気持ちを大なり小なり抱えているのではないでしょうか。そして、大なり小なり、あるいは、わずかであっても、かすかな「期待」や「のぞみ」にかけているかもしれません。また、こういう場面であればこそ、不安や緊張をできる限り解きほぐし、専門援助的信頼関係を構築していくためには、なんらかの工夫や配慮が必要であることは想像に難くありません。

## ●2　援助関係の形成

### ①相手（クライエント）との関係性をつくっていく

　●1①で見てきたインテークには、「援助関係の形成」が、目的の一つとしてあげられます。インテークをきっかけとして、支援関係が始まっていきます。しかし、その目的、つまり「援助関係の形成」は、それ以降も継続して深めていかなければなりません。

支援の展開過程では、ソーシャルワーカーは、クライエントが話しやすい・感情を表出しやすい・訴えを主張しやすいように、環境を整えていかなければなりません。例えば、何を（目的／内容；what）、いつ（日時；when）、どこで（場所；where）、誰が（担当者；who）、なぜ（なぜ、クライエントに対して；why）、どのように（手段、方法；how）、を考えて環境を設定していきます（5W1H）。

例えば、「場所」を考えたときはどうでしょうか[*5]。ハード面では、保健医療機関・施設内でいえば、他者に相談内容がもれることのないよう配慮し、相談室で行うことがあります。しかし、その室内においても、机や椅子の配置、観葉植物、照明、カーテン、絵画、温度、湿度、清潔感のある空気、等々、緊張や不安を緩和させる工夫はいくつか考えられます。次に、「誰が」「どのように」を考えたとき、ソフト面ではどうでしょうか。ソーシャルワーカーが、クライエントに与える第一印象は、悪くないもの、さらにいえば良くあってほしいものです。それは、クライエントの側から考えてみれば、当然のことです。特別に仲良くなる必要もありませんが、クライエントとの関係づくりの第一歩は、やはり相手の立場になって考え、不安や緊張が和らぐような雰囲気づくりを心がけることが大切です。

### ②ともにコミュニケーションを深めていく

コミュニケーションの取り方にも工夫が必要です[*6]。「言語的コミュニケーション」では、主に「言語」（音声、文字。手話や点字も含む）を用いて相手に知らせたい内容を伝えます。その際に、「語調」や「話し方」といわれる、声の強弱、抑揚、速度、等の「準言語的コミュニケーション」にも、配慮する必要があります[*7]。何を伝えるか（言語的／内容）は、もちろん重要ですが、どのように伝えるのか（準言語的／語調）も、不安や緊張が和らぐような雰囲気づくりには欠かせません。また、「目は口ほどにものを言う」という諺にもあるように、「非言語的コミュニケーション」によっても、私たちは日常的に、メッセージを感じ取ったり、伝えあったりしています[*8]。視線や顔の表情、身振り、手ぶり、姿勢などです。それは、例えば、言語を用いず相手に伝えたい場合には、ボディランゲージという方法があることからも分かります。

### ③傾聴の技法・話しやすい雰囲気づくり

ソーシャルワーカーは、コミュニケーションを探めるためには、身体表現にも気を配る必要があります。例えば、ソーシャルワーカーが足を揺すっていたりすると、落ち着かない様子は、クライエントにも伝わります。もちろん、服装やアクセサリー、化粧や香水、髪型などにも相手に伝わるものです。あまり華

---

*5 クライエントとの面接については、第7章第3節（p.110）を参照。

*6 面接の技法についての第7章第2節（p.99）を参照。

*7 準言語的コミュニケーション（associate-verbal communication）
次の非言語的コミュニケーション（non-verbal communication）」に含まれる場合もある。

*8 非言語的コミュニケーション（non-verbal Communication）
私たち人間は、言語によるコミュニケーション（会話の内容）は7％で、その他のほとんどが「非言語的コミュニケーション」によって感じ取っているといわれる（メラビアンの法則）[1]。

美ではなく、清潔感のある身だしなみを心がけ、クライエントの意識に悪い影響を及ぼさないようにします。自分がクライエントであれば、安心感のある、話しやすい雰囲気とはどういうものかも考えてみるとよいでしょう。

　また、極端なたとえではありますが、多忙な業務のなかという理由を言い訳にして、単に耳で仕方なくクライエントの言葉を聞いているだけであったり、事務的に記録をつけているという姿勢は、相手にも伝わります。共感的態度で、積極的に、クライエントの言葉に全身全霊で耳を傾ける姿勢で向き合うこと(傾聴の技法、アクティブ・リスニング)は、ソーシャルワーカーの基本的な対人援助技術です。ここでは、詳細に触れる余裕がありませんが、もちろん、「バイスティックの7原則」[*9]も、忘れてはならないソーシャルワーク専門職の基本的な対人援助の作法です。

*9　バイスティックの7原則については、第2章第3節(p.33)を参照。

　このように、ソーシャルワーカーが実施するインテークは、クライエントと対峙しながら信頼関係の構築を深めていく出会い、支援の入り口の場面となります。

## ●3　問題の概括的な把握

### ①クライエントはどのような状況で困っているのか

　インテークのもう一つの目的には、「問題の概括的な把握」があげられます。●1、●2でみてきたように、ソーシャルワーカーは、出会いのなかから援助関係を形成しつつ、クライエントと協働で問題の概要を把握していきます。クライエントは、特に支援の初期場面や環境に変化があった時期では、不安や緊張を抱え、混乱した状態にあることが多いです。このため、ソーシャルワーカーは、クライエントが自ら話しやすいように、安心できる雰囲気づくりを心がけます。また、クライエントを混乱や不安にある状況から解き放つために、全体的に大枠から、問題となっているものを探り出していきます。そして、クライエントを取り巻く環境のなかでとらえながら、クライエントとともに問題の整理を進めていきます。

### ②クライエントの主訴はなにか

　当面は、問題の概要が把握できるように、クライエントの「主訴」の理解に努めます。問題の概要が明らかになってきたら、当該機関が対応可能かどうかを判断していきます。そして、当該機関が提供できるサービス内容と、利用できる制度の情報提供とその説明を実施します。

当該機関が対応できないサービス内容が必要とされているのであれば、把握した必要な情報を、適切な援助機関に送致します。クライエントが、「断られた」「たらい回しにされた」というふうに、拒否的・否定的な関わりとして当該機関を感じてしまうことのないように、注意が必要です。このため、ソーシャルワーカーには、誠意ある態度と安心感のある分かりやすい説明・配慮が求められます。

　このように、問題の把握とともに、クライエントと信頼関係を構築し、問題を解消していくために最適な援助機関と連携・調整していく流れをつくっていくことが、重要となってきます。

### ③クライエントへの説明と情報提供
　ソーシャルワーカーは、クライエントを側面から支えるために、地域の社会資源について、日頃から最新の情報を更新し、その現況を把握しておく必要があります。そのためにも、クライエントにサービスや制度、社会資源などの情報を適切に提供できるよう、日頃から施設内外でネットワークづくりを意識しながら、地域に積極的に関わっていく姿勢が求められます。また、日常的にはあまりなじみがない専門用語や略語、外来語は、クライエントにとっては新しい情報となる反面、不安が募ってしまうことがあります。

　ソーシャルワーカーは、クライエントの不安や喜びなど、感情・心理的な側面では受容と共感的態度で向き合っていきます。そして、クライエントの知識や情報の獲得の度合いなど、学習的な側面では理解度にあわせながら、対話交流を深めていきます。クライエントにとってなじみのある、生活感のある、分かりやすく安心できる言葉で、説明・情報提供することが求められます。

### ④情報整理と見通しをつける役割
　ソーシャルワーカーには、このように、「交通整理係」や「道先案内人」のような役割が求められています。それに加えて、とりわけ、支援の入り口場面で、不安な気持ちを抱えるクライエントに対して、どのように寄り添い、ともに支援の構築過程を歩んでいけるのかが問われてきます。

　このように、インテークは、これから展開されるソーシャルワークの実践過程の重要なプロセスとなります。

## 第3節　アセスメント

### ● 1　アセスメントとは

#### ①アセスメントのプロセス

　アセスメントとは、「事前評価・分析」や「情報収集・分析」と訳されています。クライエントのいまある状況の把握に努め、主訴と生活上の問題点を把握し、必要とされる支援・ニーズを明らかにし、どのような方法で援助をしていくのかを検討し、支援計画や支援を展開する活動へと導き出していくプロセスです。

#### ②アセスメントを通じた利用者理解

　ソーシャルワーカーは、アセスメントを通じてクライエントがなぜ・どのようにして困っているのか、クライエントとそれを取り巻く社会環境を客観的に把握するよう努めます。
　ホリス（Hollis, F.）の考え方では、クライエントを「状況の中の人」として理解しようとします[2]。また、ジャーメイン（Germain, C.）の考え方でいえば「人との環境の相互作用」という視点から、クライエントの置かれている状況を理解しようとします[3]。
　このように、悩み感や困りごと・生きづらさをクライエント自身の心理状態のみからとらえるのではなく、クライエントとその生活上の困りごととして問題点を整理・把握していきます。そして、生活問題の把握のため、社会環境との調和の具合・関係性から、クライエントが抱える困りごとを理解しようと努めます。
　クライエントの主訴・本人の声（要望）[*10]に対して、どのように働きかければ、人間の福利（well-being）が増進していくのか。また、尊厳と自立が保障されるのか。ソーシャルワーカーは、福祉専門職としての立場から検討していきます。また、あるべき援助のあり方（支援・ニーズ）を考えていきます。

#### ③クライエントの要望と支援・ニーズ

　クライエントがいうがまま、つまりすべてをクライエントの要望どおりにすることが、必ずしも真の意味でのQOL（生活の質）の向上や自立生活（独立した生活［支援を受けながら、個人の尊厳が保障された生活＝支援つき自立生活］）を実現するとは限りません。
　例えば、なんらかの障害・疾病を抱えて医師から食事制限の指示が出ている

[*10] ここでいう「要望」（要求、ディマンド）とは、クライエントの主訴（「希望」［ウォンツ］ともいわれる）を指す。「支援」に向けて、クライエントの希望や要求は、ソーシャルワーカーが判断することで専門的援助の必要性（ニーズ）として捉えなおされる[4]。

*11 支援・ニーズ
「支援・ニーズ」には、実際の現場ではいろいろな意味合い・使われ方がされているが、ここでは、「当面の間、実際の支援として必要とされるもの（＝支援・ニーズ）」としての意味合いを指す。

*12 生活・ニーズ
「生活・ニーズ」には、実際の現場ではいろいろな意味合い・使われ方がされているが、ここでは、「実際の生活を充足させるために必要とされるもの（＝生活・ニーズ）」としての意味合いを指す。

*13 しかし、これまでに真の意味での自立生活を実現する／してきたものが、こういったアセスメントや支援・ニーズであるとも限らない（やはり、当事者の声のもつ意味は大きい）ことに着目しておく必要もある（歴史的には、権利保障の獲得は、当事者の声／当事者運動、それを支える市民運動／社会福祉運動によるところが大きい）。

クライエントが、「（制限・禁止されている）○○を食べたい」といった場合にどうするか。ソーシャルワーカーが、自己決定だからといって、それを実現するため支援する、というふうには直結できない難しさがあります。ソーシャルワーカーの支援には、クライエントの「（制限・禁止されている）○○を食べたい」という気持ち・願いに寄り添いながら、別のかたちでその気持ち・願いに代わるもの（例えば、制限・禁止されていない別のもの）を選択肢として提案し、合意を得ていく過程（自己決定支援）が、大切となります。

支援・ニーズ[*11]とは、クライエントの要望からみえてくるものを、ソーシャルワーク専門職がアセスメントの過程で、クライエントと協働作業で、生活・ニーズ[*12]を充足させるべきものとして、高めていくところに特性があります[*13]。

このように、ソーシャルワーカーは、アセスメントを通じて、クライエントを中心にしながら、どのように支援の輪が構築されていくべきなのか（支援の見通し、支援目標）、クライエントとの協働作業のなかから、明らかにしていきます。

## ●2　アセスメントにおける情報の収集・確認

### ①情報の収集と分析

●1で見てきたように、ソーシャルワーカーは、アセスメントを通じて、クライエントの置かれている、「状況の全体像」の把握に努めます。

その際、インテークで得られた情報をもとにしながら、おおむね、表8-1に示すa～gのような視点で、クライエントの抱える問題の特徴をより詳細に把握しようとします。そこでは、問題を把握していくなかで、アセスメント表などを活用しながら、生活・ニーズを明らかにしていくよう心がけます。そのなかでは、生活・ニーズを①自分自身や家族で対応・解決できるもの、②支援によって対応・解決に向けて動き出していくもの（支援・ニーズ）、に整理して考えていくことが必要です。

### ②情報の整理と記録化

他にも考えられますが、概ねこのような視点で、ソーシャルワーカーは問題概要の詳細を明らかにしていきます。ソーシャルワーカーが所属する機関によってアセスメントシートがあるので、日頃のクライエントとの関わりや過程のなかから記入してもいいし、あるいは面接記録のなかから明らかになってき

表 8-1　アセスメントにおける状況の把握の視点

| a. クライエント | ① どんな人か（性格、趣味、特技、好きなもの・嫌い［苦手］なもの［衣食住余暇など、生活に関するもの］、生活歴［生育歴ともいう。学歴、職歴なども含む］、家族関係、近隣関係、交友関係、社会関係、経済状況［職業、収入、扶養、年金、生活保護］など）。<br>② 主訴は何か（何が［で］困っているのか、どうしたい［してほしい］のか）。 |
|---|---|
| b. 問題概要 | 問題の詳細は何か（問題発生の時期［開始時期、継続期間］、問題発生の頻度、問題発生の時間・場所、問題発生の要因［自分自身、環境］など）。 |
| c. クライエントの問題に関する認識、感情、行動 | ① どのようにこの問題を考えているのか（「なんとかして解決したいが、どうしていいのか分からないので、助けてほしい」、「解決したいが、これ以上迷惑はかけられないので、我慢するしかない、そっとしておいてほしい」など）。<br>② この問題でどのような気持ちになっているのか（不安、緊張、興奮、怒り、悲しみ、むなしさなど）。<br>③ この問題でどのような行動が生じているのか（民生委員に頻回に電話をする、妻に怒鳴る、イライラする、ふさぎ込む、不眠が続く、食が進まない、仕事に行けない、収入がなくなった、引きこもるなど）。 |
| d. どのような発達段階・人生の転換期に問題が発生しているのか | 問題発生の時期をクライエントの人生上でとらえる（発達課題、あるいはライフステージ、ライフコースにおける課題を把握する）。 |
| e. 問題発生による生活上の障害を把握する | 日々の生活において、この問題が引き起こしている障害を把握する（生活障害としての理解）。 |
| f. これまでの教育、保健医療、福祉、など関係機関に関する情報 | ① どのような関係機関でどのようなサービスを受けてきたのか（学歴、受診歴、利用歴など）。<br>② 診断・病歴、治療・服薬歴、障害名・障害特性など。 |
| g. 現在の支援関係機関に関する情報 | 現在はどのような支援を受けているのか（要介護2で、週2回デイサービスに通所しているなど）。 |

出典：筆者作成

た事柄を各項目に整理して記入していくのでもよいでしょう。

### ③個人情報を収集していくうえでの注意点

なお、ここでいう情報の収集と確認とは、あくまでも今後展開される具体的な支援に関係したものです。また、その支援のために、必要な情報を得ていくことが目的です。アセスメントシートの空欄を、事務的に埋めていくことが目的となってはいけません。シートの空欄を埋めていくことが、あたかも事務的な作業ノルマのようになると、そのために質問形式の問答の繰り返しとなってしまいます。その結果、人と人との気持ちを通わせ合うような交流ではない、面接場面となってしまうことが懸念されます。

質問項目を追っていくように、ただ単に質問をして記入作業をしていたり、また分からないことを事細かに尋ねたり、追及したりするなどは、クライエントやその家族を不安にしたり、不信感を抱かせることにもつながります。また、クライエントが答えたくないようなこと・言いづらいことがあるということにも、十分に配慮したうえで、対峙していくことが大切です。

　シートに空欄があるからといって、情報収集の業務を怠っているなどと、決して焦る必要はありません。クライエントに不安や不信感を抱かせたり、不当にプライバシーを脅かすような関わりにならないように、注意・配慮が必要です。また、個人情報同意書にサインしてもらうことも、サービス等の利用契約の際には、必要となってきます。

④補助的ツール

　アセスメントシートには、「ジェノグラム」や「エコマップ」を記載する欄があったり、また、そのための別表が設けられています。これらは、「マッピング」の技法とよばれ、クライエントを取り巻くさまざまな人やもの、社会資源、家族関係などの関係性や相互作用を、分かりやすく、図示していく方法です。記録の方法としてだけでなく、状況を把握し、改善に向けた手がかりを探っていくためにも、活用されます。クライエントが置かれている状況を、客観的に可視化することで、支援者の情報共有・課題の整理のほか、クライエント自身の現状把握・問題整理にも役立ちます。

（a）ジェノグラム

　ジェノグラムとは、「家族関係図」「世代関係図」と訳され、日本で一般的には家系図といわれるようなものを、より専門的に、かつ、分かりやすく図示したものです。過去から現在まで、分かる範囲で、必要な範囲で、家族・親族状況の情報を整理して、図示していきます。

---

**ソーシャルワーク技術としてのジェノグラムの作成方法**

・男性が□、女性は○で表示する。婚姻関係は□と○の間を「－」で結ぶ。離婚の場合は、「－」の間に「×」を挿入する。
・本人（クライエント）は、男性であれば二重□、女性であれば◎で表示する。死亡の場合は、□、○のなかに×を挿入するか、黒く塗りつぶす（●）。
・年齢順に、左から記入していく。家族成員に関する属性（職業、学年、健康状態、人生上の転機など）を示していく。
・同一世帯は、円線で囲む。

図 8-2　ジェノグラムの例　　※図形内の数字は「年齢」、二重斜線は「離縁（離婚）」、囲み円は「同居」、図形の下部余白に「補足情報」を示しています。

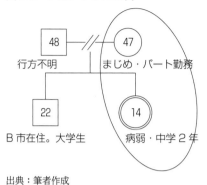

出典：筆者作成

**（b）エコマップ**

　エコマップとは、「社会関係図」「生態地図」「環境図」と訳され、支援現場では「支援関係図」とも呼ばれ、活用されています。支援過程において、アセスメントシートのほか、支援計画書や個人票にも活用されます。また、ケース・カンファレンスや事例検討の際にも、情報共有のほか、問題発見や課題を見出していく手法としても、用いられています。

　本人や家族を取り巻く環境を、包括的に、全体的に、把握するのに有効な技法です。ジェノグラムと同じように、必要な情報を、分かりやすく整理し可視化していくため、図示するものです。また、ジェノグラムをエコマップのなかに位置づけて、複合的に見ていくこともできます。

---

**ソーシャルワーク・技術としてのエコマップの作成方法**

・普通の関係は「―」、強い関係は太い線にする。
・希薄な関係は点線、ストレスのある関係は雷線あるいはジクザク線、関係が絶たれている場合は×を挿入あるいは斜線を引く。
・中心円は、本人・家族、あるいは本人・家族を含んだジェノグラムとする。
・動きやはたらきかけ・関係の強さは「→」で示す。例えば、「←→」は、相互の動きを示す。

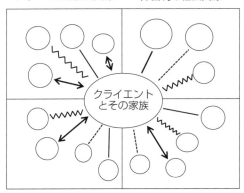

図8-3 エコマップの例

※具体的に、図形内に「病院」や「民生委員」などのように、補足情報を記していきます。

出典：筆者作成

## 第4節　プランニングとインターベンション

### ●1　プランニングとは

　プランニングとは、支援の計画づくり、すなわち支援計画書の策定作業のことです。クライエントが望む生活を設定し、そのなかで、短期目標・中期目標・長期目標の順に、ステップを踏んで実現していく過程を検討していきます。達成目標をクライエントと支援者で共有・イメージし、具体的に支援の展開過程で必要とされるものを想定して、支援計画の作成作業によって、可視化していきます。

　目標達成を実現するために、必要な支援や資源・関わりなどを検討し、設定・記入していきます。例えば、支援に関する、①実施機関・実施者、②支援実施の優先順位、③介入・支援の実施の時期と日程、④実施後の振り返り・支援計画の見直しの周期などのモニタリングを具体的に設定・記入していきます。

### ●2　インターベンションとは

　インターベンションとは、「介入」とも呼ばれ、●1で示したように「支援の実施」のことをいいます。

　「介入」の意味するところは、ソーシャルワーカーの援助行為そのものをさし、厳密には、支援計画の内容を遂行することのみに限定された概念ではないことに、留意が必要です。すなわち、ソーシャルワーカーが専門的な力量で、緊急

的・即応的に、クライエントや支援場面に対応することも、「介入」と呼ばれる援助行為として成立します。

「支援の実施」という場合には、ソーシャルワーカーとクライエントが協働で支援の到達目標に向かって、ともに歩み始めるようなイメージをもって、支援の展開過程をたどっていくこと（伴走型支援）が、具体的な支援の実施と、クライエントへの向き合い方として必要とされます。

## ● 3　モニタリングとは

モニタリングとは、●1で示したように、「支援実施後の振り返り・支援計画の見直し」のことをいいます。ここでは、支援の経過と結果を振り返り、①クライエントの支援に関する満足度や支援目標の到達度、②家族や暮らしを取り巻く近隣の状況と支援関係者や関連機関の現況、③それらはどういった課題意識としてクライエントとその支援をとらえているか、④支援の種類、方法、方向性や目標に修正は必要か（支援計画の見直し）、を点検・確認していきます。

ここでは、どの程度目標が達成できたかを確認します。地域包括支援センターが取り扱う介護予防ケアプランなどのように、支援場面によっては効果測定を実施することも必要とされてきます。例えば、「A～E」の5段階であれば次のように設定したりします。「A：達成できている（100-90％）」、「B：概ね達成できている（89-80％）」、「C：だいたい達成できている（79-60％）」、「D：半分程度は達成できている（59-50％）」、「E：支援内容の見直しを含めて、要・再検討の課題（49-0％）」。

## ● 4　終結・アフターケア

上記の手順を見てきたなかで、主たる支援機関が継続してクライエントと協働で支援を実施していく場合は、支援計画を更新します。ここでは、支援計画の内容の見直しも含めています。また、「終結」の場合は、主たる支援機関が変更される場合、すなわちクライエントが退院して在宅支援機関へ生活支援場面が橋渡しされた場合や、亡くなった場合、あるいは、回復されて支援が必要なくなった場合などが想定されます。

## 第5節　医療ソーシャルワークで留意する点

### ●1　医療ソーシャルワークの実践の根拠

　第4節までに見てきたことを踏まえて、医療ソーシャルワーカー（MSW）が、保健医療機関において医療ソーシャルワークを実施するにあたり、どのようなことに留意する必要があるのでしょうか。特に留意する点は、医療ソーシャルワークに関する「倫理綱領」や「業務指針」を実践の根拠としながら活動していくことです。そして、クライエントに寄り添い、保健医療分野における支援現場の特性に応じて、ソーシャルワークの支援実践を展開していくことです。法令文書では、具体的に、「厚生労働省健康局長通知」（平成14年）により、「医療ソーシャルワーカー業務指針[14]」（2002年改訂版）が示されています。

[14] 医療ソーシャルワーカー業務指針については、第2章第1節（p.22）を参照。

### ●2　保健医療分野におけるMSWの「業務の範囲」

　「医療ソーシャルワーカー業務指針」（平成14年、厚生労働省健康局長通知）では、MSWの業務範囲について以下のように定められています。

---

（1）療養中の心理的・社会的問題の解決、調整援助
（2）退院援助
（3）社会復帰援助
（4）受診・受療援助
（5）経済的問題の解決、調整援助
（6）地域活動

---

### ●3　保健医療分野におけるMSWの「業務の方法等」

　「医療ソーシャルワーカー業務指針」（平成14年、厚生労働省健康局長通知）では、MSWの業務の方法等について次のように定められています。

---

（1）個別援助に係る業務の具体的展開
（2）患者の主体性の尊重
（3）プライバシーの保護
（4）他の保健医療スタッフ及び地域の関係機関との連携
（5）受診・受療援助と医師の指示

第8章 ソーシャルワークの具体的な流れ

（6）問題の予測と計画的対応
（7）記録の作成等

● 4　保健医療分野におけるソーシャルワークでの留意点

　具体的な実践の展開過程において、どのような点に注意していけばより良い支援につながっていくのでしょうか。前項までを踏まえて考えていきます。
　例えば、アセスメントをする際にはどうでしょうか。第3節では、表8-1「アセスメントにおける状況の把握の視点」を学びました。また、支援計画の作成（プランニング）と介入（インターベンション）については、第4節で学びました。これらを踏まえたうえで、医療の現場は、制度的には「治療の場」であることに留意しつつ、MSWは、チーム医療の一員として、クライエントの最善の利益のため、「医療に関する情報／制度」を最大限に活用しつつ、実践を展開していきます。そして、「くらしの視点」を大切にしながら、次の、情報①〜③を、情報源（ⅰ）〜（ⅳ）から、収集・整理（アセスメント）し、連携・支援し、具体的な流れのなかで支援計画の作成と介入を心がけていきます。

情　報
①医療に関する情報
②生活に関する情報
③現在及び今後の意向に関する情報

情報源
（ⅰ）クライエント本人
（ⅱ）家族
（ⅲ）連携（関連）機関・部署・職種
（ⅳ）地域・近隣住民

　特に、①については、資料として必要な「医療情報」が収集できる場合があります。具体的には「診療情報提供書」[*15]のほか、「医療機関連携情報シート」[*16]「救急医療情報シート」[*17]「入院時情報連携シート」[*18]などです。また、「治療の場」から「生活の場」とつながって地域連携していくため、「地域包括ケア」をイメージしつつ「入退院前支援」にも関わっていきます[*19]。そのために、地域で、居宅・施設の介護支援専門員（ケアマネジャー）や地域包括支援センターの社会福祉士などと連携して、日ごろからネットワークの構築にも努めていく必要があります。

*15　診療情報提供書
いくつかの医療機関を受診するとき、それまで担当していた医師が患者を紹介するに当たって、発行する書類である。内容はこれまでの症状や診断・治療などといった診療のまとめや、紹介の目的などが書かれている。これによって患者の診療情報が引き継がれるため、次の施設であらためて検査や診断をしないで、継続的な診療を行うことができる[5]。

*16　医療機関連携情報シート
医療機関が記入する医療情報シート。各自治体によって、名称や様式に若干の違いはあるが、例えば豊田市・豊川市医師会の取り組みでは次のようである。「本シートは、相談タイムを始めとした多職種連携に関する情報を掲載している点が大きな特徴 となっているので、医療機関と連絡・調整を取る際に、是非、ご活用ください」[6]。

*17　救急医療情報シート
本人・家族が記入する医療情報シート。各自治体によって、名称や様式に若干の違いはあるが、例えば神戸市の場合は次のようである。「あらかじめ「安心シート」（＝救急医療情報シート）に、ご自身の「名前や住所」「緊急時の連絡先」「持病」「かかりつけの医療機関」などを記入しておき、玄関や冷蔵庫などの目につきやすい場所に設置しておくものです。／自宅で具合が悪くなったとき、ご自身が症状などを説

129

特に、救急医療の現場ではもとより、生命維持に関わる治療や医療的ケア・支援など、デリケートかつ貴重な情報がクライエントの最善の利益のために必要と思われる場合は、少なくありません。MSWは、人間の尊厳と自立を護る専門職として緊急即応的に動くことが求められます。専門職としての倫理を遵守しつつ、情報収集と情報提供に努め、クライエントの生命環境（支援連携先、居住・治療の場）の改善に働きかけます。

「医療ソーシャルワーカー業務指針」（厚生労働省健康局長通知、2002年）では、次のように示されています。「医療・保健・福祉をめぐる諸制度の変化、諸科学の進歩に対応した業務の適正な遂行、多様化する患者のニーズに的確に対応する観点から、社会福祉等に関する専門的知識及び技術の向上を図ること等を目的とする研修及び調査、研究を行うこと……プライバシーの保護に係る留意事項や一定の医学的知識の習得についても配慮する必要があること」。

上記は、「研修等」との関連で示されています。このように、保健医療分野で働くMSWは、日々、「医療の現場」にいる数少ない福祉職という自覚をもって、自己研鑽に努めていくことが求められています。

また、MSWは、所属する機関・施設内外での研修はもとより、日本社会福祉士会や日本医療社会福祉協会など専門職能団体で行われている研修会にも、積極的に参加していく姿勢が望まれます。このような集合研修の機会に積極的に参加していくことは、利用者・地域住民のQOL（生活の質）向上への貢献可能性について、職場の違いを乗り越えて、仲間とともに地域で、考え・紡ぎ・編み出していく機会にもつながっていきます。

ソーシャルワーカーは、日頃の実践や研修の機会を通じて、自己研鑽を深めながら、専門職にふさわしい、専門的な価値・知識・技術の獲得・更新と、仲間とともに新たなソーシャルワークの技術の開発に努めていくことが、求められています。

---

**＊18　入院時情報連携シート**
ケアマネジャーが記入する医療情報シート。各自治体、ケアマネジメント・ソフトによって名称や様式に若干の違いはあるが、例えばケアマネジメント・オンライン®では次のようである。「利用者入院時に病院側に提出する連携シートです。疾病の状況やADL、サービス使用状況などを記入できます」[8]。

**＊19**　第9章第3節（p.139）を参照。

明できない場合、記入された情報を、駆けつけた救急隊や搬送先の医療機関が参考にします」[7]。

---

┌─ 演習課題 ─
│ ① 「ソーシャルワーカーの倫理綱領」について、調べてみましょう。そこで、自分がソーシャルワーカーになったら特に大切にしたいことを、「ソーシャルワークの具体的な流れ」と関連づけて3点見つけ出し、その理由について、記述しましょう。そして、グループで発表し、話し合ってみましょう。
│ ② 「医療ソーシャルワーカー業務指針」について、調べてみましょう。そこで、自分がソーシャルワーカーになったら特に大切にしたいことを、「ソーシャルワークの具体的な流れ」と関連づけて3点見つけ出し、そ

の理由について、記述しましょう。そして、グループで発表し、話し合ってみましょう。
③ 自分を取り巻く「ジェノグラム」、「エコマップ」を作成してみましょう。

**引用文献**

1） 社会福祉士養成講座編集委員会編『心理学理論と心理的支援』中央法規出版　2015年　p.102
2） Ｆ．ホリス（黒川昭登・本出祐之・森野郁子訳）『ケースワーク―社会心理療法』岩崎学術出版社　1996年
3） Ｃ・ジャーメイン＆Ａ・ギッターマン（田中禮子他監訳）『ソーシャルワーク実践と生活モデル・上下』ふくろう出版　2008年
4） 社会福祉士養成講座編集委員会編『相談援助の理論と方法Ⅰ』中央法規出版　2015年　pp.112-113
5） 国立がん研究センターウェブサイト（https://ganjoho.jp/public/qa_links/dictionary/dic01/shokaijo.html，2018年11月1日閲覧）
6） 豊川市・豊川市医会ウェブサイト（http://www.kawaishi.or.jp/zaitaku/images/pdf/info/renkei.pdf，2018年11月1日閲覧）
7） 神戸市ウェブサイト／「くらしの情報」，（http://www.city.kobe.lg.jp/safety/fire/ambulance/ansin_seat.html，2018年11月1日閲覧）
8） ケアマネジメント・オンライン®，ウェブサイト（http://www.caremanagement.jp/?action_download_detail=true&lid=3528，2018年11月1日閲覧）

**参考文献**

・ 日本医療社会福祉協会「医療ソーシャルワーカー倫理綱領」（2007年制定版）（https://www.jaswhs.or.jp/images/pdf/rinri_2007.pdf，2018年11月1日閲覧）
・ 日本医療社会福祉協会「医療ソーシャルワーカー業務指針」（2002年改訂版）（http://www.jaswhs.or.jp/upload/Img_PDF/183_Img_PDF.pdf，2018年11月1日閲覧）
・ 日本医療社会福祉協会「認定医療社会福祉士」（http://www.jaswhs.or.jp/fukushi/，2018年11月1日閲覧）
・ 認定社会福祉士・認証・認定機構（日本社会福祉士会）「認定社会福祉士制度」（http://www.jacsw.or.jp/ninteikikou/，2018年11月1日閲覧）
・ 福祉小六法編集委員会編『福祉小六法2018年版』みらい　2018年

# 第9章　医療ソーシャルワーカーとチーム医療

## 第1節　病院におけるチーム医療とは

### ●1　チーム医療とは

　チーム医療は、医師や看護師を含む医療関係職種がチームを組み、それぞれの専門性に基づく能力・技術を発揮して組織的・効率的に医療を提供するシステムであり、チームワークのひとつです[1]。医療ソーシャルワーカー（MSW）もさまざまなチーム医療に参加していますが、傷病者に対して包括的な医療サービスを提供しようとするチーム医療は、単に複数の医療専門職が役割分担や連携することで成り立つものではなく、同一の目標や責任の下に連帯するチームワークによってまとまり、総体としてのチームアプローチによってそれぞれの業務が展開されていきます。

　チームアプローチは、チームを構成するそれぞれの専門職による実践であり、チームワークのもとにそれぞれの専門性を発揮したものです。それらは、お互いに共有できる実践成果として、一体的に集約される内容でなければなりません。そのためには、チームとして共有された情報に基づいて（情報共有）、統一した判断による目標設定（目標共有）がなされ、その達成（結果）に向けての連帯（役割分担）を図っていく必要があります。チーム医療と多職種間での連携の相違については、表9-1のようにまとめることができます。

表9-1　チーム医療と連携の相違

| 特徴の比較 | 連携 | チーム医療（チームワーク） |
|---|---|---|
| 目的・目標 | 一定の部分で共有 | 全体で一致 |
| 結びつき | 流動的・柔軟性 | 拘束的・規律性 |
| 取組み | 特定の範囲で協力 | 構成員で役割分担 |
| メンバー | 変動的・広域的 | 固定的・組織的 |
| 展開 | 各々の専門過程 | チームアプローチ |

出典：佐藤豊道編著『新版　社会福祉援助技術』建帛社　2004年　p.208を筆者加筆修正

連携の場合では、連携を図る以前から関係する専門職のそれぞれにおいて対応がなされていることも多く、各職種の実践過程を通じた関わりを得る中で結びつき、目標の共有や役割分担のため相互に合意形成を図りながら協力関係をつくり出していきます。一方のチームワークは、あらかじめ決められた目的に沿って構成員が組織的に決められていて、そこでの目標の実現に応じた役割の遂行を求められることになります。当然ながらチームワークの構成員は、チーム全体の目標達成に向けて、各自に決められた役割や責任、つまり職責を果たすことが求められます。特にチーム医療では、多くの医療専門職や関係職種がそれぞれの専門性を発揮する過程を他の専門職と相互に共有し、一体的な実践となるチームアプローチの視点が重要です。なお、連携とチームワークのいずれにも共通していることは、職種間の関係形成に明確な目的が存在すること、それぞれの専門性に応じた役割が期待されていることです。また、情報や責任の共有、目標や役割の確認などを図るため、話し合いの場は不可欠となります。

## ●2 なぜチーム医療が求められるのか

チーム医療の目指すところは、第一に、患者一人ひとりに提供される医療サービスの効果と効率性の確保・向上です。それらは患者個々の利益に即したものでなければなりませんが、チーム医療の直接の対象となっている患者の利益だけではなく、医療サービスを求めてくる患者を含めた中で広く位置づくものでなければなりません。社会資源としての医療サービスは有限であって、その利用や配分には専門的な判断を必要としています。治療の緊急性や優先度、効果の見通しなど医学的な判断を必要としますし、一方では患者・家族の生活環境（療養や住居の状況など）や生活基盤（家族状況や経済状況など）、心理・社会的状況（就労・就学、人間関係、情緒的な状態など）にも目を向けた医療サービスの適用を考えていかなければなりません。医学的な治療だけが優先されても、その効果が十分に得られなかったり、消失してしまうような影響を伴うことも少なくないからです。

例えば、手術が問題なく行われたとしても、療養環境が不衛生であれば身体状況が悪化してしまうこともあります。食事などの栄養指導が行われても、経済的基盤や調理能力がなければ、実行は得られません。身体状況にのみ応じた住宅改修が提案されても経済基盤や同居家族の理解が必要となりますし、車いすの準備を行っても、屋内が整っていなければ無駄に使われないままになる、という事態に陥ってしまいます。チーム医療によって医療サービスの効果を高め、その効率性を確保するために、チームアプローチとして、患者個別の状態

に対応してそれぞれの医療専門職による専門的なアプローチが確保されること、患者が安心して治療・療養に取り組める環境と心理・社会的な状況を整えることが必要とされるのです。チーム医療は、それらを実現するための基盤となるシステムといえるでしょう。

● 3　チーム医療を形づくる基盤

　チーム医療や医療ソーシャルワークを展開するうえでのチーム、連携システムは、病院・医療機関等の組織内に構成されるもの、複数の病院・医療機関や地域の関係機関によって形成されているもの、地域医療における地域連携の組織体として創出されてきているものなどがあります。そして、保健医療の対象となる患者・家族への支援にあたるソーシャルワーカーは、病院内に配属されているMSWだけではありません。

　まず病院・医療機関等の組織内に構成されるチームは、診療部門（医師等）や看護部門（看護師等）、診療支援部門（コメディカル等）や医療相談部門など、組織上に並立する各部門の位置づけに対して横断的に編成されることがこれまでのところ多いようです。この場合、各部門に位置する複数の管理責任者のもとで、各職種がチームに参加しながらそれぞれの業務にあたることになります。

　一方で、近年は退院支援や地域医療連携、各種相談窓口などの診療支援に関係する業務を総合的に推進するため、「○○○センター」というような組織上に位置づく部門としてチームの基盤を形成する例も増えてきているようです。この場合、チームとしての指揮系統が統一されることになり、そこでの責任もより明確となるメリットがあります。また、患者・家族の立場からも、窓口や担当者の所在を理解しやすくなるという側面もあります。ただ、入院患者等への対応においては、入院病棟に所属する看護職員等との役割分担が明確であることなど、さまざまな課題もみられるようです。なお、個別の患者に対して編成されるチームと別に、委員会等の組織的な業務として位置づくチームの形態も存在します。この場合の構成員は、所属する部門や組織上の職責から代表として参加していることが一般的です。この組織的な業務としては、病診連携委員会や接遇改善委員会、感染対策委員会、満足度評価委員会などが一例にあげられます。

　病院・医療機関が、地域の他病院・他関係機関との間で機関の枠組みを超えて形成するチームには、かかりつけ医となる開業医と入院医療を担う病院とが協力する病診連携、急性期医療やリハビリテーション医療などによるクリティカルパス[*1]としての病病連携（病院間連携）、生活支援や介護支援を担う社

*1　クリティカルパス
時系列的にまとめられる診療計画書。患者を主体として、連携する医療機関が共有する地域連携クリティカルパスなどがある。

第9章　医療ソーシャルワーカーとチーム医療

福祉施設と医療機関とが協力機関となる施設間連携（医療と介護の連携）などがあります。そこでは医師や看護師、コメディカル等の関係職種間での連携が図られ、各医療機関に所属するMSW同士での連携も図られるほか、社会福祉施設に所属する相談員（社会福祉士などのソーシャルワーカー）と病院所属のMSWとの間で連携体制がとられていることもあります。近年では、看取り支援などの目的で病院と施設が協働するチームや、被虐待者への支援において行政機関と医療機関がチームを組んで個別支援を図る事例なども確認できます。

　地域医療を担う地域連携のチーム医療としては、個別の支援事例に向けて編成されるチームや地域ケアシステム（機関間連携など）のように包括的な組織形態が代表的です。前者は退院前カンファレンスやサービス担当者会議などの実施によって、介護支援専門員や訪問診療医を中心に編成される在宅支援チームなどがその一例です。後者には地域包括支援センターが継続的に開催する地域ケア会議や、医療機関で開催される地域医療連携会議（名称はさまざまです）、総合的な生活支援を図る地域包括ケアシステムなどが該当します。そこに加わるソーシャルワーカーは、医療機関に所属するMSWのほか、地域包括支援センターの社会福祉士や精神障害者アウトリーチ推進事業における精神保健福祉士などがあげられます。また地域包括ケア病棟を配置する病院では、MSWがかかりつけ医や介護支援専門員などに対する窓口機能を担う例も少なくありません。

## 第2節　病院における各専門職とその連携のあり方

### ●1　各職種の役割機能とチームアプローチ（相乗効果・相互作用）

　病院において従事する専門職種には、医師や看護師のほかに、理学療法士や作業療法士のなどコメディカル専門職、医療情報を扱う診療情報管理士や医療事務管理士などの事務部門の専門職、社会福祉士や精神保健福祉士であるMSWなど、多様です[*2]。

　病院などの医療機関の役割機能は、第一に医療・療養サービスの提供にあり、傷病の治療や心身の回復、療養の継続を目指すものです。そして、近年の医療政策は、医療サービスにおける機能分化と効率性の向上に焦点が当てられてきています。病院の機能分化においては、高度医療や急性期医療、回復期医療や慢性期医療（療養）、そして各種の専門医療と総合診療など、治療過程や医療ニーズに適応する専門性に重点を置いています。また、病院と診療所の機能区分の明確化、かかりつけ医や専門医の配置と役割分担なども図られてきています。

*2 （巻末資料2「保健医療福祉関連職種（p.183）」を参照）。

このような医療制度の展開を受けながら、医療関係職種や MSW 等に期待される役割も変化してきています。

チーム医療の展開は、医療機関の機能分化や関係職種の専門分化を受け、医療の質と効率性の維持・向上を図るために重要となるシステムとしての機能（働き）です。チーム医療というシステムにおいては、構成するそれぞれの専門職の実践が共通の価値基盤の上に位置づく機能として求められています。ここでいう共通の価値基盤とは、今日では全人的医療、QOL（生活の質）やノーマライゼーション（normalization）の理念などに集約されてきていると考えられます。全人的医療とは、患者を全人としてとらえ、身体だけでなく心理・精神的な側面や社会的存在としての側面にも目を向けた診断・治療を行うとする考え方であり、それに基づく医療の実践です。QOL はキュア（cure・治療）とケア（care・介護/看護）の統合化の流れのなかで生まれてきた考え方です。ライフ（life）としての命・生命、暮らし・日常の生活、人生・生涯の人間的な生活の質の充実、尊厳の維持、向上を重視する考え方、その実現に向けた取り組みを意味します。またノーマライゼーションは、障害を理由に施設への終生収容という状況におかれた人々の「普通の生活」を回復しようとする目的概念として生まれた考え方やそのための取り組みです。すべての人々が、社会的に偏重した評価（偏見や差別）によって制約を受けることなく自ら主体者として地域社会のなかで暮らしていけるようになることを意味しています[2]。

全人的医療の実現には多職種の連携が不可欠であり、医療を通じた QOL の向上では包括的に関わるチーム医療が必要になります。それは、個々の専門職による見立てや関与だけでは、全人的で包括的な医療を実現できないことによるためです。だからといって、それぞれの専門職の取り組みがばらばらのままであっては、十分な効果を得られないばかりか混乱を生じてしまうことさえあります。チーム医療においての専門職のあり方は、専門職相互の理解と調和を総体的に図ったうえで、それぞれの専門性を最大限に発揮していくこと、チームアプローチの実践が求められるのです。

## ●2 チームアプローチの視点と方法（形、方法、ルール）

病院などの医療機関内におけるチーム医療においては、QOL の向上に向けて多職種が包括的に関わろうとするチームアプローチの視点から、第一に情報と目標の共有、第二に役割の分担と責任の共有を図る必要があります。この多職種による包括的なチームアプローチの視点を、例えば ICF（国際生活機能分類）の枠組みから考えてみると、健康状態への判断と関与、心身機能・身体構

造の回復・補完への関与、活動や社会参加の実現と拡大への関与・支援としてとらえられる総体的な考え方です[*3]。また、チームアプローチを展開するうえでの基礎となる相互作用への認識、つまり「患者や取り巻く環境における環境因子・個人因子／健康状態／心身機能・身体構造－活動－参加の関連性」の情報に基づく評価や理解、目標の設定として表現されるものになります。

*3 ICF（国際生活機能分類）の枠組みに基づく支援のあり方については、第5章第2節（p.75）を参照。

### ①情報と目標の共有に向けて

　それぞれの専門職において、自らの職務を遂行していくうえで必要とし重視する情報は異なっています。例えば、治療にあたる医師においては病理に関する臨床データなどが重要とされますが、MSWにおいては臨床データそのものよりも医師の診断や治療方針としての情報を求めます。理学療法士などのリハビリテーション担当者は、患者自身に確保する必要のある生活機能や身体状況、それに伴う生活環境上の課題などをより重視することになる一方で、MSWでは必要となる支援内容やその充足見通しなどを重視し、患者・家族の思いにも触れながら情報収集を図ります。生活歴や家族関係に対する着目などでも、看護師は現状から今後に向けての療養環境を具体化するうえで必要とし、MSWでは問題解決の見通しや解決方法を評価・検討するために情報を得ようと考えています。

　このように、求める情報の内容や形が異なっていたり、同じ情報であるとしても、その活用方法はそれぞれの専門職において違っているのです。そのため、情報の共有においては、判断などのもととなる基礎情報と、専門性を通じた判断や結果（意見や見解、分析結果など）の内容とを区別して他職種に開示し、相互理解を進める必要があります。また、相互に開示され、伝達された情報の活用方法についても相違が見られます。チームアプローチにおいては、相互理解を通じた話し合いと検討のもとに、統合された見解や目標をまとめていくことになります。しかし、連携においては、情報の共有が進められたとしても、その後の判断や対処が各専門職に委ねられてしまうことが少なくありません。このような分散型の展開では、それぞれに目指すところが異なってしまうことも多く、十分な成果を得られなかったり、方針の乱れや対応内容の矛盾を生じてしまう例もあります。そのような事態を回避するためにも、チーム医療の展開においてはチームアプローチによる目標の共有が必須となります。

### ②役割分担と責任共有への考え方

　チーム医療における専門職間の役割分担は、チームにおいて議論され共有された目標の達成に向けてなされますが、分担の内容や方法は連携やチームワー

クのモデル（形態）によって異なります\*4。個別の支援内容ごとにチームが編成される場合、役割分担もその都度行われることになります。その一方で、あらかじめ組織的に編成されたチームワークの場面では、個別の支援内容に関わらず、一定の固定的な役割を明確にしていることが少なくありません。この場合、持ち込まれた支援内容に応じて、それぞれの専門職が即座に役割遂行に着手することができます。いずれの場合でも、役割分担はそれぞれの専門性を基盤として図られることになりますが、個別の連携とシステム化されたチームワークの場面では、役割分担の流れや手続き方法が異なっていることが多いといえます。

　例えば、リハビリテーション・チームでは、入院時や入院初期、2週間～1か月程度の経過後、退院評価の時期などに、定められた構成員それぞれがあらかじめ所定の評価や判断を実施したうえでカンファレンスに臨みます。カンファレンスの内容も、それぞれの専門職が行い得る内容を出し合う中で、共有する方針やスケジュールの話し合いなどが進められることになります。その一方で、急性期医療のチーム医療においては、構成員の検討やそれぞれの専門職においてどのような評価や判断を行うのか、その内容から話し合われることも少なくありません。退院支援のようにあらかじめ構成員が定まっているような場合もありますが、リハビリテーション・チームのように内容やスケジュールを定めているとは限りません。そのような場合、スケジュールとともにその間に誰が何に取り組むのか、その役割の範囲をカンファレンスの場で確認することになります。このようにチーム医療と一口にいっても、その形態や展開の流れは様々で、そこで各専門職が担う職務や責任の範囲も異なることになります。そのため、それぞれの専門職はチームの負っている責任とそこで自らが担う責任の範囲（職責）を認識していることが不可欠となります。

### ③展開の場面と方法への理解

　チームアプローチによるチーム医療の展開は、家族を含めた保健・医療・福祉の専門職の輪による協働が、患者のライフ（life）を支える全人的医療の実現を図る様々な取り組みとして進められていきます。患者の心身の状況や必要となる医療についての説明、患者による選択と決定、回復や改善に向けた努力、生活再建に向けた準備、療養の継続や日常生活への復帰とあらゆる段階において、常に患者と家族、医療関係職種が情報や意見・意向を共有し、話し合いながら治療や訓練、ケアが具体化されていきます。

　チームアプローチの過程は、下記の3つを含めてとらえることになります。

---

\*4　チームワークや連携については、様々な形態（モデル）が紹介されている。日本医療社会福祉協会では、マルチモデル、インターモデル、トランスモデルとして3つのチームワークの形態を紹介している。また、連携のモデルとして、円環型、多層型、複合・重層型を示している3)。

① 患者／家族への共通理解を基盤とし、それぞれの専門的評価に基づいたアセスメントを総合的に共有すること
② 生活環境（家族関係等）への視点から、各専門職による科学的視野を統合し、解決を図るべき問題を明確にすること
③ 一体的／継続的な支援を確保するために必要となる、患者のライフ（life）と暮らしを支える体制をつくること

また情報共有やカンファレンスの留意点としては、次の点があげられます。

① システム化された情報の管理による個人情報保護の徹底
② プライバシーの保護／尊重により個人の尊厳を保持する姿勢
③ 情報公開による情報主体者の保護と当事者利益の保護
④ カンファレンスの目的や役割を忘れない、とらわれすぎないこと
⑤ 関係性を土台にした交流の場として、参加者それぞれの考えや思いを相互に尊重すること
⑥ 話し合いの場として、落ち着いた意見交換に徹すること、感情的にならないこと

## 第3節　地域における保健医療福祉の連携
　　　　　―地域包括ケアを中心に―

### ●1　連携のシステム化と地域包括ケアシステム

　介護保険制度や介護支援専門員によるケアマネジメント（居宅介護支援）の開始から20年を迎えようとする今日、診療報酬や介護報酬の改定と並行するように地域包括ケアシステムの構築が提示されてきました。地域包括ケアシステムは、「住み慣れた地域で自分らしい暮らしを人生の最後まで続けることができるよう」に医療や介護などのサービス、人材が包括的に連携する体制のことです（図9-1）[*5]。そこには、当然ながらチーム医療を展開する病院やかかりつけ医などの医療機関とともに、MSWも加わっています。そして医療機関やMSWは、患者の暮らす住まい、取り巻く生活環境としての地域とも接点を持ちながら、入院医療や通院医療、訪問医療（訪問診療、訪問看護、訪問リハビリテーションなど）というようなさまざまな形で地域包括ケアシステムを支え

＊5　図9-1は、厚生労働省が「地域包括ケア研究会報告書」をもとに示している地域包括ケアシステムのモデル図である。

図9-1 地域包括ケアシステムの概要

### 地域包括ケアシステムの構築について 参考

- 団塊の世代が75歳以上となる2025年を目途に、重度な要介護状態となっても住み慣れた地域で自分らしい暮らしを人生の最後まで続けることができるよう、医療・介護・予防・住まい・生活支援が包括的に確保される体制（地域包括ケアシステム）の構築を実現。
- 今後、認知症高齢者の増加が見込まれることから、認知症高齢者の地域での生活を支えるためにも、地域包括ケアシステムの構築が重要。
- 人口が横ばいで75歳以上人口が急増する大都市部、75歳以上人口の増加は緩やかだが人口は減少する町村部等、高齢化の進展状況には大きな地域差。
- 地域包括ケアシステムは、保険者である市町村や都道府県が、地域の自主性や主体性に基づき、地域の特性に応じて作り上げていくことが必要。

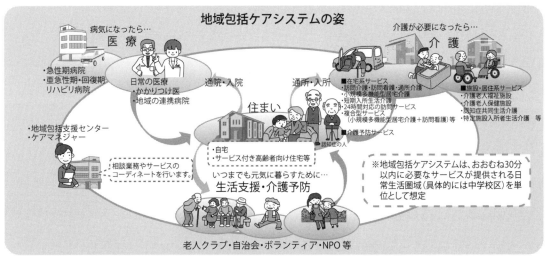

出典：厚生労働省「地域包括ケアシステム」（平成28年3月『地域包括ケア研究会報告書』より）（https://www.mhlw.go.jp/stf/seisakunitsuite/bunya/hukushi_kaigo/kaigo_koureisha/chiiki-houkatsu/、2018年11月1日閲覧）

図9-2 介護支援専門員の声

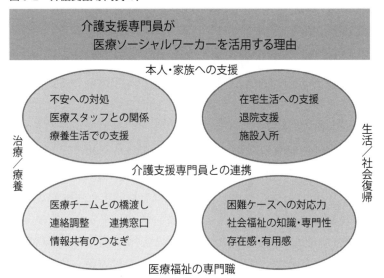

出典：河野聖夫「医療ソーシャルワーカーに対する介護支援専門員の認識と役割期待」調査研究（新潟県研究助成事業）2009年

地域包括ケアシステムに加わるMSWの役割、そこで期待される専門性は、介護支援専門員からの声をもとに、図9-2[*6]のように整理することができます。これらは、MSWによるつなぐ役割としての窓口機能や連絡調整、患者・家族への直接的な相談支援、社会資源情報の集約や発信という役割によってとらえることができます。また、地域包括ケアシステムを有効に機能させていくためには、地域ケア会議などのカンファレンス（会議）つまり協議体が重要とされています。このカンファレンスの目的は、情報や認識とともにそれぞれの役割と責任を明確にして共有し、対応に向かう合意形成を得ることにあります。

しかし、行政や地域包括支援センターが主体となる地域ケア会議に、病院所属の医療関係職種が参加していくことは、通常業務の中で必ずしも容易なことではありません。仮に同様の会議などを病院を会場に実施するとしても、そのための準備や当日の段取りなど、さまざまな対応の必要性が生じてきます。MSWが対応するとは限らないにしても、地域ケア会議の主旨や内容に対する一定の理解を持ち、判断できる担当者であることが求められ、かつ医療チームの一員による対応が必要となります。これは、医療機関以外の関係機関や地域の関係者においても同様です。地域ケア会議では、相互理解のもとに得られる合意、目標や認識の共有を図ろうとするチームアプローチの視点が不可欠となり、ただ集まって話し合いをすればよいというものではありません。そこに参加するそれぞれの参加者同士が、お互いの役割や考え方への理解を持っていてこそ、全体で共有できる目標と有効な役割分担による協働を推進することができるようになります。

退院支援にあたる病院において、地域包括ケアは患者の在宅生活復帰に向けた支援システムとしての受け皿であるとともに、医療の継続性を支える受け手でもあります。医療の継続性は、入通院の病院や医療機関が変わっても、患者に提供される医療の内容に一貫性を保ちながら、患者に必要な医療を提供し続けようとする考え方です[4)]。その具体的な流れは、患者個々の傷病や病態によって異なるものですが、それらの土台となる基本的なシステムとしては、図9-3[*7]のように捉えることができます。医療の最終的目標は、患者の人生を全うする在宅生活／地域生活への復帰（＝在宅復帰）を基本としています。もちろん実際の治療・療養の過程においては、さまざまな事情から在宅復帰が困難となったり、復帰を果たせずに最期を迎える患者もいます。そのような場合であっても、在宅復帰への視点を持ち続けながら、患者の生活を分断することなく、その時に適した最良の環境を提供していこうとする取り組みが継続性のある医療です。

\*6 図9-2は、介護支援専門員を対象に「どのようなときにMSWを活用するか」についてアンケート調査を実施した回答をもとにしてまとめたものである。

\*7 厚生労働省は診療報酬を通じて在宅復帰の促進を図ってきており、医療機能の分化・強化と連携やチーム医療の推進を求めている。

図9-3 医療の継続性を支える退院システムの例

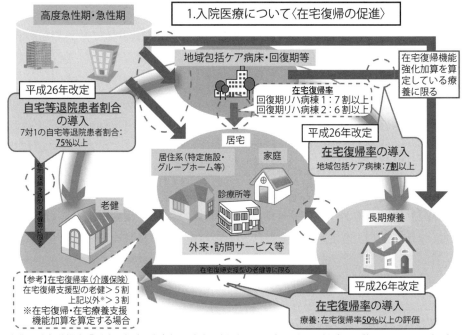

出典：厚生労働省「平成26年度 診療報酬改定の概要」2014年4月15日版（https://www.mhlw.go.jp/file/06-Seisakujouhou-12400000-Hokenkyoku/0000039892.pdf，2018年11月1日閲覧）

## ● 2　地域包括ケアとMSWのアプローチ

　地域包括ケアを支える病院においては、その窓口や調整機能を担う地域医療連携部門の開設が進められ、MSWの配置も図られています。地域医療連携部門の役割としては、在宅医療と入院医療をつなぐこと、地域におけるチーム医療への参加や創出、そして地域包括ケアの体制づくりやシステムへの参画などがあげられます。具体的な業務内容としては、地域の開業医やかかりつけ医などからの入院受け入れ要請への対応、紹介患者の退院に伴う医療の継続（逆紹介）への対処、病院の受け入れ可否状況（空床情報）の発信などが在宅医療と入院医療とをつなぐための取り組みなどになります。また、患者の退院に伴い訪問診療や訪問看護と病院との個別の連携体制をつくり出したり、圏域内での継続的な連携体制をあらかじめ構築するなど、チーム医療の組織化を推進する取り組みも見られます。そして、地域包括ケアシステムに参画する担当部門としての病院内での調整や、医療と介護の連携を図る地域事業（検討会議等）への参加など、病院と関係機関、地域とを結ぶ連携部門としての機能が期待されています。

　一方、MSWによる地域での活動においては、医療ソーシャルワーカー業務

指針(二 業務の範囲(6)地域活動)において「患者のニーズに合致したサービスが地域において提供されるよう、関係機関、関係職種等と連携し、地域の保健医療福祉システムづくりに参画を行う」こととされています[5]。そして、そのためのアプローチとしては、例えばネットワーキングやソーシャルサポートネットワークの活用があげられます。ネットワーキングは、社会的な結びつきであるネットワークの形成を図り、チームや共同体などの編成を目的とする取り組みやその方法です。また、ソーシャルサポートネットワークとは、生活支援や援助のための日常的な結びつきです。フォーマルな社会資源も含みながら、家族・友人・近隣(ご近所同士)・ボランティアなどのインフォーマルな関係を主体とした地域での支え合いとして理解されます。ソーシャルサポートネットワークの活用方法としては、マグワィアが提唱したソーシャルサポートシステム介入などがありますが(コラムを参照)、MSWによるつなぐ支援、医療と福祉の連携、医療ケアと福祉介護の連携などが考えられ、いずれにも患者の家族を含むインフォーマルな関係者の理解と協力が欠かせません。そして、インフォーマルな立場から患者を支援する関係者の思いや意見、事情にも目を向けたアプローチがMSWには求められます。

> **コラム**　　ソーシャルサポートシステムの活用に向けて

　マグワィアは、ソーシャルサポートネットワークの活用として「ソーシャルサポートシステム介入」を示し、ネットワーク介入アプローチ、ケースマネジメントアプローチ、システム開発アプローチの3つの主要なモデル(型)を紹介しています。

　図9-4は、このソーシャルサポートシステム介入の焦点となるソーシャルネットワーク(社会的結びつき)を、家族システム・インフォーマルなソーシャルサポートネットワーク・フォーマルな地域包括ケアシステムの3層によって整理(例示)したものです。フォーマルな地域包括ケアシステムは、患者・家族を日常的に支えるソーシャルサポートネットワークを損なうことなく補完し、連携していくことによって、システム全体の支える力を高めていけるように構築されることが求められます。

　MSWを含むソーシャルワーカーには、このシステムの全体像をとらえる視点、活用できる実践力が必要であるといえるでしょう。

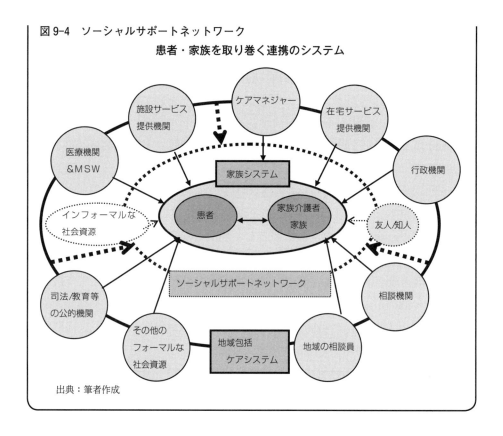

図9-4 ソーシャルサポートネットワーク
患者・家族を取り巻く連携のシステム

出典：筆者作成

## 第4節　医療ソーシャルワーカーとして留意すべき点

### ●1　生活者の視点から患者・家族を支援するために

　チーム医療において、参加するMSWが基本とする専門性は、第一に生活者の目線と思いに立って患者のライフ（life）に向き合うことです。これまでの人生における姿をとらえ、どのような未来に向かって現在を過ごしている人間であるのか、傷病や治療、療養生活などがどのような影響に及んでいるのかを理解しとらえていきます。そこで得られた患者への理解を、情報として医療関係職種に伝えていく必要があります。その際に、MSWとしては、いくつか気をつけておくべきことがあります。

　まず情報共有や情報の伝達・提供において、次の点に留意し、どのような内容を、どこまで、どのように伝えるのか、だれに伝えるのかを判断する必要があります。

① 患者本人の意向を確認/尊重し、合意形成を得ること（了承を得ること）
② 患者の不利益とならないか見極めること（患者利益の優先）

③ 目的を明確にして必要な情報に集約すること（プライバシーの尊重）
④ アセスメントを通じて結果を予測すること（根拠の明確化、説明責任）
⑤ 患者の主体性・自立性を損なわない内容であること（代弁的伝達）
⑥ 立場や役割に応じた認識の相違性に配慮すること（誤認の回避）

　また、患者・家族への支援においても、代弁や保護などによる「寄り添う支援」と、自己決定や受容を図る「向き合う支援」の双方から、それぞれに共有や提供を図る具体的な情報を整理していくことが大切です。
　一方で、他職種や関係者からもたらされる情報に対しては、情報収集やニーズ把握の視点が大切です。

① 在宅生活や家族に関するネガティブな情報に敏感であること
② 生活苦（経済的な困難、人間関係のトラブル、介護負担、療養生活上の愚痴など）に関する訴えに反応すること
③ 治療（通院、訓練など）の中断やキャンセルなどの動向を見逃さないこと
④ 精神的ケアの必要にも配慮すること
⑤ 患者寄りもしくは家族寄りに偏った関係者（自らを含む）の意見や対応の傾向に気がつくこと

　このような情報のある時には、MSWによるニーズ把握（アセスメントや支援の開始）、職種間での役割分担などが必要となっていることが少なくありません。合わせて、MSWにとってのクライエント（支援の対象者）は患者だけではなく家族等が対象となることにも留意しておくことが必要です。MSWや相談内容に向けた患者・家族からの攻撃的な発言などが、他職種を通じてみられることもあります。このようなときには、例えば自己決定に向けた葛藤状態がクライエントの中にあるなど、なんらかの事情がクライエントにあるかもしれません。MSWを攻撃対象とし、他職種に訴えたりすることで精神的なバランスを図っていることも少なくないからです。このような場合には、他職種と連携して問題の本質への見極めを図り、それまでの支援内容や方法をモニタリングしていく必要があります。

## ●2 他職種から向けられる役割への期待を捉える

　チーム医療において協働するとき、それぞれの専門職は他職種の役割を理解

している必要がありますが、一方では自らの役割が他職種からどのように認識され、どのような対応を期待されているのかも意識しておかなければなりません。特にMSWにおいては、医療関係職種から向けられる認識と、MSW自身が受け止めている認識との間に、多少なりともズレを生じてしまうことを自覚しておく必要があります。

　例えば、退院支援におけるMSWの役割について、他職種は退院の促進を期待している一方で、MSW自身は退院の妨げとなる患者個々の諸事情を他職種に伝えて適切な退院の時期や方法の提案を意図している場面などがあります。また、それとは逆に他職種が自宅退院の是非の判断や見極めを期待している場面で、MSW自身は他職種から早期退院に向けた対応を求められていると思っている場合もみられます。このような認識のズレは、相互のコミュニケーション不足が原因であることが少なくありません。日頃チームを組んでいるからとの思い込みに偏らず、お互いの認識や期待の内容を常に確認しながら業務に取り組んでいくことが大切になります。

　医療の中で社会福祉職が必要とされる理由としては、チーム医療に参加しての総合的／包括的な支援の実践、暮らしの中の治療・療養環境を整える支援、効果的／効率的な社会資源の活用、限られた保健医療資源の配分（入退院のマネジメント）への貢献、地域における専門機能の調整・協働の仕組みづくり（ネットワーキング）などがあります。そしてそれらの中でも病院内の医療関係職種からは、患者・家族に対する社会資源の活用に最も多くの期待をMSWに寄せている状況がみられます。同様に地域包括支援センターや介護支援専門員などからは、連携窓口としての認識に加えて退院時期や退院先の調整（特に施設入所などへの方向づけ）などをMSWに期待する状況が認められます。

　なによりMSWは、人間と環境およびその接点に介入する専門職です。そして、社会資源としてネットワークを活用し、連携を必要不可欠な実践の要素としてとらえています。その環境や社会資源には、MSW自身と病院内の医療関係職種も含まれていることをまず自覚しておくことが大切です。それは、チームを組む構成員や相互の関係性を理解し、意思決定の仕組みや自らの位置を知り、自分の果たす役割や責任範囲を踏まえて自らのアプローチを意識化することです。また、患者に見い出される必要性や、自らに向けられる周囲からの期待に適切に対処していける実践力、連携に必要とされる専門知識や技術を習得・向上させていく努力が求められます。

> **演習課題**
>
> 　次の用語の意味、制度上の位置づけを確認し、医療ソーシャルワーカー業務指針の内容に照らし合わせて、MSWの担う役割を具体的に考えてみよう。それぞれの医療内容や医療機関に関係すると思われる事例を調べて、関係する医療専門職の実践内容を把握しながら考察するとよいでしょう。
>
> 　高度医療　急性期医療　回復期医療　慢性期医療（療養）
> 　専門医療　総合診療　病院（の機能区分）　診療所（の機能区分）
> 　かかりつけ医　専門医

**引用文献**

1) 硯川眞旬監修『国民福祉辞典〔第2版〕』金芳堂　2006年　p.279を参照のうえ筆者修正表記
2) 前掲書1) p.256（全人的医療），p.75（QOL），p.330（ノーマライゼーション）を参照
3) 日本医療社会福祉協会編『保健医療ソーシャルワークの基礎―実践力の構築』相川書房　2015年　pp.116-123
4) 一般社団法人日本プライマリ・ケア連合学会ウェブサイト「プライマリ・ケアとは」（http://www.primary-care.or.jp/paramedic/，2018年11月1日閲覧）
5) 厚生労働省健康局長通知「医療ソーシャルワーカー業務指針」　平成14年11月29日

**参考文献**

- 公益社団法人日本医療社会福祉協会編「保健医療ソーシャルワークの基礎―実践力の構築―」相川書房　2015年
- L.マグワァイア（小松源助・稲沢公一訳）「対人援助のためのソーシャルサポートシステム」川島書店　1994年
- 村上須賀子・竹内一夫編集「医療ソーシャルワーカーの力―患者と歩む専門職―」日本医療ソーシャルワーク学会　2012年　医学書院
- 硯川眞旬監修『国民福祉事典〔第2版〕』金芳堂　2006年
- 厚生労働省ウェブサイト「地域連携クリティカルパスとは」

# 第10章 医療ソーシャルワークの実際

## 第1節 最近の医療供給体制の動向

### ●1 医療提供体制の動向

　「医療供給体制」とは何でしょうか。田中は、「医療保険の仕組みは、現代医学を身につけた医師や看護師等の専門家がきちんと養成され、その活動の場である病院などの設備が適切に整っていることが前提になる。このような医療サービスの基盤のことを、医療提供体制という」と述べています[1]。ここでは、今日の提供体制は何が問題で、どのような課題に対してどのような政策がとられていくのかを述べることとします。現在進められている改革は、2013（平成25）年度の社会保障制度改革国民会議から始まり、社会保障改革プログラム法が定められ、地域医療構想と地域包括ケアという両輪で改革が進められているといえます。

　2013（平成25）年の「持続可能な社会保障制度の確立を図るための改革の推進に関する法律」は、少子化対策、医療、介護、年金の各分野の改革を定めたものでした。それを受けて、医療介護の提供体制に関する各種の法律改正は、「地域における医療及び介護の総合的な確保を推進するための関係法律の整備等に関する法律」（以下、医療介護総合確保推進法といいます）で一括改正の方針が提出されました。この法律の趣旨は、効率的かつ質の高い医療の提供体制と地域包括ケアの構築を通じて一体的に整備するというものです。さらに、この法律による病床機能報告は、病院（一般病床・療養病床）及び有床診療所が病床の担っている「医療機能」の今後の方向を選択し、病床単位で都道府県に報告する制度です。都道府県知事は、医療計画の一部として、医療提供体制に関する構想（地域医療構想）を策定して、病床の機能分化や連携の推進に関する事項を定めるものとしました。この制度における医療機能とは、①高度医療、②急性期、③回復期、④慢性期等に大別され、これらの機能から一つを医療機関に報告させ、地域医療構想を医療計画において策定させるものです[2]。

　また、2015（平成27）年に医療保険改革関連法が生まれ、国民健康保険の保

## 第10章 医療ソーシャルワークの実際

険者を市町村から都道府県に移行することが決まりました。

さて、日本の医療提供体制は何が問題なのでしょうか。一つは過去の量的充実が課題であった時代に形成された提供体制が、高齢化のなかで質的変化を遂げた医療ニーズにマッチしていないということです。「医療介護情報の活用による改革の推進に関する専門調査会」が提出した「第1次報告―医療機能別病床数の推移及び地域医療構想の策定に当たって」では、要約すると、患者視点から見た医療提供体制改革の推進として、①どの地域の患者も状態像に即したニーズに合った医療が受けられ、「在宅」への復帰を目指すこと、②「病院完結医療」から「地域完結医療」へと転換すること、③医療と介護の連携とネットワークをはかり地域包括ケアを推進していくことであります[3]。

つまり、同じ負担の水準であっても、用いる資源の量は同じであっても医療ニーズと提供体制のミスマッチを解消することにより、より質の高いサービスを提供することであるといえます。今村は、医療介護のニーズの著しい増大は、都市部から近隣へと流出し、長期的には医療ニーズは激減し、病院はこの両方の減少に対応しなければならないとしています。その対応策が、「地域医療構想」と「地域包括ケア」であり、病院の機能分化への転換であるのです。そしてこれからの主体は、急性期医療から、地域で支える医療へと形を変えていくことが求められるとしています[4]。

あるべき医療、介護の将来像を将来のニーズから、将来像を予測し、改革に着手すべきとしています。改革の方向性について、社会保障制度改革国民会議では次のように述べています[5]。

① 提供体制の改革は、提供者と政策当局との信頼関係こそが基礎になるべき。医療機関の体系を法的に定め直し、相応の努力をすれば円滑な運営ができる見通しを明らかにする必要がある。
② 医療改革は、提供側と利用者側が一体となって実現されるもの。「必要なときに必要な医療にアクセスできる」という意味でのフリーアクセスを守るためには、緩やかなゲートキーパー機能を備えた「かかりつけ医」の普及は必須である。
③ 医療を利用するすべての国民の協力と国民の意識の変化が求められる。
④ 急性期医療を中心に人的・物的資源を集中投入し、早期の家庭復帰・社会復帰を実現するとともに、受け皿となる地域の病床や在宅医療・介護を充実。川上から川下までの提供者間のネットワーク化は必要不可欠である。
⑤ 医療・介護の在り方を地域毎に考えていく「ご当地医療」が必要である。
⑥ QOL（生活の質）を高め、社会の支え手を増やす観点から、健康の維持

増進・疾病の予防に取り組むべき。ICT（情報通信技術）を活用してレセプト等データを分析し、疾病予防を促進する。

以上のことから、医療、介護の将来像を将来のニーズから逆算してそれに見合う提供体制の改革を方向づけるというものであります。その手段として、データという理念を具現化しようというものです。

またもう一つの問題として、医療提供体制改革は、医療ニーズに地域差があるため、地域の状況に見合った医療計画を立てることです。医療計画を作成するに当たって、①5疾病（がん、脳卒中、心筋梗塞等の心血管疾患、糖尿病、及び精神疾患の治療または予防に関わる事業）に関わる事項、②医療の確保に必要な5事業（救急医療、災害時における医療、へき地の医療、周産期医療および小児救急医療を含む小児医療、その他疾病の発生状況等に照らして都道府県知事が特に必要と認める医療）、③その他の事業に関する事項を定めることとしました。

## ●2 地域医療構想と在宅医療の動向

病床の機能分化・連携を進めるのと並行して、入院から在宅への流れのなかで在宅医療の充実を図り、病気になっても可能な限り住み慣れた生活の場において、必要な医療・介護サービスを受けられ自分らしい生活を実現できるように、地域包括ケアシステムを構築することを目指しています。そのために医療介護総合確保推進法では、在宅医療・介護の連携の推進にかかわる事業を介護保険法の地域支援事業に位置づけ、市町村が中心となり、医師会等と連携しながら医療計画と介護保険事業計画において達成できるように推進しています。

特に、療養病床については、今後の高齢化の進展による医療ニーズの増大に対応するためにも、現行の療養病床以外でも対応可能な患者は、将来的には、介護施設や高齢者住宅を含めた在宅医療等（居宅、特別養護老人ホーム、養護老人ホーム、軽費老人ホーム、有料老人ホーム、介護老人保健施設、その他医療を受ける者が療養生活を営むことができる場所であって、現在の病院・診療所以外の場所において提供される医療を指し、現在の療養病床以外でも対応可能な患者の受け皿となることも想定）、すなわち、地域で治し、支える「地域完結型」医療の基盤となる医療・介護のネットワークさらには地域包括ケアシステムの構築によって対応していくことが必要となるのです[6]。

以上のように、2025年度に向けて医療・介護ニーズが著しく増大し、その流れは都市から近隣へと流出していくことは必須のことです。医療のニーズは、

それまでの急性期中心の医療から、看取りまでを地域全体で支える地域包括ケアへとシフトしていく必要があります。これらを具体的に進めていくのは、「地域医療構想」と「地域包括ケアシステム」ということになるのです。そしてさらに具現化するには、「医療計画」と「介護保険事業（支援）計画」によって実現を目指すものとなるのです。医療提供体制は、急性期中心から慢性期へシフトするに当たって、病院・病床機能の転換が進まざるをえないと考えられます。

## 第2節　医療ソーシャルワークの実践

　本節では、医療ソーシャルワークの実践として、病院の機能分化における医療ソーシャルワークの実践について述べることとします。また、もうひとつの視点で、5疾病5事業という政策的にも重要視され、今後医療ソーシャルワーカー（MSW）の活躍が期待されるがん医療と周産期医療場面でのソーシャルワーク実践についても取り上げることとします。

### ●1　急性期病院における退院・転院支援

　急性期病院では、MSWは、在院日数・病床稼働率を考慮しながらの支援や、入院前（時）または緊急入院に際して情報収集・入院時スクリーニングで支援が必要な対象者を抽出します。退院が困難となることが予測される患者群として、医療依存度が高い、難病・特定疾患を有する、ターミナル期、介護・生活上の問題を有する、認知症で激しい周辺症状を有する、重症心身障害を有するなど医学的、身体的、心理・社会的な問題が予測される場合などが考えられます。早期から退院支援の介入は、各スタッフによる情報収集とニーズの把握、カンファレンスなど、院内・組織から求められる役割を認識しながらの支援が求められています。一方で、治療の主軸が入院治療から外来治療に重きが置かれるようになっており、外来患者・家族への療養支援も重要となります。

　急性期病院では、さまざまな疾患、疾患・治療から予測される生活障害を予測推論し、リスクマネジメントを意識しながら、国の施策、組織・多職種の役割・院内で行われているチーム医療の特徴を理解したうえでのソーシャルワークを行い、院内外の社会資源（医療機関や施設、在宅での社会資源サービス）を患者や家族等とともに活用できるよう調整することも必要となります。来談者であるクライエントが、これからの生活再構築に取り組むことを整理でき、人生を自らの力で一歩踏み出せるように支援するという基本が大切です。また、

急性期病院では在院日数の制限から、早い退院支援にスピード感が伴うことから、制度の枠組みに患者のニーズを当てはめるような、社会資源のマッチングが主な仕事の目的にならないように心がけることが必要となります。

在院日数の短縮化と病院機能の分化時代による退院支援・転院支援は、患者・家族にとっても、MSWにとっても今後の生活を決定づける重要なものであり、かつストレスの高い実践です。したがって、まずなされることは、患者や家族の不安や心配事を傾聴し、心理的にも精神的にも支持することです。

そして医師などから病状や治療内容、退院や転院についての情報が患者・家族に理解できるように説明され、患者・家族が十分に納得できるような内容や場所、時間をソーシャルワーカーが媒介（仲介）機能を発揮し、患者・家族の意思決定を支えることが不可欠です。

さらに、退院支援や転院支援は、患者や家族の入院前からの生活世界が現在、未来へとつながるように支援を構築することが目的です。単純に退院先や転院先を選定することが目的とならないように支援することが必要です。そのためには多職種連携で情報を共有し、退院・転院支援の目的を共有することが前提となるのです。

患者・家族支援は、ソーシャルワークの価値や倫理綱領に基づく実践が前提です。患者・家族の望む生活構築が、可能な限り実現できるように選択肢をひろげ、あきらめない姿勢が不可欠となります。

## ●2　がん医療とソーシャルワーク実践

がん医療においては、国民の2人に1人ががんに罹患する時代を迎えていることから、政策的に喫緊の課題です。1990年代から抗がん剤の種類が増え、治療方法も多様化し、完治できない場合でも延命効果が得られるようになっています。以前は入院で行う治療が主であったがん治療は、外来治療も多くなり、自宅で生活をしながらの治療およびその副作用と長くつき合いながらの生活となり、仕事や暮らしにさまざまな問題が生じています。それらを個別援助で支援するのではなく、がん診療連携拠点病院等[*1]に設置しているがん相談支援センター[*2]では、就労支援、副作用への対応、経済的な心配などを「患者サロン」のテーマとしてとりあげ、集団で対話する場をつくり、支援をしています。また社会保険労務士やハローワーク等と協働し、治療をしながら仕事を続ける方法の相談対応も実施しています。家族ケアも重要な実践であり、がんの親を持つ子どものサポートも視野に入れた取り組み、遺族支援など、支援の幅も広がっています。第3期がん対策推進基本計画では上記に加え「がん教育」

---

[*1] **がん診療連携拠点病院**
がんに関する相談窓口。患者や家族のほか、地域の方は誰でも無料で利用できる。がんの診断から治療、その後の療養生活、さらには社会復帰と生活全般にわたる相談対応をしている。

[*2] **がん相談支援センター**
全国どこでも質の高いがん医療を提供することができるよう、全国にがん診療連携拠点病院を401か所、地域がん診療病院を36か所、厚生労働大臣が指定している。専門的ながん医療の提供、地域のがん診療の連携協力体制の構築、がん患者に対する相談支援および情報提供等を行っている。

についても示されており、がん診療連携拠点病院の医師・看護師・ソーシャルワーカー等が小中学校に出向き、講義をする機会もあります。実際の教育現場では、親ががんになった生徒へのサポート方法を模索中であり、今後、学校現場と医療機関との協力・連携が不可欠と考えています。

　昨今、ゲノム医療や免疫療法など治療・薬剤の開発があり、新聞やインターネット上の情報は、藁をもつかむ心地の患者・家族にとって、時には光、時には混乱の種ともなっています。がん治療においては、科学的根拠に基づく、がんの集学的治療、患者に合ったがんの個別化治療、患者に身体的・精神的な負担の少ない治療、先端的ながん治療、民間療法など、さまざまなものがあります。患者自身が正しい情報を入手し、主治医との話し合いのもとでよりよい治療選択ができるよう支援することも、がん治療を行う急性期病院の医療ソーシャルワーク実践では求められています。全国にある「がん相談支援センター」では、がんに関する治療や療養生活全般、地域の医療機関などについて、患者や家族だけでなく多専門職とも相談することができます。必要な時、がん相談支援センターのがん専門相談員との連携も支援に有効と考えます。

　その一方で、がん治療の集学的な治療が終了した段階での緩和医療やターミナルケアの課題もあります。

　WHO（世界保健機関）による緩和ケアの定義によると、「緩和ケアとは、生命を脅かす疾患による問題に直面している患者とその家族に対して、痛みやその他の身体的問題、心理社会的問題、スピリチュアルな問題を早期に発見し、的確なアセスメントと対処（治療・処置）を行うことによって、苦しみを予防し、和らげることで、QOL（生活の質）を改善するアプローチである」としています[7]。現在この緩和ケアという概念は、がんと診断されたときから導入されています。がん患者には大きく分けると4つの痛み（pain）があります。①身体的苦痛（痛み、身体症状、日常生活上の障害など）、②精神的苦痛（不安、いらだち、孤独感、恐れ、うつ状態、怒りなど）、③社会的苦痛（仕事、家庭内経済、人間関係、遺産相続などの問題）、④スピリチュアルな苦痛（人生への意味、価値の変化、苦しみの意味、死生観に対する悩みなど）等です。これらは全人的苦痛であり、これらを緩和することが緩和ケアの目的です[8]。

　ソーシャルワーク実践では、患者と第2の患者として影響を受ける家族を支援の対象とします。さまざまな痛みに対して傾聴し、支持的なサポートを行い、穏やかさを保たれるように支援します。そして病院や在宅での療養環境を社会資源の活用を通して調整を行います。終末期の段階は、「死に向かう患者を支援」するのではなく、「最期までその人らしく生ききること」を支援します。最期まで何をしたいのか、「未完の仕事」を達成できるように側面的に支援するの

です。あくまで患者や家族の自己決定と希望の選択肢を豊かにし、実現できるように病状を把握しながら支援するのです。こうした終末期における支援は、MSWひとりで実現できるものではなく、多職種との綿密な情報の共有と目標を持ったチーム医療によって実践されるのです。

## ● 3　回復期リハビリテーション病院（病棟）でのソーシャルワーク実践

*3　病床機能報告制度
地域における医療および介護の総合的な確保を推進するための関係法律の整備等に関する法律（平成26年法律第83号）により改正された医療法（昭和23年法律第205号）第30条の13に基づいて実施する制度である。

　回復期機能については、病床機能報告制度[*3]において、「急性期を経過した患者への在宅復帰に向けた医療やリハビリテーションを提供する機能。特に、急性期を経過した脳血管疾患や大腿骨頸部骨折等の患者に対し、ADL（日常生活活動）の向上や在宅復帰を目的としたリハビリテーションを集中的に提供する機能（回復期リハビリテーション機能）」とされています[9]。このようにリハビリテーションを提供する機能だけではなく、在宅復帰に向けた医療も含まれていることに留意する必要があります。

　現在は、個々の患者の状態に応じて、適切な医療資源の効果的・効率的な提供を求め、病院の機能分化が図られています。急性期医療を提供する一般病院、長期療養を要する患者のための慢性期の療養病院、その中間に集中的なリハビリテーションや自宅退院支援の役割を担う回復期リハビリテーション病棟や地域包括ケア病棟が存在します。回復期リハビリテーション病棟や慢性期の療養病棟は、一般・急性期病院に比べ看護配置が少なく、包括医療という点からも提供可能な医療にも制限があります。そのため、MSWの支援においても慢性期医療と同様の課題や特徴があるといえます。

*4　第4章第3節（p.66）を参照。

　回復期リハビリテーション病棟は、「脳血管疾患または大腿骨頸部骨折などの病気で急性期を脱しても、まだ医学的・社会的・心理的なサポートが必要な患者に対して、多くの専門職種がチームを組んで集中的なリハビリテーションを実施し、心身ともに回復した状態で自宅や社会へ戻ることを目的とした病棟」[10]として、2000（平成12）年に創設されました[*4]。

　回復期リハビリテーション病棟の特徴は、対象疾患や入院期間が診療報酬制度上に明確に定められている点にあります。また、多職種による協働に重きが置かれ、定期的なカンファレンスの開催や、リハビリテーション総合実施計画を多職種で作成し、患者の全体像の把握や各職種による目標共有や、チームアプローチに特徴があります。また、2018（平成30）年の診療報酬改定により、看護職員の配置、リハビリテーション専門職の配置、社会福祉士の配置、データ提出加算の届出、休日リハビリテーションの実施等の基本的な要件が加わりました。さらに、リハビリテーション実績指数として、重症者の割合、重症者

における日常生活機能評価の改善としてのアウトカム評価[*5]、自宅等に退院する割合を示す在宅復帰率の要件も示され、2025年を見据えた地域包括ケアの推進に向け、回復期リハビリテーション病棟における質の向上が求められてきています。

  回復期リハビリテーション病棟におけるMSWは、リハビリテーションチームの一員として位置づけられており、患者・家族のニーズの把握や代弁、障害受容過程の支援、その人らしい生活へのアセスメントや患者の自己決定に基づいた退院支援が求められます。急性期病院に比べて一定期間の中長期的な関わりとなるため、患者・家族の心理社会的な変化に対して、患者・家族の揺らぐ気持ちに寄り添いながら支援することが不可欠です。しかし、病院の機能分化や医療法および診療報酬制度による影響で、早期のリハビリテーションの介入や早期の自宅退院が促進され、急性期病院からも早期の転院受け入れが求められています。そのため、急性期治療を脱して間もない患者を受け入れることも多く、患者・家族の気持ちが追いつかないままに回復期リハビリテーション病棟へ転院するケースも少なくありません。そのため、急な発症・受傷に対する心理面の関わりから、病状を理解し、リハビリテーションを開始していく準備段階の関わりなど、急性期病院のMSWが担っていた初期の介入の部分を担うようになってきています。

> [*5] アウトカム評価については、第4章第3節（p.66）を参照。

## ● 4　療養型病院でのソーシャルワーク実践

  急性期治療や積極的なリハビリテーション治療の期間を終えた患者のうち、なお医療的な管理が継続的に必要な患者の生活の場として療養病棟があります。回復期リハビリテーション病棟と同様、診療報酬制度等の影響を受けてききました。

  そして2025年の超高齢化社会を目前に、医療費削減や療養病床の削減、在宅移行の流れ、医療区分による対象疾患の規定の見直しも図られつつあります。療養病棟の特徴としては、上述の回復期リハビリテーション病棟よりもさらに医療スタッフの人員配置が少なく、リハビリテーションも積極的な介入から維持を目的とした介入に変化し、その提供量も15分の1から20分の1程度と減少します。そのため、療養病棟へ転院した患者・家族の多くは、それ以前の手厚い環境との変化やギャップに戸惑いや不安を抱くこともあります。一方、病院側も、少ない人員配置の中で、患者・家族の望むケアを提供することや、質の担保の難しさに課題を抱え、時に患者・家族の期待や希望が無理難題な要求やクレームのように医療スタッフの目に映ることさえあります。

療養型病院で働くMSWとしても、病棟機能の特徴ゆえに患者・家族の抱く希望に応えられない現実や、病院で生活していくことへの支援のあり方に悩むことも少なくありません。しかし、医療という通常の生活とはかけ離れた空間だからこそ、人が生きるうえで大切にしたい想いや、生き方、人生を反映できる療養環境に目を向ける必要があるといえます。療養型病院のMSWは、医療という枠組みの中で療養環境の充実やケアのあり方を追及することは、患者の療養生活を「人と環境」という視点から支援する役割ととらえ、人の生き方やありたい自己像を支えていくのです。病院は治療の場であり、患者・家族にとって日常生活とは特異な環境であるからこそ、患者である前に生活者であること、生活の場であることを忘れずにいなければならないのです。

　このように、療養病棟は長期的な関わりであるからこそ、時間や年月の経過とともに、患者の状態、患者・家族の生活のかたち、経済状況、社会制度など、さまざまな変化を目の当たりにします。そして患者・家族の多くは、変化の中で悩みながら自らの人生を切り開いていくのです。できないことや、失われていくものに出会うことの多い環境ではある一方、新たなものを見つけていく患者・家族の姿にも着目します。家族との触れ合い、季節を感じる時間、新たな楽しみ、生きがい、そして人生をどのようにしめくくっていくかという、人の生きざまに出会うのです。また日々の一つひとつの小さなことが、その人生に豊かさを与えたり、その人にとって大きな意味につながっていることも大切な視点です。したがって、MSWは、患者が今できていることやできることを日々発見したり、小さな変化やSOSをキャッチし、一つひとつの出来事やその意味を丁寧に取り扱っていくことが求められます。変化に富む長い時間軸でかかわる一人として、変わりゆくものを支えながら、同時に変わらない本人らしさや生き方を守っていくことが大切なのです。これからの慢性期病院を、人が生きていく場として、その人らしさが守られる場として、「場」を創造していけるよう、MSWとしてできることは何かを問い続けていかなければならないのです。

## ●5　周産期医療場面でのソーシャルワーク実践

　周産期医療対策事業では、総合周産期母子医療センター（相当規模の母体・胎児集中治療室および申請時特定集中治療室を備え、常時の母体及び新生児搬送受け入れ態勢を有し、リスクの高い妊娠に対する医療および高度な新生児医療を実施する医療施設）は、3次医療圏に1か所、地域周産期母子医療センターを地域の実情により整備するとともに、周産期医療協議会を開催し、情報ネッ

トワークの整備や関係者の研修、調査研究などを行っています。

周産期医療場面では、さまざまな課題を持つハイリスク児と家族に大きなサポートを必要とする場合があります。ここでは、東京都新生児集中治療室（以下、NICUと略します）退院支援モデル事業で東京都墨東病院の取り組みを紹介します。図10-1は、退院支援を必要とするマトリックス表です。

MSWの実践は、産科外来の通院時、入院中、母胎搬送における妊産婦、NICU入院時について、支援が必要な対象者について支援を行います。

その実践の流れは、スクリーニングシートを用いて支援が必要となる対象者を抽出します。そして、その結果を踏まえ、「支援選定カンファレンス」を医師や看護師とともに決定します。このカンファレンスの決定後、個別面接の実施や、退院支援計画の作成や実施評価、プライマリー看護師への支援を実施します。

さらに、院内や地域の関係機関への連絡調整を中心に担うとともに、院内での在宅移行訓練や、退院前家庭訪問、退院前合同カンファレンスなどを実施します。退院後も必要に応じて、家庭訪問やカンファレンスなどを行い、継続したフォローを行うなど退院支援業務の仕組みをつくっていきます。

図10-1　支援を必要とするNICU入院児のイメージ

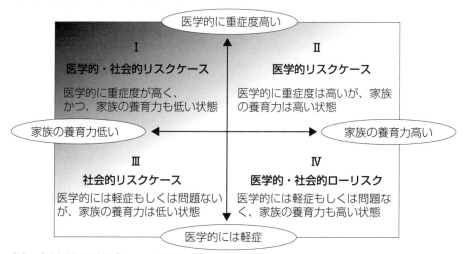

出典：東京都福祉保健局「ⅠNICU入院児支援コーディネーターについて」p.5
（http://www.fukushihoken.metro.tokyo.jp/iryo/kyuukyuu/syusankiiryo/nicutainshien.files/1_handbook.pdf）

マトリックス表から支援の必要性を予測し、看護師とソーシャルワーカーの2職種のNICU入院児支援コーディネーターが連携をとりながらマネジメントを実施します。マトリックス表の4つのモデルパターンを用いると、児や家族

の状況、NICU入院児支援コーディネーターの支援や役割分担は、以下のとおりと考えられています[11]（図10-1）。

Ⅰモデル　医学的・社会的リスク　医学的に重症度が高く、かつ、家族の養育力も低い状態・治療や医療機器の操作などの医療ケアが多く、予後不良の場合もあります。親の児への愛着形成や育児に関する知識や技術への支援、および児が安全に生活するために家族をサポートする体制や環境整備が必要な状況です。看護師とソーシャルワーカーは、入院児支援コーディネーターとして連携をとってマネジメントを行います。

Ⅱモデル　医学的リスク　医学的に重症度は高いが、家族の養育力は高い状態・治療や医療機器の操作などの医療ケアが多く、予後不良の場合もあるが、家族の育児に関する知識や技術、意欲は高く、養育環境が整っている状況です。看護師が中心となり、入院児支援としてマネジメントを実施します。

Ⅲモデル　社会的リスク　医学的には軽症もしくは問題ないが、家族の養育力は低い状態で、児は病状安定もしくはリスクが顕在化していないケースです。児への愛着形成や育児に関する知識や技術への支援、および児が安全に生活するために家族をサポートする体制や環境整備が必要な状況です。ソーシャルワーカーが中心となりマネジメントを行います。

Ⅳモデル　医学的・社会的ローリスク　医学的には軽症もしくは問題なく、家族の養育力も高い状態です。現段階では、児は病状安定、もしくはリスクは顕在化していません。家族の育児に関する知識や技術、意欲は高く、養育環境が整っている状況です。

これらのマトリックス表やチェックシートを使用しながら、ハイリスクケースを評価します。特に、ソーシャルワーカーの実践としては、入院中に母・家族の養育能力を評価し、①育児トレーニング・在宅シュミレーション、②関係機関への連絡・調整・方針確認、③在宅生活のイメージ形成支援、④家族療育力の評価、⑤社会資源の選定とサービス情報提示、⑥チームサポート体制の整備、⑦退院支援計画の再構築、⑧居住地周辺での医療機関の確保、⑨療育支援と関係機関の連携などが実践されます。

また退院後には、①家族の療育力向上支援、②親の交流の場の提供、③児の安全確認・地域関係機関調整、④親の育児力向上などがフォローアップ介入として期待されています。

近年、医療機関におけるNICUでは、貧困や若年者妊娠、未婚妊娠、児童虐待、DV（ドメスティック・バイオレンス）など社会的問題を抱えるケースが後を絶ちません。そのために、ソーシャルワーカーや多職種連携によって、組織として取り組む部門が増加しています。

# 第3節　医療ソーシャルワークの課題

　わが国における医療提供体制は、医療機関における「在院日数の短縮化」、「病院病床の機能分化」、「連携」が重要な課題となっています。病院の機能分化や平均在院日数を踏まえて、急性期、亜急性期、回復期リハビリテーション、療養型といった病院、さらに老人保健施設や在宅支援診療所などとの連携が求められています。本節では、医療ソーシャルワークを実践するうえで、病院の機能分化で連携上生じる退院転院支援のジレンマや患者家族の課題について取り上げます。そして、医療ソーシャルワーカー（MSW）の存在意義について述べます。

　上山崎は、「病院の機能分化は、平均在院日数を下げ、医療費を抑制する直接的な効果を得られるものと期待されますが、一方で、これまでのように、一つの医療機関において、病気が良くなるまで入院を継続することが極めて困難な状況となり、医療サービスを受ける側（すなわち患者や家族）へ少なからず不安を抱かせている」と述べています[12]。急性期の病院では、平均在院日数を減らすことを大きな目標としました。この目標達成のために、クリティカルパス*6の導入がさかんに行われ、より効率的な治療を求めるようになりました。また、各医療機関同士で医療の継続がスムーズにいくような方法論の研究から、病院と病院の連携、病院と診療所の連携が進んできました。

　このような背景のもと、MSWが担う退院支援は、効率性や経済性、エビデンスがいっそう問われています。MSWは、退院支援をはじめとするさまざまな業務において診療報酬の対象となり、その社会的承認と要請が高まっているといえます。このことは、病院という機構の中で、病院の目的と患者・家族の利益を守るソーシャルワークという二重性を考慮しなければならないことになります。病院の効率性や経済性と患者・家族の意思や利益という二重の利益が相反されることも意味します。高橋は、MSWが退院援助で生じるジレンマについて、①患者の自己決定と専門家判断の優先が相反するジレンマ、②患者の利益と社会の福祉の追求が相反するジレンマ、③患者の希望が充足されるような社会資源が不足するジレンマ、④ソーシャルワーカーの所属する機関のルールとソーシャルワーカーの支援が相反するジレンマ、⑤同僚・チームメンバーのソーシャルワーカーの倫理に関する理解度の不一致からくるジレンマに分けています[13]。退院支援は、さまざまに異なる複雑な価値観が交錯する実践であります。

　また、退院支援が実践される部署として、近年「地域連携室」や「トータルサポートセンター」などという名称で組織され、多職種で構成されている部署

＊6　クリティカルパスについて、詳しくは、第9章第1節（p.134）を参照。

が窓口になっている医療機関が増加しています。この多職種、とりわけ看護師との連携によるMSWのコンフリクトが研究されています。佐藤は、①看護職との部門の組織上のパワーの問題、②退院支援の経験年数より組織における勤務年数の長さによるパワー、③ケース担当制の役割分担（例えば、医療的問題と心理社会的問題による線引きによる担当制）、④「見解・判断の相違（例えば、看護師は医療・治療優先であり、リスクマネジメントを重視するが、ソーシャルワーカーは社会生活から事象を見る視点と、患者・家族の自己決定を重視する）」という2職種の持つフレームワークの違いなどによって、MSWがコンフリクトを感じることを指摘しています[14]。

また、MSW自身の研究で、病院機能分化という制度の中で、患者の治療上の不利益について指摘しているものがあります。若杉・高橋らは、急性期病院から回復期リハビリテーション病院への転院にあたって、リハビリテーションの治療が必要にもかかわらず、「転院支援の狭間」に陥っている患者の存在を指摘しています。①医療依存が高い（酸素、IVH、気管切開、経腸栄養等）患者群、②在宅復帰率と退院後の療養先の担保がない患者群、③状態像・合併症のある患者群（1日9単位のリハビリ訓練に耐えられない、感染症、がん患者、骨折後の免荷などで痛みがある、低栄養でアルブミン値が低い、心疾患など）、④地域限定された患者群（家屋評価可能な範囲の地域）、⑤社会的背景を持つ患者群（単身、独居、経済的問題を抱えている、外国人患者、薬害患者など）、⑥期限に関する患者群（診療報酬算定の対象となる疾患ごとに入院までの期間が定められている）、⑦疾患群（回復期リハビリテーション病棟の対象疾患以外）、⑧病院数（特に透析などの設備を要する病院）、⑩薬剤問題（薬価の問題や薬の管理、副作用）、⑪年齢など、以上が回復期リハビリテーション病棟への転院の狭間にある患者群の存在であります[15]。

こうした法制度上の問題があるにもかかわらず、MSWは「人と環境」という視点により工夫して実践しています。若杉・高橋らは、工夫している実践として、急性期の病院組織と連携先である回復期リハビリテーション病棟のMSWとの協働の実践を取り上げています。①入院相談のタイミングをみる、②診療情報提供の初期の文字情報から得られない情報を提供する、③急性期病棟での見立てを文字で残してもらい、転院条件に該当する項目を発見する、④院内外会議などネットワークづくりや出前出張、そして受け入れ可能な病院を増やす、⑤回復の可能性を見立て、患者・家族と期待とゴールをすり合わせる、⑥転院先の審査が通りやすくなるようにプラス情報を取り込んで伝えるなどを実践しています[16]。

以上、MSWの課題として退院支援を例に取り上げましたが、大切なことは、

「人と環境」の視点から実践して、個別の実践から出現した制度政策の問題点を、多くのMSWと協働して課題を蓄積し、データ化して、患者・家族の利益のために改革することにMSWの存在意義があります。

> **演習課題**
> ① 戦後の医療費高騰要因と病院機能分化への関連性について、政策変遷の視点から具体的に考えてください。
> ② 医療ソーシャルワークの実際から、「人と環境」という視点で、その実践的機能を分析してください（第11章の事例を参照すること）。

**引用文献**

1) 椋野美智子・田中耕太郎『初めての社会保障〔第15版〕』有斐閣 2018年 p.67
2) 厚生労働省「医療介護総合確保推進法病床機能報告制度と地域医療構想（ビジョン）の策定」pp.14-15（https://www.mhlw.go.jp/file/06-Seisakujouhou-12600000-Seisakutoukatsukan/0000038005_1_2.pdf，2018年11月25日閲覧）
3) 医療・介護情報の活用による改革の推進に関する専門調査会「第1次報告―医療機能別病床数の推移及び地域医療構想の策定に当たって」p.2（https://www.kantei.go.jp/jp/singi/shakaihoshoukaikaku/houkokusyo1.pdf，2018年11月25日閲覧）
4) 今村知明「求められる病院の機能転換」『病院』77（6）2018年 pp.464-468
5) 社会保障制度改革国民会議「社会保障制度改革国民会議報告書」pp.24-26
（https://www.kantei.go.jp/jp/singi/kokuminkaigi/pdf/houkokusyo_gaiyou.pdf，2018年11月25日閲覧）
6) 「医療・介護情報の活用による改革の推進に関する専門調査会「第1次報告―医療機能別病床数の推移及び地域医療構想の策定に当たって」p.9
（https://www.kantei.go.jp/jp/singi/shakaihoshoukaikaku/houkokusyogaiyou1.pdf，2018年11月25日）
7) 日本緩和医療学会「緩和ケアの定義（WHO 2002年）」（https://www.jspm.ne.jp/proposal/proposal.html）
8) 日本緩和医療学会ホームページ「緩和ケアの定義」（https://www.jspm.ne.jp/proposal/proposal.html）
9) 厚生労働省「平成30年度 病床機能報告の見直しに向けた議論の整理（資料編）」（https://www.mhlw.go.jp/file/05-Shingikai-10801000-Iseikyoku-Soumuka/0000213026.pdf，2018年11月25日閲覧）
10) 回復期リハビリテーション協会「回復期リハビリテーションとは」（https://www.rehabiri.jp/visitor.html，2018年11月25日閲覧）
11) 東京都保険福祉局「NICU入院児支援コーディネーターについて」pp.3-10（http://www.fukushihoken.metro.tokyo.jp/iryo/kyuukyuu/syusankiiryo/nicutainshien.files/1_handbook.pdf，2018年11月25日閲覧）
12) 上山崎悦代「医療ソーシャルワーカーの今日的状況に関する一考察―期待される役割

と葛藤の検証」『帝塚山大学心理福祉学部紀要』2010年　pp.67-81
13)　高橋学「退院援助における自己決定原則の考察 - 自律性（autonomy）尊重モデルの検討」『医療と福祉』69（33）　2000年　pp.46-58
14)　佐藤奈津子「ソーシャルワーカーと退院調整看護師間のコンフリクトに関する研究」『北星学園大学大学院論集4号』2013年 pp.19-38
15)　若杉美千子・高橋学ほか「ソーシャルワーカーによる回復期リハビリテーション病棟への転院支援実践の分析」『學苑』928号　2018年 pp.35-50
16)　若杉美千子・高橋学ほか「ソーシャルワーカーによる回復期リハビリテーション病棟への転院支援実践の分析」『學苑』928号 2018年 pp.35-50

# 第11章　医療ソーシャルワークの実践事例

## 事例1　急性期病院でのソーシャルワーク
―働き盛りの方ががんになったとき―

【事例概要】
- ■患者：Aさん（52歳、女性）
- ■病名：急性腎不全、精査後にスキルス胃がんステージⅣ、後腹膜播種
- ■医療ソーシャルワーカー（MSW）の所属：急性期病院。MSW16年目

### ● 1　診断直後のかかわり

#### ①介入依頼―腎臓内分泌代謝内科医師より―

スキルス胃がん。手術適応なく、抗がん剤について消化器内科医師から説明。いずれはホスピスに入院したいと本人の希望があり、情報提供を依頼します。

#### ②インテーク面接前の情報収集―カルテより―

① 病気発覚の経過

　2年間で体重13kg減。1日1回は嘔吐あり。下痢、下肢浮腫が出現し体重が3kg増加。職場の診療所から当院紹介され緊急入院となる。急性腎不全の診断がつき、両側に尿管ステントを挿入すると胃壁の肥厚が認められ、精査を行い、スキルス胃がんによる後腹膜播種・尿管狭窄とわかった。

② 予後に関すること（インフォームドコンセントの情報）

　Aさん「いつ死んでもいいと思い生きてきた。延命治療はしない。いつ死ぬか目安を教えてもらわなければいろいろできない。教えてほしい」。

　主治医「未治療で3〜4か月。抗がん剤を投与すればプラス数か月が見込める」。

③ 日常生活自立度（ADL）：自立

④ 生活・社会面の情報：仕事をしており、「組合健保・本人」保険証を利用

### ③介入前の仮アセスメント

① 急性腎不全で入院し、精査の結果わかったがん。青天の霹靂という気持ちがうかがえる。本人の受け止めに配慮しながらの支援が必要と考える。
② 「死ぬ目安を教えてもらわなければいろいろとできないから教えてほしい」の表現から、自ら道を切り開いていきたいAさんの考えが受け取れる。
③ 依頼では「ホスピスに関する情報提供」ではあるが疑問。働き盛りのAさんが活用できる制度について情報提供できる準備を行う。

### ④初めの出会い、インテーク面接

　Aさんは開口一番「私、治療するつもりはない。明日退院したい」「死ぬまでのイメージがつかないから、これから受けられるサポートを教えてほしい」との表現で、面接は早々に終えたいとの希望がありました。

　Aさんの希望に添い、まずは「治療しない場合の生活イメージ」を端的に伝えました。Aさんは「もう少し聞きたい」とのことで、次に「治療した場合の生活イメージ」について活用できる制度とともに情報を提供しています。するとAさんは、うなずいた後、死生観や自分の歴史を語ってくれました。Aさんが苦労をされて今いることが分かりました。面接の終盤、Aさんは「治療についてはもう一度考えなおしたい」と話し、MSWより「たとえ治療しない選択をしても、Aさんの人生を応援したいこと」を伝え、面接を終えました。その夜、Aさんは友人から「長く生きてほしい」と懇願され、翌朝、医師から治療について再度話を聞き、治療を決意しました。

### ⑤インテーク面接で得た情報

① 家族状況　　未婚。両親は10年前に他界。海外で生活していた妹夫婦は3年前に他界（障害を持って生まれてきた息子が病気で他界した直後、亡骸を抱え妹夫婦は自殺した）。
② 生活状況　　一軒家にて独居。愛犬2匹と生活。都内の企業に勤務し、仕事に重きを置いた生活。妹夫婦の他界後、精神的にもろくなり、うつ病の診断がつき、内服加療していた。精神症状も落ち着き仕事も軌道にのった最中、上司からのパワハラがあり、かなりのストレスを抱えていた（本人が言うには「上司のパワハラによるストレスがものすごかった。それで自分はがんになったのだと思う。後輩のためにも裁判で戦わねばと思っているとのこと」）。

## ⑥面接中のアセスメント、支援計画

① 「生活イメージをつけたい」とのAさんの希望。ホスピスに焦点を絞らず、暮らし、仕事、経済面も含めた情報提供を行う。
② 「治療するつもりはない」と表現はしているが、言葉の端々で治療も気になっている様子がうかがえる。「治療する場合」の情報も伝える。

## ⑦インテーク面接でのMSWの支援

Aさんの希望に合わせ、生活イメージ、活用できる制度について伝えた。

① 治療しなかった場合の生活　症状が出てきた場合に備え、症状緩和をできる医療機関を選び、通院継続する。緩和ケア病棟がある医療機関を選択することも一つ。一般病床を選択するのも一つ。介護保険を利用し、在宅生活を続ける方法があることを伝える。
　　⇒Aさんは「わずらわしい手続きはしたくない。自分が入院したいときに入院できればいい」と表現していた。
② 治療した場合の生活　治療状況に合わせ、資源は活用できる。介護保険利用や将来的な緩和ケア病棟への相談調整も可能。当院への通院継続のため、Aさんの人生に合わせた選択を一緒に考えていけることを伝える。
③ 活用できる制度　傷病手当金、限度額適用認定証、生命保険活用。組合健保での付加給付制度あり。

## ● 2　治療期のかかわり

　Aさんは治療で病院に来るたびにMSWとの定期面接を続けました。Aさんは生活の中での心配事を一つずつ言葉にし、自分の力で解決する道を一緒に探っていきました。
　一方、診療場面では、Aさんの正義感の強さと信念から、医師との関係がうまくいかない状況がありました。当初、主治医はAさんを「主張が多い。価値観が独特」ととらえていたため、MSWは「Aさんの価値観の根源や何を大切に生きている方かを主治医に伝える必要性」を感じていました。Aさん自身も主治医とうまくいかないことに戸惑っていました。相談を重ね、Aさんの了解も得て、主治医に伝えたところ「そんな背景があったとは。こだわる理由が理解できた」と話し、スタッフ内で情報共有を進めていきました。Aさんに状況を伝えると安堵の表情で、それ以降、診察ではコミュニケーションがスムーズになりました。「気になっていることも質問できるようになった」とAさんがフィードバックしてくれました。MSWは、Aさん自身が本来持つ力を発揮

できるよう、仲介機能を果たし支援しました。

　また、生きていることの証として、いつもおいしいお菓子をスタッフにプレゼントしてくれていました。Aさんは「胃がんなのに不思議なの。たくさん食べられる。おいしい物をいろいろと取り寄せているの。今の一番の楽しみ。取り寄せしたお菓子を一緒に楽しめる仲間がほしい。だからこそお菓子を持ってくるのです」と話しており、イキイキと生活している証としてのAさんの行動を見守りました。

　刃物みたいに鋭いAさんの姿、「主治医にどのように伝えたらよいか」と頼り方を聞いてくる弱い一面、さまざまな姿を見せてくれるAさんとともに、生きることを一緒に考えていきました。

　この時期、Aさんは新車を買い、ドライブを楽しむ姿も見られました。今、生きていることをさまざまな形で確認し、「もう少し生きたいと思うようになった」とおっしゃっていました。

## ● 3　積極的治療を終了する頃—看取りまでのかかわり—

　人生の終え方として、お墓のこと、愛犬を育ててくれる人、家の処分のこと、お世話になった方へのお礼の方法など…あらゆることをAさんは準備していました。生活については「サービスを受けてまで在宅生活に執着しない」とのAさんの信念があり、入院を希望するタイミングで一般病床への入院、緩和ケア病棟への転棟ができるよう資源調整をしました。お見舞いにうかがったとき、本当に穏やかな顔で迎えてくれました。Aさんは治療開始から2年が経過したある日、友人たちにサポートを受けながら旅立ちました。その4日後、Aさんから贈り物が届きました。驚きとともに、Aさんが生き抜いた想いを感じ、感謝の思いで頂戴しました。

## ● 4　医療ソーシャルワーク実践で大切にしていること

　依頼内容も大切ですが、人生の主人公が求めていることは何かを考えることが重要です。社会資源のマッチングだけではなく、クライエントが自らの力で一歩踏み出せるよう支援することがMSWの仕事です。

　急性期病院では、診断直後にかかわることも多く、時には危機介入も必要です。病気から予測される生活障害をアセスメントし、特に稼働世代への支援は、治療と生活・仕事を両立できるように配慮が必要と考えます。誰の人生の何のための支援かを誠実に考えていくことが大切です。

## 事例2　回復期リハビリテーション病棟でのソーシャルワーク
　　　　　—患者・家族のサポーターとして—

【事例概要】
- ■患者：Bさん（73歳、男性）
- ■病名：脳梗塞
- ■医療ソーシャルワーカー（MSW）の所属：回復期リハビリテーション病棟、MSW5年目
- ■病気発覚の経過：自宅で倒れているところを長女が発見、自宅近くの急性期病院へ救急搬送。2度目の脳梗塞と診断。
- ■ADL：全介助（左上下肢に重度の麻痺、構音障害、嚥下障害、胃ろう）
- ■家族状況：長女夫婦、孫2人（高校生と中学生）の5人暮らし
- ■生活状況：7年前の脳梗塞を契機に長女家族と同居。つたい歩きと車椅子を使用。自主トレーニングに励み、孫の成長を楽しみに生活。
- ■社会資源等：国民健康保険、高齢受給者証、身体障害者手帳1級、要介護5

### ●1　支援経過

　急性期治療が終了し、2週間後に回復期リハビリテーション病院へ転院しました。MSW全担当制につき、入院時から介入しています。自宅退院に向けて3か月間リハビリテーションを実施するも、重度の嚥下障害が改善せず、胃ろうを造設しました。長女より、家事や育児もしながら胃ろうの対応も含めた介護には自信がないと話がありました。病院内のチームとしては退院準備を進める段階にあり、退院先の決定が急がれていましたが、家族内での相談結果を待つこととなりました。

### ●2　退院先を決定していく過程（不安・迷いへのかかわり）

【長女と個別面接】

　長女より、「胃ろうから必要な栄養が摂れるようになれば、父が食べたいものだけを食べさせてあげることに専念できるので、気持ちが軽くなった」と在宅介護の意向が聞かれました。同時に、これまでの介護生活の中で「施設に預けようと思った時もあったけれど、ふとした時に家が一番いいなといった父の言葉が忘れられず踏みとどまってきた」という想いも語ってくれました。

Bさんの自宅退院の方針が定まり、病院のチームスタッフは安堵しました。しかし、Bさんの介護のために仕事を辞め、約7年間介護に専念してきた長女の想いや苦労を知ったMSWとしては、このまま自宅退院を進めていく方針で本当によいのだろうかという迷いが生じました。

## ● 3　自宅外泊・退院の準備の期間

　看護師やリハビリテーションスタッフが定期的に介助指導を行い、自宅外泊を2週間後に控えたある日、長女より体調が芳しくないとのことで外泊延期の申し出がありました。その後も約1か月が経過し、長女は「時期を見て外泊はしたいけれど、まだ準備が整わない」との意向で、具体的な計画は進みませんでした。退院の予定時期も延長を重ねており、医師や病棟の看護師長、リハビリテーションスタッフからは「これだけ重度の介護は、家族側も負担なのではないか」「無理して自宅退院しなくてもよいのではないか」「回復期の期限も迫ってきている、自宅が無理なら早く施設を勧めるべきではないか」という言葉を受け、MSWは退院促進の重圧を感じていました。しかし、在宅介護に再挑戦したい気持ちと不安の間で葛藤している長女の気持ちを無視できないという想いを取り去ることができませんでした。Bさん親子にとって大きな決断の岐路に立たされている大事な場面なのかもしれないと考え直し、Bさんと長女が立っている「今」をもう一度理解し、できる限りBさんと長女のペースで進めていこうと考えました。

## ● 4　新たな生活への出発・後押し

### ① Bさんと面接

　今の気持ちや今後の生活についてBさんに尋ねたところ、「（身のまわりのことを）やってもらっているから、言えない…」と話されました。その時、介護をしてくれている長女に対するBさんの気遣いを感じました。MSWは、たとえ介護を受けていたとしても、Bさんの人生なのだから希望は言っていいもの、Bさんの気持ちが聞きたい…そう思いながらもこれ以上尋ねることができず、Bさんの本当の想いを汲み取れなかったことへの後悔とやるせなさも感じました。

### ② Bさん・長女と面接

　病室を訪れると、BさんとBさんの傍らで泣いている長女がいたため、

MSWから声をかけました。

> MSW：お話されていたのですか？
> 長　女：もうどうでもいいんですよ。
> Ｂさん：…（やや微笑んでいる）
> MSW：心配になってしまいますね…（Ｂさんに向けて語りかけた）。何か…考えていたのですか（長女へ尋ねた）。
> 長　女：いつまでできるのかって考えたら、わからなくなって。施設とか探したほうがいいのかもって思えてきて。
> MSW：胃ろうのことなど、心配ですか？
> 長　女：それはなんとかなると思います。ただ、私がもっと気持ちの余裕をもって父に接することができたらいいのです。ついきつく当たっちゃうので（泣き顔の中にもやや笑顔を作りながら話される）。
> Ｂさん：…（ほほえんでいる）
> MSW：…そうなのですか？
> 長　女：そう、でも昔からこうだからね。
> MSW：お互いに、素直に言い合えるのですね。
> 長　女：確かにそうですね、けんかばっかりですけどね（いつもの長女の表情）。
> Ｂさん：…（笑顔でうなずく）
> 長　女：いろいろすみません。ただ、どこまでできるか分からないのも正直なところで…でも父がどうしたいかが一番で、本人次第なので。

　多くの言葉はなくとも、絶妙なバランスを保ちながらお互いを想い合っている父娘の姿が印象的でした。Ｂさんのなんともいえない笑顔からは「わかっているから、それ以上言わなくて大丈夫」そんな声にも感じられた瞬間でした。

### ③長女と面接

　長女より、施設の情報も踏まえて今後のことを改めて考えてみたいとの希望が聞かれたため、長期療養先の施設・病院の情報提供を実施しました。その際、MSWからは次のようなメッセージを伝えました。

　「自宅と施設のどちらがよいということはなく、Ｂさんとご家族が、どこでどのような時間を大事にしていきたいかを考えてほしいです。Ｂさん父娘が、お二人らしく会える場所が自宅以外の場所であれば、それも一つの形。また自宅での介護については、長女さんががんばりすぎてしまわないか気がかりではありますが、入院時から一貫してお父さんがどうされたいかを一番に考え、が

んばってこられていることを私は知っています。だからこそ、Bさんが過ごしたい生活を、できる限り続けられる方法を考えようとされている長女さんを応援したいです。どこの生活の場を選ばれたとしても、長女さんがBさんにしてあげたいと思うことを、私もお手伝いさせていただきます」。

　その数日後、どこか吹っ切れたような表情をした長女が来院し、「父が自宅で過ごせるうちは、なんとかやっていきたい、そう決めて今までもやってきたんです。だからやれるところまでやってみます。父さん次第なので。それで駄目になったらその時にまた考えればいいと思っています」という決意とともに、自宅退院日の希望が聞かれました。

### ●5　医療ソーシャルワーク実践で大切にしていること

　回復期リハビリテーション病棟は、多くの変化を目の当たりにします。患者は以前とは異なる変化した身体と向き合い、自分の人生を見つめ、さまざまな想いを抱きながらリハビリテーションに励んでいます。家族も以前とは異なる状況に戸惑いながらも患者を支えようと奮闘しています。事例2において、長女が不安や迷いを抱えながらも歩んでいきたい道は、Bさんがしたいと思うことをできる限り続けていく道だったのではないかと思います。たとえ近い将来難しい結果が待っていたとしても、そんな長女の想いを応援していくことが、MSWができることの一つであったと思います。Bさんを支えたいと望む家族がBさんを支えることに力を注げるよう、家族のサポーターを担っていくことも、MSWの大切な役割の一つです。また、患者を中心に形成される医療チームの中で、患者だけでなく、ときに患者を支える家族を主語に語れる人がいることも大切なのではないかと考えます。

### 事例3　療養病床（医療療養病床）でのソーシャルワーク
### ―病院で「生活する」とはどういうことなのか―

【事例概要】
- 患者：Cさん（57歳、男性）
- 病名：頸髄損傷（第4頸椎）受傷から5年経過
- 医療ソーシャルワーカー（MSW）の所属：慢性期病院。MSW5年目
- 病気発覚の経過：通勤中の交通事故で受傷し、B病院にて第4頸椎椎弓切除術、気管切開を受け、1か月半後にC病院へリハビリテーション目的で転院。その半年後、当院へ療養目的で入院。

- ■ADL：全介助（四肢麻痺、排尿障害あり、膀胱留置カテーテル使用、意識清明、ブレスコール使用）
- ■家族状況：父は他界、母は遠方の他県在住、妹
- ■生活状況：一人暮らし、結婚歴なし、会社員として勤務
- ■社会資源等：国民健康保険、身体障害者手帳1級、要介護非該当

## ●1　介入依頼

　Cさんより、設備やリハビリテーション環境の良い病院を探したいとの希望があり、療養先の相談を受けました。入院から約半年が経過した頃、病棟のケアや対応についての訴えが増え、病棟スタッフも対応に困り、次の病院はいつごろ決まりそうなのかとMSWへ状況を尋ねられる場面が増えていました。

## ●2　療養環境の設定・調整へのかかわり

**【Cさんより声かけがあり面接】**

　病院選定について、「長期療養」「パソコンとブレスコールの使用」の条件を満たす病院の選定希望があり、後日情報提供を行うことになりました。またiPS細胞移植の治験を行っているD病院への打診依頼と移動方法の相談がありました。以前のCさんはリハビリテーションが最重要と考えていましたが、リハビリテーションの継続が難しい中で、新たな生活を考えていこうとしている様子でした。

## ●3　生活の中で沸き起こる想いや希望

**①病棟看護師長より、MSWへ声かけあり**

　「Cさんの数々の要望に個別対応しきれない現状で、スタッフもCさんへのマイナス感情が増え、悪循環になっている。これ以上要望が続けば、早々に他の場所へ移ってもらわざるをえない。今後の転院についてCさんや家族の考えを聞いてみて欲しい」と依頼がありました。看護師長の話を受け、Cさんが日々どんな病棟生活を送っているのか、カルテを一つひとつ追ってみると、「同室者の音が気になり眠れない、マットレスの寝心地が悪い、スタッフと一緒に撮った写真が欲しい、ファーストフードが食べたい、ビールが飲みたい、食事の味が薄い」などの詳細が記載されていました。しかしそれらは、Cさんが日々感じている、人として当たり前のことばかりであり、病院という非日常の環境

で自分らしく生活をしようと奮闘するCさんの姿を感じました。

### ② Cさんと面接

> Cさん：ここの入院費には、サービス料も含まれているのかな？
> MSW：何か入院中のサービスのことで気になられていることがあるのですか？
> Cさん：部屋の温度が一定じゃないんですよ。その時は変えてくれても、すぐ戻っているし。昼と夜の引継ぎがちゃんとされていないから、毎回言わなきゃならなくて。入院費を払っているんだから、ちゃんとやってもらいたいよ。さっき看護師さんに言ったからもういいんです。気にしないでください。
> MSW：そうですか。ただ、近頃あまりお元気そうな表情には見えなかったので。それで気になって、今日来たんです。
> Cさん：そう？（満面の笑み）そりゃそうだよ。結局、毎回その場だけ我慢しろということじゃないですか。でも、あれこれ言いすぎたらソーシャルワーカーさんやよくしてくれる看護師に迷惑かけちゃうからな（笑顔で話す）。
> MSW：私は迷惑とかありませんよ。ただ私がすべて解決できるというわけではないのでお役に立てていない気がします。何かできたらよいのですが…。
> Cさん：そんなことないですよ。こうして来てくれるしね。
> MSW：そうですか？でも、こうやってCさんが話してくれるので、Cさんがどんなことを考えているのかがわかります。
> Cさん：そお？ いやぁ、そうやってみんなに優しいんでしょう。
> MSW：ちょっとCさん、冗談じゃなくて。
> Cさん：はい、すいません。
> MSW：お話は聞けますよ。他に何かお手伝いできるとよいことはありますか？
> Cさん：大丈夫、ありがとね。

### ③ 看護師長と病棟スタッフとカンファレンス

　MSWより、Cさんの訴えへの細かな対応について、病棟スタッフへ労いを伝えるとともに、ケアの大変さを尋ねてみました。すると、看護師としても、「Cさんのさまざまな要求の背景には何か伝えたい想いがあるのかもしれないと思ってはいる。しかし病室に行くたびに怒られるため、スタッフも委縮し、それ以上の関わりができていないのだ」と話してくれました。MSWから、Cさんが看護師に対して感謝を感じていることを伝えると同時に、Cさんの訴えは普段の自分の生活に置き換えると自分自身が感じることと同じだと気づかさ

れたこと、しかし現実的にどうしていけるか悩ましいという気持ちを率直に伝えました。看護師長も、「看護師としてCさんの考えていることをもっと聞くことができるようにスタッフ側の関わり方も考えていきたい。またCさんがMSWに話してくれる想いを病棟にも教えてもらえると助かる」との話がありました。

## ● 4　生活の場としてのあり方を考える

### 【Cさんと面接】

> MSW：病院に打診した資料をお持ちしました。調子どうですか？
> Cさん：うん、良いときもあるし、いろいろ。そういえば、結婚とかしているの？
> MSW：それならよかったです。でもまたそういうこと聞いて、どうでしょう。
> Cさん：どうなの？　知りたいなぁ。
> MSW：想像して楽しむのも一つですよ。
> Cさん：うまいなぁ（笑顔）。
> MSW：そんなことじゃなくて、何かありましたか？　お話聞けていなかったので。
> Cさん：大丈夫だよ。
> MSW：わかりました。それから、先日のリハビリ、ブレスコール、パソコンの持ち込みについては確認がとれました。
> Cさん：それはそんなにいいんだよ。大事なのは夜のお茶。夜中に3回飲ましてもらっていて、これがないとおしっこが出なくなっちゃうから。
> MSW：それは大事ですね。また打診先の病院に確認しておきますね。でも以前にパソコンなど気になられていましたけど、もういいのですか。Cさんの生活の中で当たり前に必要なことで、Cさんにとって大事なことなのだろうなと私は思っていたのですが、どうなのでしょう？
> Cさん：確かに必要だけど。ネットで調べ物するくらいの生活だけだから。
> MSW：そう…。Cさんが今一番大事だなって思うことはどんなことなのですか？
> Cさん：裁判に勝ってD病院にいくこと。
> MSW：D病院に行って、どんなふうになりたいというのは？
> Cさん：治療して歩けるようになりたいですよ。でも裁判に負ければD病院行きはなくなって終わりです。生きている意味はなくなります。
> MSW：そうですか…。今のCさんの原動力ってどんなことなのですか？
> Cさん：裁判だよね。今はそれだけ。まだまだ時間もかかることですけど。
> MSW：もう始まったのですね。Cさんの進みたい道がつながっていくように、

私も応援しています。

### ● 5　医療ソーシャルワーク実践で大切にしていること

　患者にとって、病院のスタッフはあくまで医療やケアを提供する人であり、医療職しかいない病院は生活をするうえで特異な環境かもしれません。事例3のCさんにとって、他愛のない会話や雑談は、療養生活に彩りを感じられる時間であったのかもしれません。また、自らの生活を切り開こうと裁判や病院の中で訴え続け、障害や現実の困難に屈せず立ち向かっていくCさんの生きざまから、療養病院で生活することをとらえる視点を教わりました。そして、MSWから見えている患者の世界をMSWが代弁者となって他職種へ伝えていくことで、周囲のマイナスな視線をプラスに向けていくことができるのではないかと考えます。病院の中で、医療職ではない立場で関われる人、生活に彩りを与えられる一人として、患者の声を聴き、言葉を伝えていくことが大切であると考えます。

## 事例4　在宅医療

【事例概要】
- ■患者：Dさん（67歳、女性）
- ■病名：アルコール依存症、血管性認知症
- ■医療ソーシャルワーカー（MSW）の所属：認知症病棟、外来。MSW10年目
- ■生活歴：生活保護受給。独居。夫とは離婚。子どもは娘1人。他県に住んでおり家庭もあるが、最低限の関わりはしてくれる。

### ● 1　支援経過

#### ①介入依頼

　MSWとの関わりはアルコール依存症の入院患者さんの退院調整が始まりでした。主治医より依頼されAA*や作業所の情報提供をしたが本人は興味を示さず、特に社会資源を使うことなく外来通院は継続されていました。

＊　AA（Alcoholics Anonymous）
アルコール依存症者の匿名の自助グループのこと。

#### ②認知機能低下と身体機能低下のはじまり

　肺炎、熱中症で当院入院。主治医より、認知機能低下が見られ、服薬管理が

不安であるとの依頼を受け、本人了承のもと訪問看護を調整した。訪問看護師の訪問時に本人不在のことがあり、携帯に電話すると知人の男性の家にいて「帰るのが面倒くさくなっちゃってさぁ…」という本人に対し、「しょうがない人ないんだからぁ！明日かわりに行くからちゃんといてよ！」とつき合ってくれているという報告をMSWは時折、訪問看護師から受けており、地域の支援者に恵まれて「Dさんよかったなぁ」と安心していた。

### ③認知機能低下、身体機能低下の減退

65歳以降、介護保険サービスを利用しながらの生活を数年続けていた最中、脳梗塞を発症し、リハビリテーションを含め5か月間、当院に入院となった。軽度の左麻痺と構音障害が残り、生活状況が以前とは異なるため、退院前にケア会議を開くことになった。ケアマネジャーからは、入院前も生活がギリギリであったことや規則正しい生活を送らなければ同じことの繰り返しが心配されることが話され、配食サービスの導入、デイサービス利用の追加が提案された。本人自身も入院生活が長かったため、「それでお願いします」と頭を下げていた。しかし、しばらくして配食サービスは中止、デイサービスはキャンセルの日が続き、サービスと本人の自由さの折り合いが難しい様子がうかがえた。

### ④在宅生活の危機

自宅前でぼーっと座っている所を通行人に救急要請され、救急車で来院し入院。救急要請が多くなっており近隣住民から一人暮らしを心配する声があがっていたことを入院時にケアマネジャーから聞かされた。MSWとして「これは一筋縄に退院とはいかないかもしれないな」という直観が働いた。

(a) MSWとして入院中に必要と感じた支援の計画
① 本人、娘、支援者それぞれがDさんの今の生活をどうとらえ、今後どうしていきたいと思っているかを確認すること
② 事前に収集した情報を元にDさんと作戦を立てておくこと
③ ケア会議を開き、おそらく少しずつ異なるであろう意向を一つにすること

(b) 情報収集後のアセスメント
① Dさんの意向は独居継続。施設でうまくやれない自分を感じている。寂しさから知人の家に行き帰ってこないことがあり、支援者との小さな摩擦を生んでいる様子あり。Dさんが独居を継続するには知人の家に行くことも、支援者に生活を支援してもらうこともどちらも必要。
② 娘との同居は不可。母の性格を理解しており、このままの生活を続けさ

せてあげたいというのが一番の希望ではあるが、支援者への負い目も感じている。娘への支援者の圧力に配慮も必要。

③ ケアマネジャーは、ヘルパーが訪問しても本人が不在なことも多く困っている。「きちんとした生活」をベースとして「支援を組む」という都合から、Dさんの気ままさを快く思わない様子が以前よりうかがえていた。「近隣の心配」「そろそろ厳しい」という言葉からは、Dさんの限界にあわせてケアマネジャーの限界も感じられた。ケアマネジャーとDさんの意向が一致しないことが心配され、調整が必要であることが予測された。

④ 訪問看護師は、以前より本人の性格をよく理解してくれている。服薬の乱れが睡眠の乱れ、生活の乱れ、気分の乱れにつながることを心配している。知人宅に泊まりに行くことが契機となっていることも理解しているが、制限することもできない難しさを感じている。本人の気ままさと、気ままがゆえに脅かされる生活のバランスをどうとるかが課題となることが見える。

### (c) 本人との作戦会議

支援者が約束した訪問時にいないことや、薬を飲み忘れたり飲みすぎたりすることを心配していることを共有。「わかってるんだけどさぁ。うまくいかないこともあるのよぉ」と笑っている。近隣の人も救急車が頻繁に来て心配している様子があることを伝えると「そうなのよねぇ。みんなから白い目で見られている気がするのよぉ」と少し被害的に話される。救急車を呼ばずにすむほうがよいことを共有し、調子を崩すきっかけが薬の飲み忘れにあることも確認する。薬の飲み忘れや飲みすぎが起きないように皆と相談していけるとよいことを確認し、ケア会議に臨むこととした。

### (d) ケア会議

ケアマネジャーからまずは関係者のみで話し合いたいという希望が聞かれ、後で本人に来てもらう形式をとった。ケアマネジャーから訪問時に会えないこと、眠れないと怒りっぽくなりヘルパーに攻撃的になること、救急車の要請が頻回で近隣住民から心配の声があがっていること、本人の生活スタイルを変えることは難しいことを理由とし、一人暮らしは限界にきているとの意見が述べられた。MSWからは元来の本人の性格、気ままな生活を続けたいという本人の希望、本人自身が施設は苦手だと思っていることを述べつつ、本人の望む生活スタイルと支援を受けるための生活スタイルの不一致が課題であることを伝える。最終的には支援者の中で一人暮らしが難しいという評価があっても、本人の意向もあり、退院後すぐの施設入所等は現実的ではないとの結論となった。ケアマネジャーから「自宅退院するならば、本人が生活を改める約束をしてくれないと支援を続けるのは難しい」との意見が出され、本人と話し合うこととと

なった。

　本人の同席後、主治医から訪問時にDさんが家にいないと皆が心配になるので家にいてほしいと伝えられるも、「それはわかるんだけど。私にも予定があるのよ…」と本人は難色を示す。ケアマネジャーからは「でも、それだとサービスは組めません。あらかじめ約束しておいてもらえないとヘルパーも入れられません」と枠にはめたいケアマネジャーと枠にはまりたくない本人との攻防戦となった。途中、訪問看護師より「じゃあ、もう、知人の家には泊まることを前提で、サービスを組みなおそうよ」という提案がなされ、週末は泊まりに行く、平日は泊まりにいかない、サービスは一人でいると寂しくなる夕方に入れるという話し合いがなされた。本人も「タクシー代もかかるし、それでやってみる」という前向きな発言が聞かれ自宅退院となった。

## ●2　医療ソーシャルワーク実践で大切にしていること

　認知症を患うと、できないことが増えてきます。リスクから本人の希望が却下されてしまうこともあり、「できないこと探し」が周囲の人たちの中で始まることもあります。リスクを想定し、それが起こらないような策を講じるのも一つですが、リスクを最小限にする方法やリスクがありながらもできる方法を考える「できること探し」を本人と支援者の人たちとしていくことを、MSWとしては大切にしています。認知症を患った方（特に独居の方）が一度在宅生活をあきらめるということは、再び在宅生活に戻ることは困難であることを意味します。入院をきっかけとして生活が一変することを期待する方もいますが、本人が元の生活を望むならば、その実現に向けて考えていきます。また、時として「厄介な人」「現実検討のできない人」と本人が疎まれ、支援者の中で見えない壁が発生することもあります。そんなときは、できるだけ愛される部分や共感が得られる部分を見つけ、言語化し伝えていくことを意識しています。それが本人を見る目を変え、できないこと探しからできること探しを一緒にしてくれるきっかけになり、見えない壁が低くなることもあるからです。そしてなによりも、本人が「わからない人」として排除されることがないよう支援することを心がけています。本人の人生は他の誰でもない本人のものであることを常に念頭に置き、周囲の支援者が本人の人生を方向づけることなく、本人を中心にともに考えていけるようなチームづくりを大切にしています。

> **演習課題**
> 
> それぞれの事例を下記の点について検討してください。
> 1) 医学的知識と心理・社会的影響について検討しましょう。
> 2) ソーシャルワークの知識や技術について検討しましょう。
> 3) 活用すべき社会資源について検討しましょう。

**巻末資料1　主な診療報酬における社会福祉士の評価**

| 項目 | 内容 | 主な算定要件・施設基準 |
|---|---|---|
| 栄養サポートチーム加算 | 栄養障害の状態にある患者または栄養管理を行わなければ栄養障害の状態になることが見込まれる患者に対して、患者の生活の質の向上等を目的として、医師、看護師、薬剤師、管理栄養士等が共同して必要な診療を行った場合に所定点数に加算する | 当該保険医療機関内における栄養サポートチーム（所定の研修を終了した専任の①常勤医師、②常勤看護師、③常勤薬剤師、④常勤管理栄養士）の配置が必須であるが、上記のほか、歯科医師、歯科衛生士、臨床検査技師、理学療法士、作業療法士、社会福祉士、言語聴覚士が配置されていることが望ましい。 |
| 患者サポート体制充実加算 | 医療機関に相談する患者等に対し、相談に幅広く対応できる体制をとっている医療機関に対する評価であり、医療従事者と患者との円滑なコミュニケーションを図る。<br>＊「がん拠点病院加算」を算定している場合は算定できない。 | 患者からの相談に対する窓口を設置し、専任の医師、看護師、社会福祉士等が配置されていること。 |
| 入退院支援加算1 | 退院困難な要因を有する者に対して、適切な退院先に適切な退院時期に退院できるよう、退院支援計画の立案および当該計画に基づき退院した場合に加算できる。<br>※一般病棟入院基本料等の場合には原則として7日以内、療養病棟入院基本料等の場合は原則14日以内に、患者および家族と病状や退院後の生活を含めた話し合いを行うとともに、関係職種と連携し、入院後7日以内に退院支援計画の作成に着手することが必要である。 | ①退院支援および地域連携業務を担う部門が設置されていること<br>②退院支援および地域連携業務に関する十分な経験を有する専従の看護師（この場合は、専任の社会福祉士の配置が必要）または専従の社会福祉士（この場合は、専任の看護師の配置が必要）が1名以上配置されていること<br>③各病棟に、退院支援および地域連携業務に専従として従事する専任の看護師または社会福祉士が配置されていること<br>④退院支援等を行うにつき十分な体制が整備されていること |
| 入退院支援加算2 | 退院困難な要因を有する者に対して、適切な退院先に適切な退院時期に退院できるよう、退院支援計画の立案および当該計画に基づき退院した場合に加算できる。<br>※できるだけ早期に患者および家族との話し合いを行うとともに、入院後7日以内に退院支援計画の作成に着手することが必要である。 | ①退院支援および地域連携業務を担う部門が設置されていること<br>②退院支援および地域連携業務に関する十分な経験を有する専従の看護師（この場合は、専任の社会福祉士の配置が必要）または専従の社会福祉士（この場合は、専任の看護師の配置が必要）が1名以上配置されていること<br>③退院支援等を行うにつき十分な体制が整備されていること |
| 入退院支援加算3 | 新生児特定集中治療室（NICU）または新生児集中治療室に入室し、集中的な治療を受けた退院困難な要因を有する患者に対して、退院支援計画を作成し、退院支援を行った場合、加算される。<br>※原則として入院7日以内の患者や家族との | ①退院支援および地域連携業務を担う部門が設置されていること<br>②当該部門に新生児の集中治療、退院支援および地域連携業務に関する十分な経験を有する専任の看護師が1名以上または新生児の集中治療および地域連携業務に関する十 |

| | | |
|---|---|---|
| | 話し合い、入院後1か月以内の退院支援計画の作成、患者や家族に説明することなどが必要である。 | 分な経験を有する専任の看護師ならびに専従の社会福祉士が1名以上配置されていること |
| 入院時支援加算 | 入院を予定している患者に、安心して入院医療を受けられるように、外来において、入院中の治療の説明や入院中にかかる計画に備え、入院前の以下の内容を含む支援を行い、入院中の看護や栄養管理等にかかる療養支援の計画を立て、患者および関係者と共有するといった支援を行った場合に加算する。<br>①身体的・社会的・精神的背景うを含めた患者情報の把握<br>②褥瘡に関する危険因子の評価<br>③栄養状態の評価<br>④持参薬の確認<br>⑤入院中行われる治療・検査の説明<br>⑥入院生活の説明<br>⑦退院困難な要因の有無の評価 | ①入退院支援加算の届出を行っている保険医療機関であること<br>②上記の入退院支援加算1、2または3の施設基準で求められる人員（専従の看護師または専従の社会福祉士）に加え、入院前支援を行う担当者を病床規模に応じた必要数、入退院支援部門に配置すること<br>③地域連携を行うにつき十分な体制が整備されていること |
| 認知症ケア加算1 | 認知症患者を積極的に診療する医療機関の評価の視点から、身体疾患のために入院した認知症患者に対する病棟でのケアや多職種チームの介入について評価する。 | 当該保険医療機関に、①〜③により構成される認知症ケアに係るチームが設置されていること。<br>①認知症患者の診療について十分な経験を有する専任の常勤医師<br>②認知症患者の看護に従事した経験を5年以上有し、認知症看護に係る適切な研修を終了した専任の常勤看護師<br>③認知症患者等の退院調整について経験のある専任の常勤社会福祉士または常勤精神保健福祉士<br>上記のチームは、身体的拘束の実施基準を含めた認知症ケアに関する手順書を作成し、保険医療機関内に配布し活用すること |
| 回復期リハビリテーション病棟入院料1 | 回復期リハビリテーション病棟において、脳血管疾患または大腿骨頸部骨折の患者に対して、ADLの向上による寝たきり防止と家庭復帰を目的としたリハビリテーションを集中的に行った場合に算定する。 | 当該病棟に専従の医師1名以上、専従の理学療法士3名以上、作業療法士2名以上、言語聴覚士1名以上、在宅復帰支援を担当する専任の社会福祉士等1名以上の常勤配置 |
| 体制強化加算（回復期リハビリテーション病棟入院料1） | 回復期リハビリテーション病棟において、脳血管疾患または大腿骨頸部骨折の患者に対して、ADLの向上による寝たきり防止と家庭復帰を目的としたリハビリテーションを集中的に行った場合に算定する。 | 当該病棟に専従の医師1名以上および退院調整に関する3年以上の経験を有する専従の常勤社会福祉士1名以上配置されていること |

巻末資料 1　主な診療報酬における社会福祉士の評価

| | | |
|---|---|---|
| 在宅時医学総合管理料および施設入居時等医学総合管理料 | 退院が困難な患者に対するかかりつけ医機能の確立および在宅での療養の推進を図るために算定する。<br>・計画的な医学管理の下に月2回以上の定期的な訪問診療（往診を含む）を行っている場合に、月1回算定する。<br>・個別の患者ごとに総合的な在宅療養計画を作成し、その内容を患者、家族およびその看護に当たる者等に対して説明し、在宅療養計画および説明の要点等を診療録に記載する。 | 診療所、在宅療養支援病院および許可病床数200床未満の病院で、以下の①、②の要件を満たすこと。<br>①介護支援専門員、社会福祉士等の保健医療サービスおよび福祉サービスとの連携調整を担当する者が配置されていること<br>②在宅医療を担当する常勤医師が勤務し、継続的に訪問診療を行うことができる体制が確保されていること |
| ウイルス疾患指導料2 | 後天性免疫不全症候群（HIV）に罹患している患者に対して、療養上必要な指導および感染予防に関する指導を行った場合に、患者1人につき月1回に限り算定する。ただし、厚生労働大臣が定める施設基準に適合しているものとして地方厚生局長等に届け出た保険医療機関においてウイルス疾患指導が行われる場合は、所定点数に加算する。 | 社会福祉士または精神保健福祉士が1名以上勤務していること |
| 介護支援連携指導料 | 退院後に介護支援を必要とする入院患者に対して、入院中の医療機関の医師または医師の指示を受けた看護師・薬剤師・理学療法士、社会福祉士等が、入院中の患者の同意を得て、居宅介護支援事業者等の介護支援専門員と共同して、退院後に利用可能な介護サービス等について説明および指導を行った場合に、入院中2回に限り算定する。ただし退院時共同指導料の多職種連携加算を算定する場合には、同日に行った指導について、介護支援連携指導料は算定できない。 | 退院先が介護保険施設等への入所あるいは転院であっても、算定は可能 |
| 退院時リハビリテーション指導料 | 患者の退院時に当該患者またはその家族等に対して、退院後の在宅での基本的動作能力もしくは応用的動作能力または社会的適応能力の回復を図るための訓練等について必要な指導を行った場合に、退院日に1回に限り算定する。 | 当該患者の入院中、主として医学的管理を行った医師またはリハビリテーションを担当した医師が、患者の退院に際し、指導を行った場合に算定する。なお、医師の指示を受けて、保険医療機関の理学療法士、作業療法士または言語聴覚士が保健師、看護師、社会福祉士、精神保健福祉士とともに指導を行った場合にも算定できる。 |
| 介護保険リハビリテーション移行支援料 | 入院中の患者以外の患者に対して、患者の同意を得て、医師又は医師の指示を受けた看護師、社会福祉士等が介護支援専門員等と連携し、当該患者を介護保険法第8条第8項に規定する通所リハビリテーション等に移行した場合に、患者1人につき1回を限度として算 | 維持期のリハビリテーションを受けている入院中の患者以外の者に対して、患者の同意を得て、介護保険によるリハビリテーションへ移行するため、居宅介護支援事業者等の介護支援専門員（ケアマネジャー）及び必要に応じて、介護保険によるリハビリテーションを |

181

| | | |
|---|---|---|
| | 定する。 | 当該患者に対して提供する事業所の従事者と連携し、介護サービス計画書（ケアプラン）作成を支援したうえで、介護保険によるリハビリテーションを開始し、維持期のリハビリテーションを終了した場合に、患者1人につき1回に限り算定できる。 |
| 入院時訪問指導加算（リハビリテーション総合計画評価料） | 心大血管疾患リハビリテーション、脳血管疾患等リハビリテーション、廃用症候群リハビリテーション、運動器リハビリテーション、呼吸器リハビリテーションまたはがん患者リハビリテーション、認知症患者リハビリテーションに係る施設基準に適合している保険医療機関において、右記の多職種でリハビリテーション総合実施計画に基づいて行ったリハビリテーションの効果、実施方法等について共同して評価を行った場合、患者1人につき1月に1回を限度して算定する。 | 医師、看護師、理学療法士、作業療法士、言語聴覚士、社会福祉士等の多職種が共同してリハビリテーション総合実施計画を作成する。 |
| がん患者リハビリテーション料 | 保険医療機関において、食道がんなどがんの治療のために入院している者であって、医師が個別にがん患者リハビリテーションが必要であると認める者に対して、個別療法であるリハビリテーションを行った場合に、患者1人につき1日6単位まで算定する。 | がん患者に対してリハビリテーションを行う際には、定期的な医師の診察結果に基づき、医師、看護師、理学療法士、作業療法士、言語聴覚士、社会福祉士等の多職種が共同してリハビリテーション計画を作成すること |

出典：社会福祉養成講座編集委員会編『新・社会福祉士養成講座　保健医療サービス〔第5版〕』中央法規出版　2017年を参照して作成

**巻末資料2　保健医療福祉関連職種**

国…国家資格・免許

| 職種区分（名称等） | 主な業務 |
|---|---|
| 医師<br>国医師法 | 病院や診療所などの医療機関で医業（医療行為）を行う医師（臨床医）が多いが、医療機関以外では保健所、また基礎研究医、産業医、社会医学者、法医学など直接医療行為を行わない医師もいる。 |
| 歯科医師<br>国歯科医師法 | 専ら歯科医療及び保健指導を掌ることによって、公衆衛生の向上及び増進に寄与し、国民の健康な生活を確保するものとすることを責務とする。 |
| 薬剤師<br>国薬剤師法 | 医師、歯科医師、獣医師が作成した投与が必要な医薬品とその服用量、投与方法を記載した処方箋をもとに調剤を行う。 |
| アスレチック　トレーナー（AT） | スポーツ現場において、ケガが発生した場合に傷害の程度を評価し、応急処置、救急車を呼ぶなどの対応の判断をする。またケガの予防のためのトレーニングや選手への教育などを行う。 |
| 健康運動指導士 | 保健医療関係者と連携して運動プログラム作成及び実践指導計画の調整等を行う。 |
| 健康運動実践指導者 | 健康づくりを目的として作成された運動プログラムに基づいて実践指導を行う。 |
| 診療情報管理士 | 診療録（カルテ）およびその情報を管理し、内容を活用する。 |
| 医療秘書（MS） | 医療現場の事務職員に必要な能力を有し、診療録請求書（レセプト）の作成などを行う。 |
| 福祉住環境コーディネーター | クライエントに適切な住宅改修プランを提示し、福祉用具などもアドバイスする。 |
| 福祉用具専門相談員 | 病状や障害の度合い適切に見極めて、福祉用具の選定や使い方をアドバイスする。 |
| 義肢装具士<br>国義肢装具士法 | 病状や障害の度合い適切に見極めて、福祉用具の選定・作成を行う。 |
| 社会福祉士<br>国社会福祉士及び介護福祉士法 | 身体・精神上の障害、あるいは環境上の理由により日常生活を営むのに支障のある人などの福祉に関する相談に応じ、助言、指導、福祉サービス関係者との連絡・調整、その他援助を行う。 |
| 医療ソーシャルワーカー（MSW） | 病院で働く社会福祉士の名称である（社会福祉士の国家資格等）。 |
| 介護福祉士<br>国社会福祉士及び介護福祉士法 | 高齢者や障害者をケアし、生活全般のサポートを行う。 |
| 訪問介護員（ホームヘルパー） | 高齢者や障害者の自宅で彼らの日常生活を支援する。 |
| 介護支援専門員（ケアマネジャー） | 介護保険制度に関わるプランナー、あるいはコーディネーターとして働く専門家の名称である。 |
| 精神保健福祉士<br>国精神保健福祉士法 | 病院や社会福祉施設などで精神障害者の身近な生活相談から退院後の住宅、仕事探しまで、社会復帰のための活動を支援する。 |
| 臨床工学技士<br>国臨床工学技士法 | 病院等の医療機関で使用している医療機器の管理・メンテナンスを行う。 |
| 臨床検査技師<br>国臨床検査技師等に関する法律 | 医療機関で採取した検体検査、生化学的検査を行う。また健康診断のための採血業務などを行う |
| 言語聴覚士<br>国言語聴覚士法 | 言語や聴覚に障害のある人たちに対して機能回復、障害緩和の手助けをする。 |

| | |
|---|---|
| 視能訓練士<br>🅖視能訓練士法 | 両眼視機能に障害のある者に対するその両眼視機能の回復のための矯正訓練及びこれに必要な検査を行う。 |
| 同行援護従事者（視覚障害） | 視覚障害者に対して、移動に必要な情報を提供するとともに、移動の援護、食事等の援助を行う。 |
| 公認心理師<br>🅖公認心理師法 | 心理に関する支援を要する者に対する相談、助言、指導その他の援助等を行う。 |
| 音楽療法士 | 音楽の効力を利用して障害者を援助する。 |
| 栄養士<br>🅖栄養士法 | 献立の作成や栄養指導、調理法の改善など「食」の管理指導を行う。 |
| 管理栄養士<br>🅖栄養士法 | 高度な専門知識と技能を用いて、専門的な栄養指導を行う。一定規模の施設では管理栄養士の配置が義務づけられている。 |
| 栄養教諭 | 児童・生徒の栄養の指導および管理をつかさどる教員のことである。 |
| 看護師<br>🅖保健師助産師看護師法 | 医療機関での患者の世話や診療の補助だけでなく訪問看護ステーションでの利用者支援を行う。 |
| 助産師<br>🅖保健師助産師看護師法 | 妊産婦の指導、分娩の補助、育児相談、新生児の援助を行う。 |
| 保健師<br>🅖保健師助産師看護師法 | 保健所などで健康診断、個別に家庭訪問し指導、地域住民の健康増進などの保健指導を行う。 |
| 養護教諭 | 保健室などに常駐し、学校内における在学生のケガ・疾病等の応急処置、健康診断・健康観察等を通して、在学生の心身の健康を掌る学校職員である。 |
| 理学療法士<br>🅖理学療法士及び作業療法士法 | 疾病や外傷のために不自由になった患者の基本的身体運動機能を回復させ、速やかに社会生活を取り戻すための支援をする。 |
| 作業療法士<br>🅖理学療法士及び作業療法士法 | 心身に障害のある人びとが、日常生活や社会生活を再建できるように心身機能の回復を促し、身のまわりのことを主体的に対処できるように支援する。 |
| 診療放射線技師<br>🅖診療放射線技師法 | 医師または歯科医師の指示のもと、放射線を人体に対して照射を行う。またMRI、超音波検査、眼底写真など放射線を利用しない検査を行うこともある。 |
| 救急救命士<br>🅖救急救命士法 | 急病や交通事故など、一刻を争う救急の現場に救急車で駆けつける救急隊のこと。任務は患者に必要な手当てを施し、病院に搬送する。救急隊の中でも救急のエキスパートである。 |
| 歯科技工士<br>🅖歯科技工士法 | 患者の失われた歯を適切な状態で復元するスペシャリストである。 |
| 歯科衛生士<br>🅖歯科衛生士法 | 歯科医師の指示のもと、歯科予防処置、歯科診療補助および歯科保健指導等を行う。 |
| 盲導犬訓練士 | 視覚障害者と盲導犬の両方を援助する。 |
| 手話通訳士 | 手話を通じて聴覚障害者の援助を行う。 |
| 歩行訓練士 | 視覚障害者が歩行できるように支援する。 |
| 臓器移植コーディネーター | 家族に臓器提供について説明し、提供を承諾するかどうかの意思を確認する。 |
| 保育士<br>🅖児童福祉法 | 専門的知識および技術をもって、児童の保育および児童の保護者に対する保育に関する指導を行う。 |

出典：連携基礎ゼミ教員ガイド2017年度（新潟医療福祉大学）より一部抜粋により改変

# 索　引

## あ行

- アセスメント……………………121
- 医療介護総合確保推進法………148
- 医療供給体制……………………148
- 医療社会事業………………………2
- 医療制度……………………………58
- 医療ソーシャルワーカー業務指針…22
- 医療ソーシャルワークの役割と機能…32
- 医療福祉の定義……………………2
- 医療法………………………………60
- インターベンション……………126
- インテーク………………………117
- エコマップ………………………125

## か行

- 介護保険制度……………………48
- 回復期リハビリテーション病棟…66
- かかわり行動……………………104
- 患者…………………………………85
- 緩和ケア病棟……………………67
- 機能的アプローチ…………………18
- クライエント……………………113
- クリティカルパス………………134
- 傾聴の技法………………………118
- 健康の定義…………………………78
- 高額療養費制度……………………46
- 効果的な質問……………………108
- 公的医療保険制度…………………41
- 公的扶助……………………………40

- 国際障害分類（ICIDH）……………74
- 国際生活機能分類（ICF）…………75
- 国際ソーシャルワーカー連盟（IFSW）による新定義（グローバル定義）……12

## さ行

- 在宅療養支援診療所………………68
- 在宅療養支援病院…………………68
- ジェネラリスト・ソーシャルワークの定義……4
- ジェノグラム……………………124
- 慈善組織協会………………………8
- 疾病概念……………………………71
- 社会保険……………………………40
- 社会保障制度の分類………………39
- 社会保障の定義……………………36
- 社会保障の歴史……………………37
- 準言語的コミュニケーション…118
- 障害者総合支援法…………………51
- 障害の医学モデル…………………78
- 障害の社会モデル…………………78
- 心理社会的アプローチ……………17
- 診療報酬制度………………………45
- 診療報酬体系の機能………………64
- 生活の質（QOL）…………………79
- 生活モデル（ライフモデル）……13
- 生存権………………………………36
- セツルメント運動…………………8
- 専門援助的信頼関係……………115
- ソーシャルサポートシステム…143
- ソーシャルワーカーの役割………11

185

ソーシャルワークの機能……………………10
ソーシャルワーク実践の定義………………10
ソーシャルワークの価値…………………… 5
ソーシャルワークのプロセス(過程)…………15

## た行

退院支援………………………………… 159
地域医療支援病院……………………………63
地域包括ケアシステム………………… 139
地域包括ケア病棟……………………………67
チームアプローチ……………………… 132
チームアプローチの視点と方法………… 136
チーム医療……………………………… 132
チームワーク…………………………… 132
特定機能病院…………………………………62

## な行

ナラティブベイスドメディスン……………93
ニーズ………………………………………… 4

ニーズの把握…………………………… 121

## は行

反映の技法……………………………… 105
非言語的コミュニケーション………… 118
病院の類型……………………………………62
病人役割論………………………………………87
貧困調査………………………………………… 6
プランニング…………………………… 126

## ま行

マイクロカウンセリング………………………99
慢性疾患モデル…………………………………72
モニタリング…………………………… 127
問題解決アプローチ………………………18

## ら行

連携……………………………………… 132

■編者紹介

**砂子田　篤**（いさごだ・あつし）
東北文化学園大学医療福祉学部 非常勤講師
（主著）
　『入門リハビリテーション概論』医歯薬出版（共著）
　『リハ実践テクニック　脳卒中』メジカルビュー社（共著）
　『新版　脳卒中の機能評価と予後予測』医歯薬出版（共著）


**髙橋　学**（たかはし・まなぶ）
昭和女子大学大学院生活機構研究科　教授
（主著）
　『ターミナルケア』川島書店（共著）
　『医療福祉学』みらい（共著）
　『社会福祉援助活動の原理と方法』岩崎学術出版社（共著）

## 医療福祉入門
―患者とよい関係を築くために―

2019年3月1日　初版第1刷発行

編　集　砂子田　篤
　　　　髙橋　　学
発行者　竹鼻　均之
発行所　株式会社 みらい
　　　　〒500-8137　岐阜市東興町40　第5澤田ビル
　　　　TEL　058-247-1227(代)
　　　　http://www.mirai-inc.jp/
制　作　有限会社 レアドーク

ISBN978-4-86015-475-2　C3036
Printed in Japan　　乱丁本・落丁本はお取替え致します。